ドイツ経済思想史

田村信一・原田哲史 編著

川又　祐・池田幸弘・植村邦彦・保住敏彦・八木紀一郎・雨宮昭彦

八千代出版

まえがき

　ドイツ語圏の経済思想史に関しては、シュモラー生誕150周年を機として1980年代末頃から歴史学派の再検討が活発に行われるようになり、その頃からオーストリア学派の研究も力強く進められてきた。またこの間にマルクスの経済思想や社会民主主義、そして社会的市場経済の思想、さらにはドイツ官房学やロマン主義の経済思想についても研究が深められた。その背景として、過度な数学依存を反省し制度・慣習に着目する現代経済学の刷新にとって過去のドイツ語圏経済学が示唆的であること、社会主義政権の崩壊や新たな貧困の出現という事態に直面してマルクスを再読し、初期社会主義や社会民主主義を精査する必要があること、工業中心主義的な発展では将来を展望できない状況において経済・社会・環境を含む包括的・相互扶助的な進化を模索する際にその先駆を過去のドイツ経済思想に見ることができること、これらの現代的な課題がある。ただし、そうした背景からくる関心はあるとしても、歴史研究である以上、それを担う者は、現代に直接的に役立つことを必ずしも前提せずに、経済学史の一大鉱脈、ドイツ経済思想史それ自体をその個々の幹脈に密着して明らかにすべく尽力して成果を生み出したともいえる。

　新たな研究の成果は、事柄によっては以前の通説の大幅な見直しを必要とするほどになってきていることも事実であるが、他方で、そうした諸研究が同じドイツ語圏を対象としながらもなお断片的に分散している状況にあることも確かである。こうした状況に鑑みてわれわれは、これら多くの研究成果を接合して、ドイツ語圏経済思想史の全体像すなわち通史をあらためて再構成すべき時期がきているのではないか、と判断した次第である。

　ドイツ語圏経済思想の通史として現在わが国で流布しているものとしては、トマス・リハ（原田・田村・内田訳）『ドイツ政治経済学——もうひとつの経済学の歴史』（ミネルヴァ書房、1992年、原著1985年）があり、また通史に近いものとしてキース・トライブ（小林・手塚・枡田訳）『経済秩序のストラテジー——ドイツ経済思想史 1750-1950』（ミネルヴァ書房、1998年、原著1995年）もある。しか

し，10年以上（リハの原著からすれば20余年）前に出されたこうした作品は、この間の内外での目覚ましい研究の進展を視野に入れれば、すでに時代遅れな側面を含んでいることが分かる。今やそれに代わる新たなスタンダードワークとしての通史を描くことが必要であり、本書はその使命を担うものである。

　編者のこうした呼びかけに、各領域をリードする多数の研究者が快く応えてくださり、各章の執筆を引き受けていただいた。昨年の経済学史学会第71回大会ではフォーラム「ドイツ語圏経済思想史の新たな地平」を催して、執筆者相互の交流を図るとともに、関連する他の研究者からの意見も傾聴した。

　本書はもとより大著ではないし、また、わが国の研究者による共著としてこの領域においては稀な試みでもあるから、われわれは本書に不充分なところがあることも承知しており、それについての批評・批判は甘んじて受けるつもりである。しかしながら、この新たな試みを土台にして、ドイツ経済思想史の研究が一層進展することを、ドイツ語圏以外の経済思想の研究者との相互理解が深化することを、そして何よりもドイツ経済思想に関心をもつすべての読者の方々にその豊かさと醍醐味を味わっていただければ、と心から願っている。

　最後に、本書の制作に最初から一貫して並々ならぬご尽力を注いでくださった八千代出版の森口恵美子さんと、編集担当者として細部にまで気を配っていただいた御堂真志さんとに心からのお礼を申し上げたい。地図と索引は責任が編者にあるが、その作成にあたっても両氏に大変お世話になった。

　2008年12月1日

田村　信一
原田　哲史

目　次

まえがき

第1章　官房学　1
1　官房学とカメラリスト　1
2　前期官房学　6
1) 官房学の先駆者たち　6　　2) ゼッケンドルフ　12　　3) オーストリアの3巨星　17
3　後期官房学　19
1) ユスティ　20　　2) ゾンネンフェルス　24
4　官房学の運命　26

第2章　ドイツ古典派、ロマン主義、F. リスト　31
1　19世紀に連なる18世紀後半の2つの経済思想　31
1) リストに連なるメーザー　32　　2) 自由主義の先駆としての重農主義　33
2　ドイツ古典派　34
1) 当時の状況とスミス経済思想の普及　34　　2)「古いドイツの使用価値学派」としてのドイツ古典派の生成　38　　3) ドイツ古典派の代表者ラウ　43
3　ロマン主義　47
1)「不在の世代」の自由の擁護——アダム・ミュラー　47　　2) 聖職者の指導下での「プロレテール」の救済——バーダー　52
4　F. リスト　56
1) 活動家リストの生涯と思想　56　　2)『政治経済学の国民的体系』(1841)　60　　3)「農地制度、零細農業、国外移住」(1842)　63

第3章　数理的方法と限界分析の端緒的試み　71
1　ドイツにおける理論経済学　71
2　テューネン　72
1) 農学者から経済理論の革新者へ　72　　2) 立地論モデル　75　　3) 規範としての賃金　78
3　ゴッセン　82
1) 挫折した官僚——『人間交易論』の成立　82　　2) シラー、ベートーヴェンそしてゴッセン　84　　3) 時間の配分問題　85　　4) 交換理論　88
4　マンゴルト　89
1) ブルシェンシャフトからアカデミズムへの道　89　　2) 部分均衡モデル　90

3）補完財の想定と2財モデルへの拡張　94
　5　エピローグ——学統となりえなかった理論経済学　96

第4章　歴史学派　101
　1　歴史学派という呼称　101
　2　歴史学派の先行者——旧歴史学派　102
　　1）ロッシャーの歴史的方法　103　　2）ヒルデブラントによる倫理的科学の提唱　104　　3）クニースにおける歴史的科学としての政治経済学　106
　3　歴史学派の成立　108
　　1）社会政策学会の結成　108　　2）方法論争と歴史学派　111　　3）シュモラーの歴史研究と経済社会学　113　　4）ブレンターノの労働組合研究とマルクス批判　116　　5）ビューヒャーの経済発展段階論　118　　6）クナップの制度史的研究　120
　4　歴史学派の新世代　121
　　1）社会政策学会における世代間対立　121　　2）ゾンバルトの近代資本主義研究　123　　3）ヴェーバーによる資本主義概念の拡張　125　　4）価値判断論争——歴史研究から経済理論研究へ　127　　5）シュンペーターと資本主義発展の理論　129　　6）シュピートホフの景気循環論　132
　5　資本主義の終焉　133

第5章　初期社会主義、マルクス主義、社会民主主義　141
　1　初期社会主義の思想　141
　　1）初期社会主義の成立　141　　2）ヘスの貨幣批判　142　　3）ヴァイトリンクの交換帳簿論　144　　4）シュルツの共産主義批判　145　　5）エンゲルスの私的所有批判　146
　2　マルクスの経済学批判　148
　　1）諸個人の自由な発展　148　　2）資本主義的生産様式の批判的認識　150　　3）新しい生産様式の構想　152
　3　ドイツにおけるマルクス主義の受容　155
　　1）ラサール派とアイゼナッハ派　155　　2）エアフルト綱領（1891）と修正主義論争　156　　3）カウツキーの資本主義発展＝崩壊論　156　　4）ベルンシュタインの資本主義進化論　157　　5）帝国主義論争の展開と帝国主義論の成立　159
　4　ドイツ革命からワイマール共和国期の社会民主主義　161
　　1）ドイツ革命期——3つの政治路線と資本主義認識　161　　2）ヒルファディングの組織資本主義・経済民主主義論　164　　3）世界恐慌と社会主義運動　165　　4）オットー・バウアーの民族理論と社会主義への民主主義の道　167
　5　ナチズム期と戦後の社会民主主義　169

1) ヒルファディングの「全体的国家経済」の概念——ナチス経済論(1)　*169*　　2)
F. ポロックの「国家資本主義」の概念——ナチス経済論(2)　*171*　　3) 第 2 次大戦
後の社会民主主義の再出発　*174*

第 6 章　オーストリア学派　　　　　　　　　　　　　　　　　　　　　　　*179*
1　歴史のなかのオーストリア学派　　*179*
2　カール・メンガー　　*181*
　1) ジャーナリズムから経済学へ　*181*　　2)『国民経済学原理』　*185*　　3) 経済
学方法論の探求　*189*
3　ベーム-バヴェルクとヴィーザー　　*192*
　1) 学派の形成　*192*　　2) オーストリア資本理論　*194*　　3) 主観的価値論の拡
張と社会勢力論　*197*
4　世紀転換期から 20 世紀へ　　*199*
　1) ベーム-バヴェルクの死　*199*　　2) 新世代の反逆——シュンペーター　*201*
　3) ミーゼスの流通信用理論　*204*
5　両大戦間期のオーストリア学派　　*207*
　1) 第 1 次大戦後の分岐と結集　*207*　　2) 景気理論と社会主義経済計算論争——
ハイエク　*209*
6　オーストリア学派の国際的伝播　　*212*

第 7 章　社会的市場経済の思想——オルド自由主義　　　　　　　　　　　*219*
1　社会的市場経済　　*219*
　1) 社会的市場経済の創設宣言　*220*　　2) 社会的市場経済概念の多義性　*224*
2　世界恐慌とオルド自由主義　　*227*
　1) 新自由主義のマニフェスト　*227*　　2) 新自由主義と国家介入　*230*　　3) フ
ァシズムへのアプローチ　*231*
3　ナチスとオルド自由主義　　*233*
　1) 自由経済の反自由主義的根拠付け　*233*　　2) 完全競争の仮構　*235*　　3) ミ
クシュの市場形態論　*237*　　4) 市場形態論の理論的基礎　*240*
4　ルッツの自由競争経済論　　*242*
　1) 経済秩序としての金本位制　*243*　　2) 19 世紀システムの再構築　*244*
5　戦後の再出発　　*245*
　1) 過去からの訣別　*245*　　2) 均衡理論と民主主義　*247*

ポートレート一覧　*255*
人 名 索 引　*257*

第1章

官 房 学

1　官房学とカメラリスト

　「官房学（Kameralismus, Kameralwissenschaft）」の名称は、ラテン語の「カメラ（camera）」に由来する。カメラはそもそも「アーチ形天井・丸天井の部屋」を表わすが、国王・君主の財産を納める部屋、金庫を表わす語としても用いられるようになるほか、やがて、ドイツ語ではそれを管理する官庁の名称「カンマー（Kammer）」としても使用されるようになる。その後、カンマーは統治上、最重要官庁の1つとして機能を増していく。そのようなカメラ、カンマーの学問が官房学であり、それを担った人が「カメラリスト（Kameralist）」である。

　官房学は「およそ16世紀から19世紀初頭にかけて、ドイツ・オーストリアを支配したドイツ型重商主義」と一般に定義される。カメラリストは、単にカンマーで働く人というのではなく、とりわけ、君主に対して君主と臣民の福祉・幸福を同一のものと認識させて、その「共同の福祉」を促進するための方法を献策することに従事した人たちであった。カメラリストは、あるときは顧問官、官僚として国家管理・運営の国政実務に従事し、あるときは大学教授として研究・執筆と教育（官吏養成）に携わる2つの顔を持っていた者が多い。カメラリストは献策の書、大学教科書を執筆する。その執筆対象は、法律、政治、経済、財政、農業、工業、商業、鉱業さらには教育など、きわめて多種多様である。そこでは、帝国・領邦の福祉を向上させるため、人口の増大、殖産興業、生業の確保を実現するあらゆる諸改革が検討されることになる。しかしそれは、君主制という統治・支配システムの温存が大前提とされていたことに特徴があ

三十年戦争後の神聖ローマ帝国

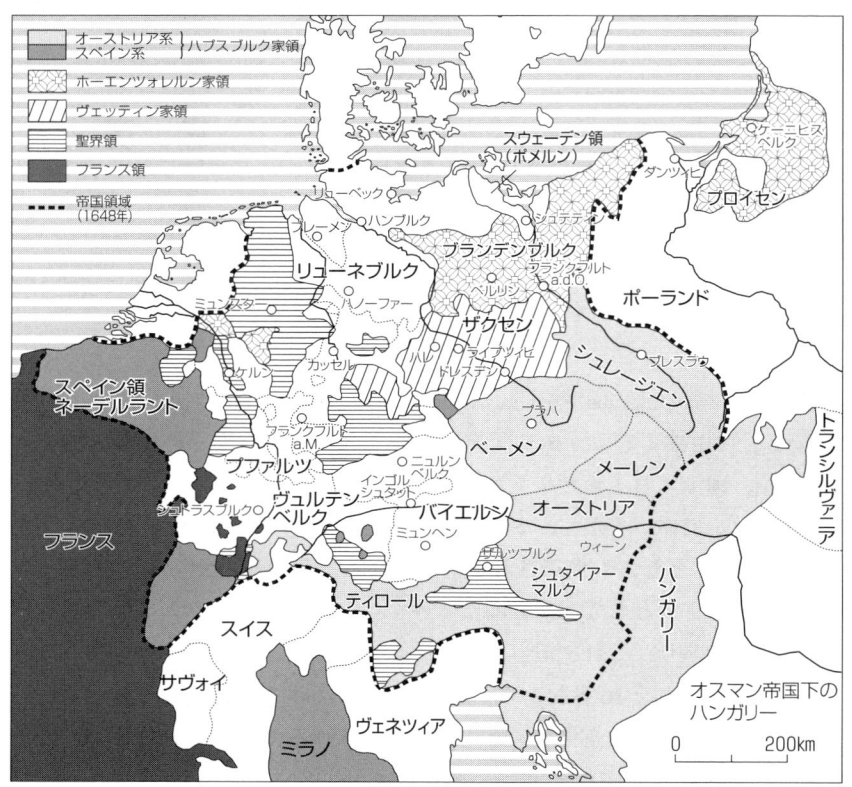

る。

　16世紀のドイツ、オーストリアの諸領邦は神聖ローマ帝国（962-1806）として結び付いていたが、宗教改革によって激動する。17世紀には三十年戦争（1618-48）およびヴェストファーレン条約によって帝国は分裂状態に陥る。諸領邦は、各領邦君主（絶対君主）の下で戦後の復興を試みるが、18世紀になるとプロイセンとオーストリアが台頭する。そして19世紀にはそのドイツの統一が目指される。ヴェストファーレン条約以降、領邦高権を認められた帝国等族（聖俗の諸侯と帝国都市）と帝国議会の重要性が増す。帝国内に皇帝の権力と

帝国議会の権力が二元的に存在したのと同様に、諸領邦内でも領邦君主の権力と領邦等族（領邦議会）の権力が二元的に存在する状況が生まれる（いわゆる「二元主義」）。こうした「二元主義」やキリスト教の宗派問題などが、官房学に複雑な重層的様相を加えることになる。カメラリストが仕えた君主やその国制に応じて、彼らの主張にも偏差が生じていった。

官房学の歴史においてプロイセンのフリードリヒ・ヴィルヘルム1世（1688-1740）は決定的ともいえる役割を果たした。王は、以下のようにハレ大学に新しい講座を開設して、その担当者としてハレ大学法学教授 S. P. ガッサーを招聘する旨の「布告（Rescript）」を1727年7月24日に発した。

> 国王たる余フリードリヒ・ヴィルヘルムは、それゆえ、不安のあまりにかしこくも決定するものなり。かの地の［ハレ］大学に、その他の研究・学問と同じように、官房・経済・ポリツァイ事項が講義されるようにすべし。そしてこの目的のためには、またこの布告により特別の教授職の創設が必要である。そうすることにより、若い学生は、時宜を得て、出仕する以前に、前述の学問の良い基礎を得ることができる。余は、この教授職に誰よりもガッサーを選任し、また彼を余の枢密参議官に任命するものなり。……余は、ここにかしこくも、かの地の若い学生に、余がとりわけ臣民を昇進させるにあたって、当大学に所属し上記ガッサーからの優秀証明書を提出した者を配慮するであろうことを周知・認識させることを命ずるものなり。……ベルリン、1727年7月24日（Gasser 1729: Vorbericht, 7）。

王は、これまでの大学教育における「役に立たない経済学」に大きな不満を抱いていた。すなわち、農地所有者でもある若者たちは、大学で経済学を学んでいるのであるが、それが役に立たない経済学であることによる「負債」を背負わされて地元に帰ることになる。帰郷後、彼らは「経済学の原理」をほんの少ししか理解していないので、結局彼らを待っているのは、農地管理の失敗だけであった。また王は、法律学にも批判の矛先を向ける。その教育によって、国を「搾取」し、いわば、「飢え弱らせる」「法律顧問（Advokat）」が国に溢れ

る結果になったからである。それは、「大学で真の政治学がめったに講義されていない」ことが原因とされる。そこで、若者は、堅実で真正の法律学と並んで、そのような政治学、経済学、官房学を身を入れて学ばなければならず、官職を志望する者は少なくとも、「官房学、ポリツァイ学、経済学の原理・基本をすでに身につけている」ことが期待されることになる。こうした経済学と法律学に対する危機感こそが、王をして大学に新教科を開設させることになった直接的な理由であった。そしてガッサーの講義を受講し、彼からの成績優秀証明書を得ることなしには、その者を官職に登用しないとの表明になったのである（Gasser 1729: Vorbericht, 8-10）。

この1727年を画期として官房学は、大学に講座が開設されるまでの前期と、開設後の後期とに区分されるようになる。さらに王の命により、（広義の）官房学は、経済学、ポリツァイ学、（狭義の）官房学（つまり財政学）の3つに分けられ、それを内容とするに至ったのである。この意味で、王の布告は官房学の体系化、その分化・展開にとって非常に重要であった。

研究者M.フムパートは『官房学文献目録』(1937) の作成で知られている。彼女は、必ずしも官房学の概念や、カメラリストの範囲を明示しないままに目録を作成した。そこでは、官房学の時代は1520年から1850年までとされ、その時代は、「精神が統一的に方向付けられた一つのまとまりある全体を構成している」(Humpert 1937: Vorwort, V) と述べられているだけである。彼女もまた、1727年を画期としてカメラリストの文献を前期と後期に分けて収録している。目録の目次では、Ⅰ．大学期以前のカメラリスト文献、Ⅱ．大学における官房学育成期のカメラリスト文献、Ⅲ．（ドイツ人）カメラリストによって引用された外国の経済・社会学文献、Ⅳ．官房学の隣接領域の文献、Ⅴ．氏名索引、となっており (Humpert 1937: Vorwort, Ⅷ-Ⅻ)、Ⅰの前期とⅡの後期だけで実に1万点を超えるカメラリストの文献情報が掲載されている。これほど膨大な文献を網羅的に逐一吟味して、官房学の定義を確定することは、物理的に不可能といってよかろう。

しかしそうした困難な状況にもかかわらず、官房学の解釈を試みた人たちが存在する。これには、2つの大きな枠組み、解釈があることに気づく。(1)

W. ロッシャー（Roscher 1874）による解釈と、(2) A. スモール（Small 1909）による解釈である。ロッシャーはカメラリストを国民経済学の枠組みのなかで解釈することが可能であるとする。これが官房学を重商主義として解釈することにつながっていく。一方スモールは、これを政治学の理論・実践として解釈することが妥当であるとする。そして最近ではもう1つの方向性として、(3) K. トライブ（Tribe 1995）が官房学を18世紀における大学の教科・課目として限定して解釈することを主張している。さらに、E. S. レイナートら（Reinert and Reinert 2003）や U. アダム（Adam 2006）、またそれに先立つ E. ジュック（Lluch 1997）やそれ以外の先行的研究成果（Carpenter 1977）によって、新しい可能性が示されようとしている。彼らの研究によって、カメラリストの著作は、ドイツ語だけではなくラテン語やその他の言語で執筆されたものもあり、それはそのままヨーロッパ各国に流布していたこと。ドイツ語で執筆された著作であってもラテン語、他国語に翻訳されるなどして、広く読まれたものもあったこと、が明らかにされる。事実、ユスティの場合、デンマークに滞在するなど活躍の場はドイツに限定されなかったほか、彼の8著作が、フランス語、スペイン語、オランダ語、ロシア語、英語に訳出され、それが計13冊に上っている（Reinert and Reinert 2003: 2; Adam 2006: 241 ff.）。ゾネンフェルスの『ポリツァイ、商業および財政の諸原理』も同様にラテン語やイタリア語に翻訳されている。また、シュティーダによれば、1727年以降、ハレやフランクフルト・アン・ダ・オーダー（ベルリンより東のオーダー河畔のフランクフルト）の2大学に続いて、ゲッティンゲン、リンテルン、ウプサラ、エアフルト、ライプツィヒ、エアランゲン、キール、ギーセン、マールブルク、ヴィッテンベルク、といった大学に、官房学およびその関連講座が続々と創設されていく。官房学は、制度的完成とともに地理的膨張を続け、ドイツ、スカンディナビア、オランダ、スイス、オーストリアのヨーロッパ各地の大学に展開されていった（Stieda 1906: 65 ff.）。よって、官房学は、冒頭に記した定義が一般に与えられてはいるが、ドイツ・オーストリアに地理的に限定して把握するのではなく、ヨーロッパにおける学術交流、官房学の伝播・受容という観点から、官房学を解釈することも今後は必要となるであろう。

2 前期官房学

1) 官房学の先駆者たち

　前期官房学派、前期カメラリストには、法学的観点から統治に関する事項を論じてカメラリストの先駆けとなったオッセ、オープレヒト、ボルニッツ、ベゾルト、クロックらがいる。

　メルヒオル・フォン・オッセ（1506-57．生年については異説もある。オッサと呼ばれることもある）は、1506 年ザクセンのガイトハイン近郊のオッサで生まれた。ライプツィヒ大学で法学を学び、後に同大学の法学教授に就任した。諸侯によって登用され、晩年はザクセン選挙侯アウグストに仕えた。アルテンブルクのフラウエンフェルスにて 1557 年没する（オッセを含めて、以下論述されるカメラリストの生涯やその著作については、主に Dittrich 1974 を参照した）。オッセの『ザクセン選挙侯アウグスト公への政治的遺言』（以下『遺言』と略）は、彼のおよそ 50 年におよぶ生涯の最晩年の 1556 年に執筆され、文字通り「遺言」となってしまった著作である（『遺言』の表題頁〔Osse 1556: 269〕では、1555 年 12 月執筆とされているが、編者ヘッカーの「序論」によると——本文に記述されている内容などから——書き終えたのは翌 56 年である。また本書の最初の公刊は 1607 年であるが〔Osse 1556: Hecker's Einleitung, 74, 77〕、通例に従いオッセが書き終えた 1556 年をその刊行年に代えて表記する）。

　『遺言』においてオッセが理想と考える統治を図式化すると図 1-1（川又 1998: 423）のようになる。彼は、キリスト教の神をその頂点とし、正義、および共同の福祉を実現することをその目標に掲げる。そして彼は、その目標実現のための最善の統治形態が世襲君主制であるとし、その支配者には、戦時の場合においては、(1)「軍事の叡知（prudentia militaris）」、平時の場合には、(2)「個人あるいは個別の叡知（prudentia singularis vel particularis）」、(3)「経済の叡知（prudentia oeconomica）」、(4)「統治の叡知（prudentia regnativa）」、そして(5)「政治の叡知（prudentia politica）」というそれぞれの叡知が必要となってくるとした。そして君主には、(1)神の栄誉と真のキリスト教の維持（Osse 1556: 292）、(2)自らの徳の涵養（Osse 1556: 295）、(3)人民が支配者を愛し、財産を維持できるような領邦お

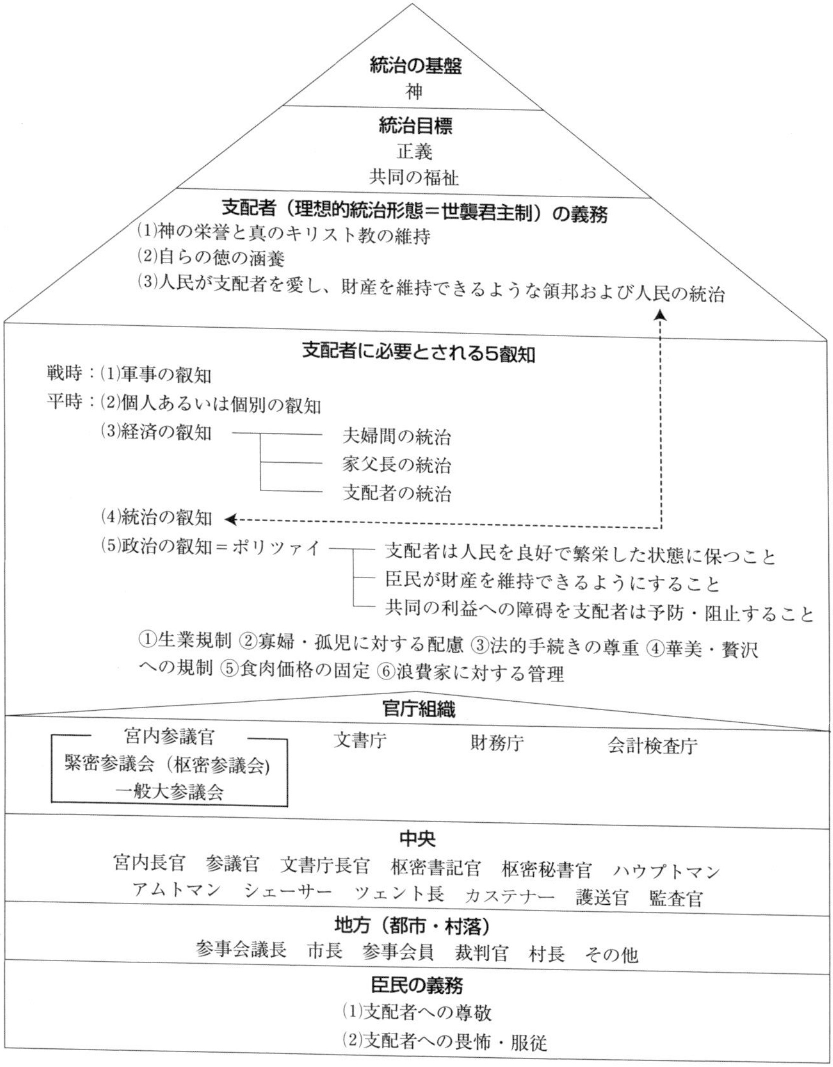

統治の基盤
神

統治目標
正義
共同の福祉

支配者（理想的統治形態＝世襲君主制）の義務
(1) 神の栄誉と真のキリスト教の維持
(2) 自らの徳の涵養
(3) 人民が支配者を愛し、財産を維持できるような領邦および人民の統治

支配者に必要とされる5叡知
戦時：(1) 軍事の叡知
平時：(2) 個人あるいは個別の叡知
　　　(3) 経済の叡知 ─┬─ 夫婦間の統治
　　　　　　　　　　　├─ 家父長の統治
　　　　　　　　　　　└─ 支配者の統治
　　　(4) 統治の叡知
　　　(5) 政治の叡知＝ポリツァイ ─┬─ 支配者は人民を良好で繁栄した状態に保つこと
　　　　　　　　　　　　　　　　　├─ 臣民が財産を維持できるようにすること
　　　　　　　　　　　　　　　　　└─ 共同の利益への障碍を支配者は予防・阻止すること

①生業規制 ②寡婦・孤児に対する配慮 ③法的手続きの尊重 ④華美・贅沢への規制 ⑤食肉価格の固定 ⑥浪費家に対する管理

官庁組織
┌─ 宮内参議官
緊密参議会（枢密参議会）　　文書庁　　財務庁　　会計検査庁
└─ 一般大参議会

中央
宮内長官　参議官　文書庁長官　枢密書記官　枢密秘書官　ハウプトマン
アムトマン　シェーサー　ツェント長　カステナー　護送官　監査官

地方（都市・村落）
参事会議長　市長　参事会員　裁判官　村長　その他

臣民の義務
(1) 支配者への尊敬
(2) 支配者への畏怖・服従

図1-1　オッセの統治像

よび人民の統治 (Osse 1556: 325)、という 3 つの職務が課せられることになる。そしてこの(3)に「統治の叡知」が密接に関連する。

　オッセが理想とする統治は君主ひとりで実現できるものではない。そこで彼は官庁機構の改革に言及する。彼は最初に、「会計検査庁 (Rentcammer)」、「財務庁 (Cammer)」を取り上げる。会計検査庁は支配者の「収入がゆだねられ、そしてそこから再び必要な事柄に支出がなされる」機関である。「今や支配者の諸用益が最善に管理され、かつきわめて忠実に提供されたとしても、財務庁 (Cammer) で倹約がなされず、必要経費だけを支出して、あらゆる不必要・無駄・あらずもがなの費用が控えられなければ、ほとんど支配者の助けとはならない。」節倹が行われてこそ、「支配者、およびその領邦と人民は出来した緊急事態にも安心していられる。」(Osse 1556: 315) のである。節倹とそして財務問題を処理する合議体の整備が彼の最初の主張となる。

　次に、支配者に直属して宮廷統治および領邦統治を補佐するのが、「宮内長官 (hofmeister)」、「参議官 (rete)」、「文書庁長官 (canzler)」、その他である (Osse 1556: 356)。オッセの観察によると、帝国中ほとんどで、怜悧・賢明、学識ある熟練の人たちが不足しているという嘆息が聞かれている (Osse 1556: 359)。そこで年長、年少の参議官の熟練上の格差を解消しながら、なおかつ「支配者自身および領邦全体が助言を求める場」である「宮内参議会 (hofrat)」に有能な人材を十分に配することが偉大な支配者の必要不可欠事項である、としている。さらに秘密や機密を必要とする事項に関しては、「一般大参議会 (der gemeine weite rat)」のなかから 1 人、多くても 3 ないし 4 人を選出し、彼らとあらゆる問題について最初に協議することを悪いことと解してはならない、とオッセは考え、「緊密参議会 (enger rat)」——後世のいわゆる「枢密参議会 (der geheime Rat)」——の設置を強く主張する (Osse 1556: 361-2)。

　オッセは、「政治の叡知」にポリツァイを含めている。彼は、ポリツァイの議論に関してアリストテレスに依拠して、「アリストテレスおよび比較的多くの旧い賢明な人たちは次の事柄を考えた。一領邦あるいは一都市の善きポリツァイには 4 つの必要不可欠事項が含まれる。すなわち、princeps, consilium, pretorium et populus——[1]統治者および元首、[2]善良で賢明な参議官、[3]

不偏不党の善良な裁判官、[4]敬虔で従順な人民である。」と述べる（Osse 1556: 457）。ここでポリツァイの対象が全階層に及ぶことを宣言し、支配者と参議官・裁判官・臣民の関係が明らかにされるのである。オッセによれば、これら4事項が良い状態にあることが肝要である。そのためには、まず支配者と臣民との関係を良好な状態に保つことが特に強調される。そこでは、支配者は神から彼に委ねられた人民に対して3つの義務がある。すなわち(1)支配者は人民を良好で繁栄した状態に保つこと——人民が有徳に生活をし、彼らのうち何人かは学芸教育が奨励され、賢明な学識者が多数輩出され、彼らからその他の良い授業を受け、無知蒙昧によって彼ら人民が誤りに導かれないようにすること。(2)臣民が財産を増大できるようにすること。(3)当該共同の利益に係わる問題に生まれるすべての障害事項が、支配者によって予防かつ阻止されること。これに対して臣民は支配者に対して2つの義務を負っている。すなわち、(1)彼らは支配者を尊敬すること。そして(2)彼を畏怖し服従することである（Osse 1556: 457）。

　上記の4事項が実際に良好な状態にあるのであれば、オッセが献策する必要はなかろう。しかし現実はそうではなく、以下の6点について、改善・改革が必要な状況に陥っているというのがオッセの認識である。この6点を改善することが「政治の叡知」およびポリツァイの内容となる。①生業規制。確固とした身分制を維持するために、各身分に応じた生業の徹底。②寡婦・孤児に対する配慮。お上は、寡婦や孤児たちへの配慮を行い、相応の処遇を実施。③法的手続きの尊重。刑事事件における法的手続きの遵守。④華美・贅沢への規制。貨幣流出を防ぐため、そして華美や贅沢を規制するため、身分相応の衣服を使用するよう規制。⑤食肉価格の固定。食肉取引価格の年々の上昇を防止。⑥浪費家に対する管理人の選任。浪費家に対しては「財産管理人（Curator）」をお上が選任（Osse 1556: 459-67）。

　オッセが支配者に求める「政治の叡知」、「善きポリツァイ」は、旧来の政治秩序、身分秩序をいかに維持するか、世襲君主制をどのように存続させていったらよいのか、という保守的思考に由来している。それがキリスト教に基づく統治であることも特徴的である。

　次に**ゲオルク・オープレヒト**（1547-1612）は、1547年シュトラスブルクに生

G. オーブレヒト

まれた。法学研究をフランスで継続していたが、聖バーソロミューの虐殺（1572年8月）後、難を逃れるためシュトラスブルクに戻った。1574年、バーゼル大学で学位を取得し、75年以降、シュトラスブルクで没する1612年までシュトラスブルク大学法学教授職に留まった。95年に、同大学学長、1604年には皇帝ルドルフ2世から世襲帝国貴族に列せられ、さらに、1609年プファルツ伯の称号を得ている。彼の経済学的主著は、第1編「戦争政治論」、第2編「領邦および人民の改良に関する政治的考察論」、第3編「聖金庫の必要かつ有用な使用に関する勅法」、第4編「特別ポリツァイ条令および勅法」、第5編「きわめて有用な児童扶養金庫に関する勅法および条令」からなる『5つの政治秘論』(1644) である（オーブレヒトは『5つの政治秘論』に収録されている5編の論稿を生前、印刷することを望まなかった。オーブレヒトの死後、息子ヨハネス・トーマス・オーブレヒトが序文を自身で付けて1617年、これを秘密裏に印刷した。そして、本書が公刊されたのは1644年である。オーブレヒトや、以下のボルニッツ、ベゾルトの著作については、Roscher 1862を参照）。

　第1編では、人頭税ではなく財産税が推奨され、贅沢を防止するため生活必需品への課税ではなく贅沢品への課税が推奨される。第2編においても租税に関しては、十分の一税と生活必需品への重課とを戒める一方、自国民よりも外国人への重課、生活必需品には小額の輸入税と高額の輸出税、外国産原材料への小額課税を推奨している。第3編では非常時における国庫が扱われる。第4編では正確な人口統計が構想される。その統計に基づいて官庁は、自国民への全生涯を通じた監督・監視を徹底していくことになる。第5編では、保険制度の先駆けともいうべき「児童扶養金庫」が主張される。これは、子供が誕生した場合、親はある一定の金額を金庫に預託しなければならない。預託金は、男児の場合は20歳まで、女児の場合は16歳まで年6％の利子で運用され、当該年齢に達した後払い戻されるが、それ以前に子供が亡くなった場合、その預託金は国庫に帰属するというものであった（Obrecht 1644: 318）。

ヤーコプ・ボルニッツ（1560頃-1625）は、1560年頃トルガウに生まれた。シュレージエンのシュヴァイトニッツで法学博士および皇帝参議官として生活した。皇帝ルドルフ2世やマティアスに重用されたと思われるが、彼の経歴は不明な点が多い。1625年に彼は没する。彼の経済学的主著には、『貨幣論』(1608)、『国庫論』(1612)、『国家の十全性に関する政治論』(1625) の3つがある。『貨幣論』では、貨幣・鋳貨価値を維持する観点から、その貶質に反対する。また貨幣輸出を禁止して、その国外流出防止策を提言する。『国庫論』においては、王領地（ドメーネン）経済を賛辞する。租税に関しては比例課税を主張し、国の借入には反対の姿勢を示している。『国家の十全性に関する政治論』では、官房学における一種の百科全書が国民経済学の観点から構想されている。

クリストフ・ベゾルト（1577-1638）は、1577年テュービンゲンに生まれる。彼は、テュービンゲン大学パンデクテン法学教授に1610年就任して、法学、歴史学、政治学、宗教に関する数多くの文献を執筆した。ヨハネス・ケプラーとの親交でも知られる。晩年、インゴルシュタット大学の教授に転じ、皇帝参議官の称号を得ている。1638年、インゴルシュタットで没した。彼の経済学的著作には『公金庫論』(1615)、『政治学綱要』(1623a)、『生と死の政治的考察』(1623b)、『政治学の原理と対象』(1625) などがある。『生と死の政治的考察』において彼は利子論を展開して、われわれの貨幣が債務者に利益を与えることが確実な場合、あるいはわれわれ自身にその不足によって損害が与えられることが確実な場合にのみ、われわれは利子を要求できるとして、利子を正当化した。

C. ベゾルト

カスパー・クロック（1583-1655）は、1583年ゾースト（Soest）に生まれ、1655年ブラウンシュヴァイクで没した。彼は、ミンデン、ヒルデスハイム、そしてブラウンシュヴァイクなどで文書庁長官を歴任した。

K. クロック

彼の主著は、『国庫論』(1651)、『租税論』(1634) である。クロックは『租税論』において、「人民は国王のためにあるのではなく、国王が人民のためにある」ことを強調しながら、「暴君でなければ、臣民の同意なくしては何人も租税を課すことはしない」と述べ (Klock 1634: 10, 92)、臣民の課税同意権を重視した立場を表明している。クロックにとって、君主の課税権は無制限なものではない。これは後のゼッケンドルフにも受け継がれることになる考え方である。そしてクロックは、課税の公平を実現するために、直接税に関しては比例課税を主張し、間接税に関しては貧民に重課となる消費課税に反対した。

2) ゼッケンドルフ

17世紀後半を中心に活躍した前期カメラリストには、ザクセン-ゴータにおけるゼッケンドルフ、そしてウィーンにおけるベッヒャー、シュレーダー、ヘルニック、などがいる。

ファイト・ルートヴィヒ・フォン・ゼッケンドルフ (1626-92) は、ドイツ中部フランケンのヘアツォーゲンアウラハで生まれた。ザクセン-ゴータのエルンスト敬虔公や他の諸侯に仕えた後、引退生活を送っていたが、最晩年の1692年、ブランデンブルク選挙侯フリードリヒ3世（後のプロイセン国王フリードリヒ1世）からハレ大学の学長として招聘される。しかし開学（1694年）を目にすることなくゼッケンドルフはハレで92年没してしまう。

ゼッケンドルフの生きた時代は、ドイツ三十年戦争 (1618-48) の戦中と戦後の時代であった。彼が主著『ドイツ君主国』(1656)（以下『君主国』と略）において課題としたのは、三十年戦争後、帝国分裂という事態に遭遇した帝国君侯（エルンスト敬虔公）の要望に応えて、統治のひな型を提示することであった。ゼッケンドルフは、ゴータをもっぱら念頭に置きながら、一方では帝国権力との関係、他方では領邦等族（領邦議会）との関係をいかに構築すべきかについて、そして、小領邦が独立して存続していく道を明らかにしようとしたのである。オッセは、

V. L. v. ゼッケンドルフ

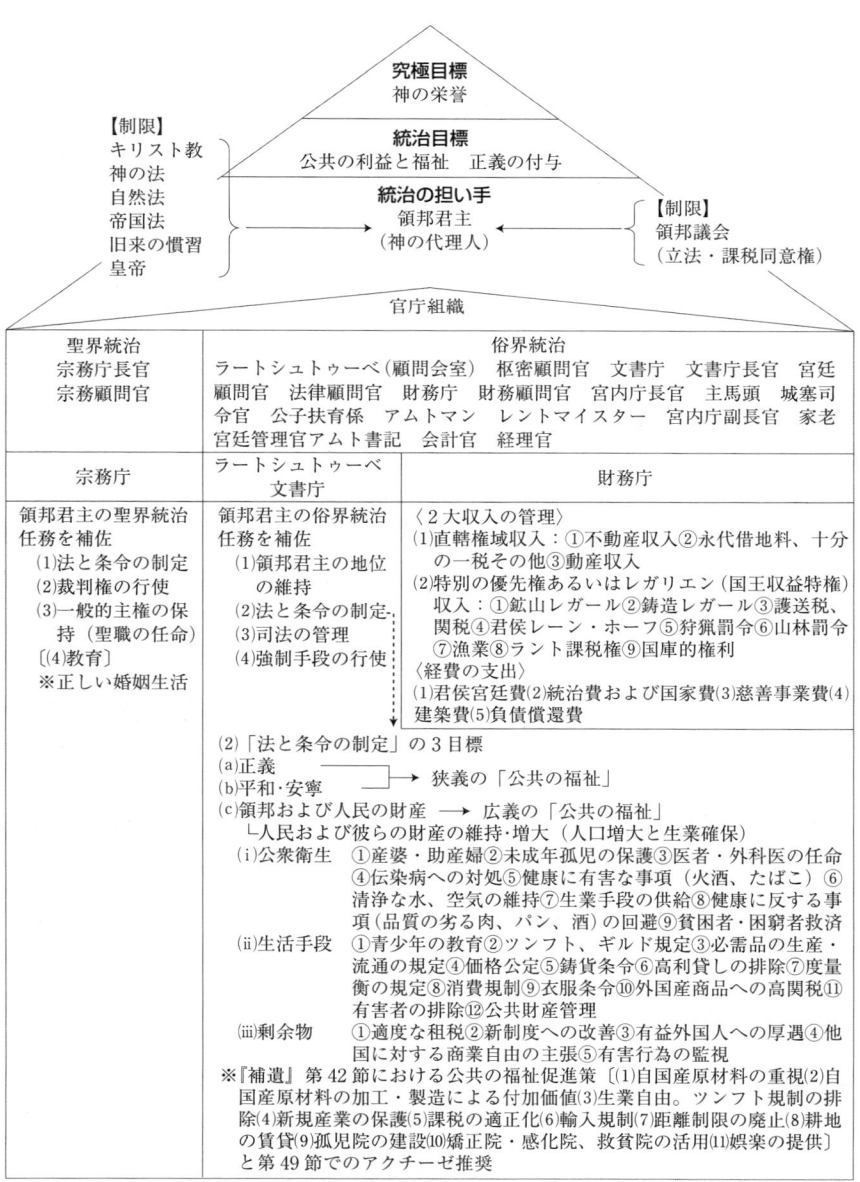

図1-2 ゼッケンドルフの統治目標

支配者を頂点とする統治の安定化のための方策を領邦の実情に即して提示する手法を採用したが、ゼッケンドルフもそれを踏襲した。

　ゼッケンドルフの統治像は図1-2（川又1993: 525）に示される。領邦君主は、「公共の利益と福祉の維持」、そして「正義の付与」という統治目標を実現しなければならない（Seckendorff 1656: I, 58）。この場合、ゼッケンドルフは、君主に対して自己の栄誉、栄光のために統治を行うのではなく、常に天上に位置する「神の栄誉」のために統治を行うよう求め、これを統治の最終・究極目標に掲げた（Seckendorff 1656: I, 62）。ゼッケンドルフによれば、君主は神の代理人である。したがって、君主権は神に由来することになる。君主はキリスト教徒として、神・キリスト教・聖書さらには自然法などに反した行動をとることは許されない。一方、領邦君主権は絶対ではない。領邦君主は、神聖ローマ帝国皇帝の封臣である以上、皇帝および帝国、帝国法に制限を受けることになる。また、領邦君主が親交を結んでいる近隣の他の君侯に対しても、ある一定の契約や旧い慣習が領邦君主を制約する。そして、領邦等族、臣民に対しても、領邦君主がその権力を恣意的に行使できるかというとそうではない。「領邦内の臣民は奴隷ではない」（Seckendorff 1656: I, 79）からである。そこで領邦君主には、臣民に対して、宗教の自由を認め、裁判に訴える制度を整え、課税からの自由を認めること、また領邦君主と、領邦等族・臣民との間で交わされた契約、決定を遵守すること、そして領邦議会を尊重することが求められる。

　このように領邦君主権を理解したゼッケンドルフは、領邦君主の統治に関して、綿密な官庁組織を構想する。聖界統治での宗務庁、俗界統治でのラートシュトゥーベ（顧問会室）と財務庁の3つが主要官庁である。そのなかでも最も重要な役割を演ずるのは、ラートシュトゥーベである。

　俗界統治において領邦君主はラートシュトゥーベおよび文書庁と共同で次の4つの任務を果たさなければならない（第2部第1章。Seckendorff 1656: I, 56 ff.）。(1)領邦君主の地位の維持（第2部第7章）、(2)法と条令の制定（第2部第8章）、(3)司法の管理（第2部第9章）、(4)強制手段の行使（第2部第10章）。とりわけ、(2)に関して、良き法および条令を制定することによって、狭義の公共の福祉（正義と、平和・安寧）の増進と、そしてそれに加えて広義の公共の福祉（人民および

その財産の維持・増大）の増進とが実現される。人口増大を実現するためには、生業が確保されなければならない。ここから、人民の生活に対して、種々の経済政策・社会政策を通じた様々の規制が課されることになるのである。

　ゼッケンドルフは、人口増大を図るためにも、正しい婚姻の維持が重要であると考え、領邦内の宗教を統括する領邦君主が宗務庁を通じてこの面へ配慮することが必要であると主張した。そして、義務教育をも含む統一的な学校制度（初等学校、ラテン語学校、ギムナジウム〔高等学校〕、大学）を領邦君主は整備して、領邦が必要とする有能な人口の育成・増大を図ることを訴えたのである。

　領邦君主の財政は財務庁が担う。領邦君主の財源としてゼッケンドルフは次の２つの収入を掲げる（川又 1992）。

（1）直轄権域（Cammergüter）からの収入
（2）特別の優先権あるいはレガリエン（国王収益特権）に由来する収入。

　ゼッケンドルフはこれら２つを君主の経常的収入として分類している。つまり、そこでは租税収入や公債収入は臨時的収入と見なされ、あくまで例外的財源に位置付けられているにすぎない。

　ゼッケンドルフは、臣民の「課税からの自由」を尊重し、領邦議会の課税同意権を重視した。君主による恣意的課税は排除されなければならないというのがゼッケンドルフの基本的立場である。まずは、経常的収入で必要な経費を賄わなければならない。財源を持続的に確保するためにも、「公共の福祉」の実現を通して、等族・臣民の人口増加と富裕とを図ることが必要となるのである。しかしながら、緊急事態が発生し、経常的収入では賄えない状況に至った場合には、租税の支払いを等族に懇願することができる。等族はこれに反対することも可能であり、また、「等族や臣民の当該同意は彼らの自由を害しない、そして同意された額が将来、正規の負担、賦課金とはならない」という対証（Revers-Briefe）を得て（Seckendorff 1656: I, 494-5）、等族は租税の支払いに同意することができる。

　ここで、ゼッケンドルフは君主と等族のどちらの側に立って租税を論じているのか、という問題が生ずる。君主の側を重視すれば絶対主義を志向することへとつながり、課税同意権を有する領邦議会の側を重視すれば議会制（財政民

主主義）を志向することになる。ゼッケンドルフは、等族の側に配慮しつつも、究極的には君主の側に立っていたことは明らかである。それは、等族の課税同意権が及ばなかったアクチーゼ（消費税）をゼッケンドルフが擁護していることからも理解される。

　ゼッケンドルフは『君主国』初版において、「租税があらゆる臣民によってその財布から支配者に直接支払われるというのではなくて、……［アクチーゼと］普通は呼ばれている酒類また肉、塩、穀物およびその他一般・普通の財貨に対する一定の小額［税］あるいは価値割り当て［税］が課されるという場合であっても、……一部の等族・個人には各地方の慣習・条令によってある一定の免除［権］が与えられており、したがって算術的な支払いの平等ではなく、幾何的な、すなわち個人、その身分、職業、状態に応じた割合が勘案されることになる」（Seckendorff 1656: I, 497-8）と述べ、課税の公平の観点から、アクチーゼに限らず、その問題点を指摘していた。しかし租税収入の比重はゴータにおいて増大しており（Klinger 2002）、またオランダの例にならい、『君主国』第3版『補遺』においては、「アクチーゼの場合には確かに最も富む人が最も少なく提供すると考えられる。しかし実際には社会に何ら損害を与えないばかりか有益でもある。そこでは富者が貧者を扶養し、富者が自分たちへの財産評価［税］によって奪われ除かれる以上のものが彼らの出費・支払いによってもたらされる」（Seckendorff 1656: II, 229）とし、直接税が課されなければ富者はその資産を貧者の扶養・雇用に利用することができ、貧者の生業確保・増大につながる、と主張した。ゼッケンドルフは、アクチーゼの逆進性を認めながらも、直接税よりもアクチーゼ・間接税を採用することを提言したのである。また、補足するならば、初版とは異なり、第3版『補遺』においてゼッケンドルフは公共の福祉促進策として、ツンフト制度を批判した生業自由論を含めて11項目を挙げてもいる（Seckendorff 1656: II, 182-206）。

　ゼッケンドルフは、最高の支配者である君主が行わなければならない事項、それを補佐すべき官庁組織、官吏の任務、歳入と歳出の関係、人材育成方法（学校教育）、殖産興業、などなどのひな型を提示することに成功した。だからこそ、「カメラリストの代表者」の呼称にふさわしい地位にあったのである。

3）オーストリアの3巨星

ウィーンにおいて活躍したベッヒャー、シュレーダー、ヘルニックの3人はオーストリアの3巨星とも称されている。

ヨハン・ヨアヒム・ベッヒャー（1635-82．生没年については異説もある）は、シュパイエルの貧しい家庭に生まれた。独学で博識を身につけ、ついに、マインツ大学から薬学博士号を取得する。化学的知識を活かし、様々な重商主義プロジェクト（ハーナウ伯とともに南アメリカへの植民事業を計画〔Volberg 1977〕、ウィーンではタボールにおいてマニュファクチュアを建設）を実践するが、挫折する。彼はウィーンを離れ、その後ロンドンで没する（上野　1973: 151-63）。

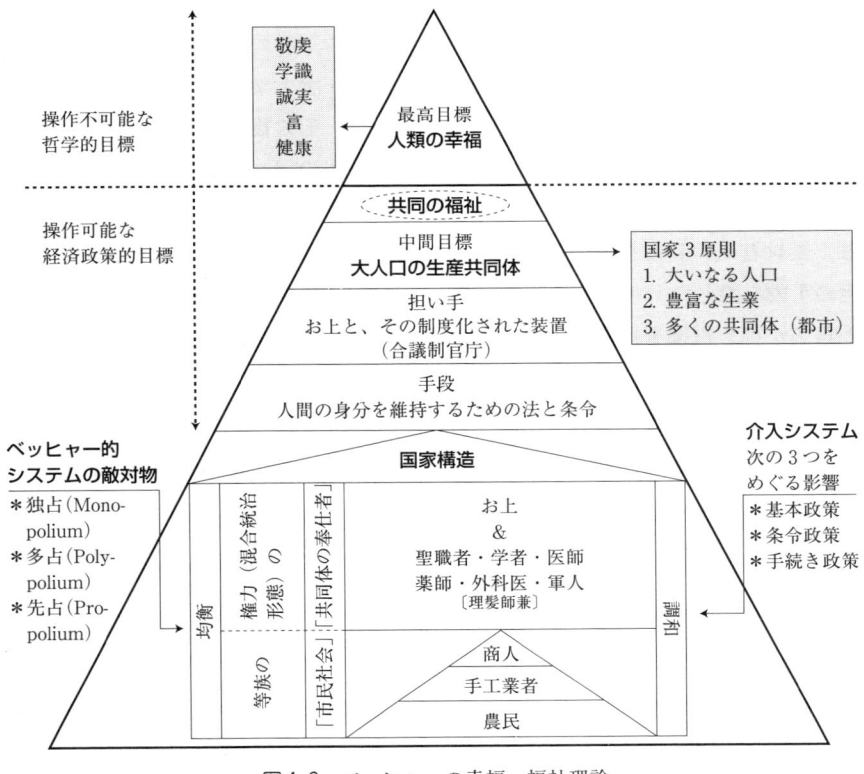

図1-3　ベッヒャーの幸福・福祉理論
(Klaus 1990: 33)

J. J. ベッヒャー

ベッヒャーの主著は『政治論』(1668) である。彼の統治像は図 1-3 に示される。彼の幸福論は、人類の幸福が最高目標にすえられており、それを実現するための方策が『政治論』のなかで展開されている。そこでは国家 3 原則として、(1)大いなる人口、(2)豊富な生業、(3)多くの共同体（都市）の創設、が提示されている。共同の福祉のために、「独占 (Monopolium)」、「多占 (Polypolium)」、「先占 (Propolium)」がそれぞれ批判された。

ヴィルヘルム・フォン・シュレーダー (1640-88) の主著は『君主の国庫局と出納局』(1686) である。彼は、ケーニヒスベルク（ザクセン-コーブルク）で生まれ、エペリース（ハンガリー）で死去した。イェーナ大学で学んだ後イギリスに渡り、ホッブズ、ペティーたちと親交を結んだ。その後ウィーンで、レオポルト 1 世に仕え、ベッヒャーの後をうけてタボールのマニュファクチュアを管理するが、火災のために失ってしまう。再建を期すも叶わなかった。主著において、絶対君主の利益を擁護する立場から国庫の改善策、君主による国家の富裕化の手段を論じた。彼は富を貨幣（金・銀）と同一視し、富裕化の手段として、(1)君主が神の祝福を得ること、(2)金・銀鉱山の開拓、(3)金・銀の精錬・純化、(4)商業振興を掲げた (Schröder 1686: 178-91)。また一国の余剰が得られる原因として、(1)土地の自然的生産性、(2)（勤勉な商人による）商業、(3)マニュファクチュアを挙げ、これらの促進・改善がさらに国家を富裕にすると論じた (Schröder 1686: 191 ff.)。

フィリップ・ヴィルヘルム・フォン・ヘルニック (1640-1714. ホルニックなどと呼ばれることもある。ベッヒャーは義兄)はフランクフルト・アム・マインで生まれ、パッサウで没した。インゴルシュタット大学で法学を学び、1661 年学位を取得する。その後、ウィーンでレオポルト 1 世に仕えた。1680 年以降、J. P. ランベルク伯に仕え、パッサウで枢密参議官として活動した (Brauleke 1978: 4-43)。彼は、『オーストリアは、欲しさえすれば、万物を凌ぐ』(1684) のなかで、国家経済 9 原則を論じた。ヘルニックは、「一国の権力および卓越性

が、金・銀、その他の生存に必須なあるいは便利な財すべての豊富に存するのであれば、……他国に依存せず、あるいは、……外国への依存は必要最小限にして、いかにしてそれらの財の豊富・育成・消費が、自国財産と国内の直接的手段の節約とからによって実現されるのかを、領邦の一般経済は理解しなければならない。」(Hörnigk 1684: 43) と述べて、次の重商主義的9原則を掲げる。

　第1に、財供給のため未開墾地・未耕作地がないようにする。そして金・銀の産出に努めること。第2に、天然の形では利用できなくとも、国内にあるすべての財は、国内で加工すべきこと。第3に、上記2原則を実行するには、人手を必要とする。それゆえ、人口の増大、職業教育、生業の確保、外国人指導者の招聘に努めること。第4に、金・銀を、外国へ流出させることなく、自国内で流通させること。また、その退蔵を許してはならない。第5に、自国民は贅沢をすることなく、外国産の財の使用を制限し、自国産の財で満足すること。第6に、外国産の財を購入するには、金・銀（との交換）ではなく、他の自国産商品との交換によること。第7に、外国産の商品は、天然の形で受け取り、国内で加工すること。第8に、外国人向け（輸出用）の国内剰余品は、できるだけ加工済みの形で、しかも金・銀と交換されるようにしなければならない。第9に、ある1つの（自国産）商品に2ターラーを支払っても、その2ターラーが国内に留まる方が、（外国産輸入商品への）支払いが1ターラーだけであっても、その1ターラーが国外へ流出していくよりもよい場合があることを理解すること、である (Hörnigk 1684: 44-8)。

3　後期官房学

　ジーモン・ペーター・ガッサー (1676-1745) は、コルベルク（ポメルン）に生まれ、シュテティンのギムナジウムに通い、ライプツィヒ大学で法律学を学んだ。その後、1721年、ハレ大学で法学教授の職を得、また、軍事顧問官などにも就任した。そして第1節で述べたように、1727年、フリードリヒ・ヴィルヘルム1世の命を受けて、ハレ大学の官房学教授職を引き受けることになった。1745年ハレに没する。ガッサーは、大学における官房学の教科書として

S. P. ガッサー

当初ゼッケンドルフの『君主国』を使用していたが、29年に『経済学・政治学・官房学序論』を著した。しかしながらその配列は国王の要望に忠実に沿ったものとは必ずしもいえない。そのうち経済学、とりわけ家政論（所領の管理）が中心的に論じられていたからである。

　フランクフルト・アン・デァ・オーダー大学で官房学を担当するようになったのは**ユストゥス・クリストフ・ディトマール**（1678-1737）である。彼は、ローテンブルク・アン・デァ・フルダに生まれ、1737年フランクフルト・アン・デァ・オーダーに没した。マールブルクで歴史と法学を学び、フランクフルト・アン・デァ・オーダー大学で1710年、歴史学教授となった。1727年には官房学の教授に就任し、没するまでその職に留まった。ディトマールは、その教科書『経済学・ポリツァイ学・官房学序論』（1731）において、3学問を個別に検討する姿勢を見せている。その意味で官房学の体系化の道筋をつけたといってよいであろう。

　ガッサーやディトマール以外に、後期カメラリストはあまた数えられるが、官房学の体系化、制度的完成の功績が帰せられるのはユスティとゾネンフェルスである。

1) ユスティ

　ヨハン・ハインリヒ・ゴットロープ・フォン・ユスティ（1717-71. 生年については異説もある）は、ザンガーハウゼンのブリュッケンに生まれた。ユスティは、ヴィッテンベルク大学で学位を取得した後、1750年、マリア・テレジア（1717-80）治世下のウィーンに姿を現わす。マリア・テレジアは、有能な官吏養成のための学院テレジアヌム（Theresianum）を1746年に創設した。1750年8月、ユスティはそこで「ドイツ語雄弁術教授（Professura eloquentiae germanicae）」の地位を得、併せて彼は、財政、商業、租税、そして製造業を包含する「経済学領域講義（collegium eoconomico-provinciale）」を行うよう指示された。マ

リア・テレジアは 1752 年、テレジアヌムに実践的な国家・官房アカデミーを創設することを決定し、ユスティは、新設されたそのアカデミーで「官房・商業・鉱業実務（Praxis im Cameral-, Commercial- und Bergwesen）」を担当する教授職を得ることになった（Frensdorff 1970: 26）。ユスティはその後ウィーンを離れ、1755 年、ゲッティンゲンにおいて「ポリツァイ局長（Polizeidirector）」職とともにゲッティンゲン大学で教職を得る（Frensdorff 1970: 40）。ユスティはさらに、プロイセンにおいて 1765 年、「鉱山局長（Berghauptmann）」に任命される。晩年、彼は不正会計疑惑から投獄され 1771 年、キュストリンで不遇のうちに獄死する（Reinert 2003; Reinert and Reinert 2003; 川又 2006）。

ユスティの主著は、『国家経済学』（1755）、『ポリツァイ学原理』（1756）、『国家の本質と制度』（1760）そして『財政の体系』（1766）である。『財政の体系』は、ユスティがアダム・スミス（1723-90）に先行して、課税 6 原則を展開していることでも知られている（信岡・池田訳 1991; 信岡・池田 1991; 池田 1991-92）。

『国家経済学』においてユスティは、「国家は、その幸福という究極目標のために、多数の人民が最高権力の下に結合したものである。」と定義する。そして国家形態、統治形態としては(1)君主政体、(2)貴族政体、(3)民主政体の 3 つがある（これら 3 つの混合形態もありうる）が、いずれにしても一国の究極目標は、共同の幸福となる（Justi 1755: I, 35）。ユスティにあっても、君主と人民の福祉・幸福は密接不離の関係にある。この目標実現のためにユスティは 3 原則を掲げることになる。

第 1 に、君主は一国の財産が維持・増大され、その臣民が幸福になる手段・措置を講じなければならない。

第 2 に、臣民は、その従順・勤勉によって、君主のこうした手段・措置を容易にしなければならない。

第 3（上記 2 原則から派生）に、君主の福祉と臣民の幸福は、一方を他方から切り離すことが決してできないものである。つまり、一方は他方なくしては永続的に存在することは決してできない（Justi 1755: I, 53）。

この原則から、『国家経済学』の第 1 部において、一国の財産、力を維持・増大することに関する問題、それを目的とする措置・手段の問題は、「政治学

（国政術 Staatskunst）」、「ポリツァイ学（Policeiwissenschaft）」、「商業学（Commercienwissenschaft）」、「経済学あるいは家政学（Oeconomie oder Haushaltungskunst）」の学問で扱われることになる（Justi 1755: I, 59）。政治学の主要目標は、社会に完全な安全を供することである。ポリツァイ（学）は、主として臣民の生活行状や生業に取り組むものであり、その大きな最終目標は、臣民の生活行状や生業を平和状態と相互関係のなかに置くことであって、国家の臣民が利益を得られ、そしてその身分において快適に自らを扶養できるようにすることである。商業学の名称は2つの特別な、相互に区別される学問に与えられることになる。一方は、いかに「商業（Kaufhandel）」が営まれるのかその方法、また、商業が扱う商品の性質を教えるものである。他方は、臣民の生業が促進され、一国の富が増大されるようなやり方で、いかにして一国における商業が基礎付けられ、繁栄状態におかれるかその原則を扱うものである。経済学あるいは家政学はとりわけ、個々人の財産がいかに維持され、増大されそしてきちんと利用されるべきか、を助言するために規定される。『国家経済学』第2部では、国家の財産の理性的利用に関する学説である本来の財政学・官房学が論じられる。

　領邦の富は「生活の需需・便益に必要とされる十分な量の財」であり、「臣民がその勤勉と労働を通じてその良き生業を見つけられるもの」であると定義する（Justi 1755: I, 152）。したがって、他国との通商を行わなくても、また国内にほんの少しの金・銀を見つけられなくとも、こうした財を十分な量だけ自ら産出できるのであれば、当該国は富裕となる。しかし、こうした必需品や便益品の交換には、金・銀（稀少性があって、あらゆる国民が均一の一般的価値を付加することができ、継続性・便宜性を持っており、そしてあらゆる財の一般的な価格・支払手段に利用できる商品）を必要とする（Justi 1755: I, 153）。

　一国の富を増大させるには、まず、人口の増大を図らなければならない。なぜなら、人民は財を領邦内にもたらし、商業の基盤である金・銀の流通がより促進されるようになるからである（Justi 1755: I, 160）。次に、ユスティは、外国人との商業の原則は、「商業を通じて金・銀が流出するよりも国内へより多く流入しなければならない」と考え（Justi 1755: I, 198）、商業（外国貿易）を通じて金・銀の獲得（その流出阻止）が目指されなければならないとする。ユスティは、

金・銀獲得のための5原則として、(1)完成輸出品への非課税、(2)原材料の輸出禁止または重課、(3)すべての不要な輸入品への重課、(4)必需品輸入への軽課、(5)流通品への軽課、を掲げる（Justi 1755: I, 227-32）。外国貿易による金・銀の増大に続いて、国富を増大させる3番目の、そして最善の方法には、鉱業がある（Justi 1755: I, 243）。その鉱業を促進するには、臣民を鉱業に向かわせるため、君主の鉱山レガール（国王収益特権）から鉱業を自由化し、そして課税を免除することが求められる。また鉱業学の完成も必要である（Justi 1755: I, 247 ff.）。

　国家の全般にわたる究極目標は共同の幸福であるが、その達成のためには、国家財産の維持・増大、そしてその理性的利用が重要である。したがって、これらが統治の2大業務となる（Justi 1755: II, 3）。国家財産の理性的利用にあたっては、それに関わる十分な知識を必要とし、これが本来の官房学・財政学の内容を規定することになる。官房学・財政学には、5つの一般原則が要求される。第1に、国家の準備財産（das bereiteste Vermögen）にともなうすべての業務において君主と臣民の共同の福祉がもたらされるようにしなければならない（Justi 1758: II, 24）。第2に、国家の準備財産は、国家の一般財産と君主や臣民の福祉とに不利益とならないやり方で徴収されなければならない（Justi 1755: II, 26）。第3に、準備財産は、準備財産や国家の全財産の状態に応じて利用・支出がなされなければならない（Justi 1755: II, 31）。第4に、準備財産は、君主および臣民の一体的で可能な限りの至善のために利用・支出がなされなければならない（Justi 1755: II, 33）。第5に、準備財産にともなうあらゆる業務は密接に関係付けられ、秩序立てて、正確に遂行されなければならない（Justi 1755: II, 35）、である。

　『国家経済学』第2部の官房学・財政学は、(1)収入論（国家経費の調達）、(2)支出論（国家の経費）、(3)財務の状況・管理、を扱う。

　(1)の収入論において、ユスティは国家の収入を経常的収入と臨時的収入とに分類する。経常的収入は、直轄権域収入あるいは王領地（ドメーネン）収入（Justi 1755: II, 97 ff.）、レガリエン（国王収益特権）収入（Justi 1755: II, 126 ff.）、臣民の貢納・租税・公課（Justi 1758: II, 306 ff.）、そして偶然的収入（Justi 1755: II, 400 ff.）、の4つからもたらされる。臨時的収入は戦争、緊急事態、災害時に必要とされる。臨時的収入は2つから構成される。1つは臣民への臨時税であって、新税

もしくは増税による。しかし、その場合であっても、ユスティもまた等族の課税同意権を尊重することを要求している。2つめは、君主および国家の信用によって調達されるものである（Justi 1755: II, 433）。

(2)の支出論に関しては、3つの原則が存在する（Justi 1755: II, 474）。第1に、国家の経費は福祉促進の目的に支出されなければならない。第2に、経費の分類を行い、国家の収入および財産の状態に応じて、いくら支出すべきかを実際に決定しなければならない。第3に、上述の2原則に従い、追加的冗費を節約し、業務の秩序と一貫性が達成されるよう、支出が計画・統制されなければならない。

(3)の財務制度は、2つの重要な業務を対象とする。1つは準備財産の徴収・調達であり、もう1つは準備財産の使用、すなわち国家経費の使用である。この両者は相互に分離することができない密接な関係を持っている。この財務制度・管理は、大抵は複数の人間で構成される「コレギウム（合議制官庁 Collegium）」が担当する。コレギウムは、宮廷コレギウムと地方コレギウムというような上下2つに組織化されて業務を遂行する。支配者もそして実務にあたる官吏たちも財務制度およびコレギウムに関する知識の重要性を認識しなければならない（Justi 1755: II, 661 ff.）。

ユスティは、『国家経済学』をゲッティンゲン大学における3年間に及ぶ課程の教科書として準備したが、3年を待たずしてゲッティンゲンを離れることになった。ユスティは、それ以後、教職に就くことは叶わず、大学での教育実践は不可能となった。

2）ゾネンフェルス

ヨーゼフ・フォン・ゾネンフェルス（1733-1817．生年については異説もある）は、メーレンのニコルスブルク（現チェコ共和国のミクロフ）に生まれ、ウィーンに没した。ゾネンフェルスは、マリア・テレジアによって、ウィーン大学に1763年「ポリツァイ学および官房学」教授として招聘される。彼のその後の昇進と経歴は華々しく、活動は、学界・政界に留まることなく、芸術界にまで及んだ。

前期官房学者ゼッケンドルフと後期官房学者ゾネンフェルスを比較すると、

彼らの仕えた国が前者はエルンスト敬虔公治世下の小領邦ゴータであり、後者はマリア・テレジアそしてヨーゼフ2世治世下の大帝国オーストリアという大きな違いがあった。両者の置かれた環境は大きく異なっていた。オーストリアは他国との間で常に外交的緊張を強いられた。ゴータでは、軍事力や外交力を通じて他国へ影響を及ぼすという発想はなく、いわば閉じられた世界、隔絶された小領邦において、神の栄誉の実現に邁進していくことのみが目標とされたが（Hartung

J. v. ゾネンフェルス

1914: 92）、ヨーロッパの強国として君臨するオーストリアでは常に国の内外に目が向けられなければならない。そこからゾネンフェルスは国家学の有り様を最初に確認する必要に迫られるのである。

　そこで、彼は、大学教科書として、「政治研究の手引きのために」、『ポリツァイ、商業および財政の諸原理』（1765-76）（以下、『原理』と略）を公刊する。彼はその全体の序論において、人間は自然状態のなかにあるのではなく、大きな社会すなわち国家のなかで生きている市民であると述べることから議論を開始する。そして国家生活においては、究極目標（「福祉」、「至善」）の一致、意思の一致、（究極目標達成のために必要とされる）能力の一致がなされなければならない（Sonnenfels 1765-76: I, 5）。「市民社会にあっては、至善こそが究極目標、すなわち、安全と生活の快適性、になる」（Sonnenfels 1765-76: I, 13）。一国の福祉を取り扱う「国家学（Staatswissenschaft）」は、究極目標＝「共同の至善（das gemeinschaftliche Beste）」の下位にある4目標、対外的安全・対内的安全・生業増大・国家経費が必要とする収入の徴収、に応じて分類されることになる（Sonnenfels 1765-76: I, 18）。国家の対外的安全を扱うのは「政治学（Staatsklugheit, Politik）」、国家の対内的安全を扱うのは「ポリツァイ学（Polizeywissenschaft）」、生業手段の拡大生産を扱うのは「商業学（Handlungswissenschaft）」、国家経費が必要とする収入の徴収を扱うのは「財政学（Finanzwissenschaft）」となる（Sonnenfels 1765-76: I, 19-20）。そして、一般的福祉の増進には、人口の増大が欠かせない。したがって、『原理』においては人口問題がその中心を流れることになる。ゾ

ネンフェルスは、豊富な人口こそ、対外的安全を維持するのに最大の効果を発揮し、対内的安全が維持されれば、生業増大を通じてその人口を増やすことができ、また財政も豊かになれるということで、その人口論を展開している。

4　官房学の運命

　官房学は、16世紀中葉から、国庫を中心とする議論に始まり、17世紀後半からは国家統治全般を射程とした。そして後期には、大学教科として3領域に細分化され、経済学、ポリツァイ学、官房学（財政学）として独自の発展を遂げ体系化されることになる。そのおよそ300年もの間に、絶対的領邦君主と臣民という縦の関係を基軸にして、君主による様々な干渉を通じた平和と共同の幸福実現が目標に掲げられていった。

　一方、イギリスでは、ゼッケンドルフが活躍した17世紀にはジョン・ロック（1632-1704）がいた。ロックは社会契約説を駆使し、国民が抵抗権を有していることを主張した。さらに18世紀になると、市場分析を新たに導入したアダム・スミスが登場する。個人を研究対象として、人間社会、経済社会を支配している秩序・法則を明らかにすることが試みられていく。絶対君主の擁護ははるか後方に退き、自由貿易による国富増進が効率的であるとされ、重商主義は否定されるに至る。そして「家産国家（Patrimonialstaat）」から「租税国家（Steuerstaat）」への転換が推進されていく。つまり、経済学、財政学の展開はイギリスとドイツでは異なった方向に進むことになったのである。

　そのようなスミス経済学が大陸に伝えられることと相まって（Hasek 1925; Winkel 1986）、官房学はついにその役割を終え、スミス経済学に道を譲ることになる。その象徴は、当初カメラリストの経済学者であったK. H. ラウ（1792-1870）が、1826年以降、自分の教科書『政治経済学教本』に官房学やポリツァイ学といったそれまでの呼称を用いることはやめ、『国民経済学原理』、『国民経済育成原理』（後に、『国民経済政策原理』と改称）、『財政学原理』という表題を掲げたことに表われている（第2章第2節の3）参照）。官房学は、絶対君主擁護の学問から、近代的な経済学、経済政策、財政学へと質的転換を迫られた

のであり、その運命から逃げることはもはや不可能であったのである。

文 献

Adam, U. (2006): *The Political Economy of J. H. G. Justi*, Bern.
Becher, J. J. (1668): *Politicher Discurs* (1668), Faks.-Ausg., Düsseldorf 1990.
Besold, C. (1615): *De aerario publico discursus*, Tübingen.
——(1623a): *Synopse der Politik* (1623. ただし原タイトルは *Synopsis politicae doctrinae*. なおドイツ語訳の底本は 1637 年版である), übers. v. C. Cosmann, hg. v. L. Boehm (=*Bibliothek des deutschen Staatsdenkens*, hg. v. H. Maier, M. Stolleis, Bd. 9), Frankfurt a. M. 2000.
——(1623b): *Vitae et mortis consideratio politica*, libellus tribus, Strassburg.
——(1625): *Principium et finis doctriae politicae, hoc est, dissertationes duae, quarum una praecognita politices propnit. Altera, de republica curanda agit*, Strassburg.
Bornitz, J. (1608): *De nummis in repub. percutiendis & conservandis libri duo*, Hanau.
——(1612) : Aerarium, sive tractatus politicus de aerario, Frankfurt a. M.
——(1625): *Tractatus politicus de rerum sufficientia in rep. et civitate pro curanda*, Frankfurt a. M.
Brauleke, H.-J. (1978): *Leben und Werk des Kameralisten Philipp Wilhelm von Hörnigk: Versuch einer wissenschaftlichen Biographie* (=*Europäische Hochschulschriften*, Bd. III/108), Frankfurt a. M.
Carpenter, K. E. (1977): *Dialogue in Political Economy: Translations from and into German in the 18th Century*, Boston.
Dithmar, J. C. (1731): *Einleitung in die Oeconomische Policei- Cameral-Wissenschaften: Nebst Verzeichniß eines zu solchen Wissenschaften dienlichen Bücher-Vorraths Und ausführlichen Register* (1731), Nachdr. d. Ausg. 1745, Glashütten im Taunus 1971.
Dittrich, E. (1974): *Die deutschen und österreichischen Kameralisten* (=*Ertäge der Forschung*, Bd. 23), Darmstadt.
Frensdorff, F. (1903): *Über das Leben und die Schriften des Nationalökonomen J. H. G. von Justi* (1903), Neudr., Glashütten im Taunus 1970.
Gasser, S. P. (1729): *Einleitung zu den Oeconomischen Politischen und Kameralwissenschaften* (1729), Neudr., Glashütten im Taunus 1970.
Hartung, F. (1914): *Deutsche Verfassungsgeschichte vom 15. Jahrhundert bis zur Gegenwart* (1914), 9. Aufl., Stuttgart 1969. 成瀬治・坂井栄八郎訳『ドイツ国制史――15 世紀から現代まで』岩波書店、1980 年.
Hasek, C. W. (1925): *The Introduction of Adam Smith's Doctrines into Germany* (=*Studies in History, Economics and Public Law*, ed. by The Faculty of Political Science of Columbia University, Vol. 117, No. 2), New York.
Hörnigk, P. W. v. (1684): *Oesterreich über alles, wann es nur will* (1684), Faks.-Ausg., Düsseldorf 1997.

Humpert, M. (1937): *Bibliographie der Kameralwissenschaften* (=Kölner Bibliographische Arbeiten, hg. v. H. Corsten, E. Walb, Bd. 1), Nachdr., Köln 1972.

池田浩太郎 (1991-92):「ユスティ租税原則論の学説史的意義——ユスティ『租税および公課についての一般的原則』1766 年、解題(2)」、『経済研究』第 115-6 号.

Justi, J. H. G. v. (1755): *Staatswirtschaft oder Systematische Abhandlung aller Oekonomischen und Cameral-Wissenschaften, die zur Regierung eines Landes erfordert werden* (1755), Neudr. d. 2. Aufl. 1758, 2 Bde., Aalen 1963.

——(1756): *Grundsätze der Policey-Wissenschaft in einen vernünftigen, auf den Endzweck der Policey gegründeten, Zusammenhange und zum Gebrauch Academischer Vorlesungen abgefasset*, Faks.-Ausg., Düsseldorf 1993.

——(1766): *System des Finanzwesens* (1766), Neudr., Aalen 1969.

——(1771): *Natur und Wesen der Staaten als die Quelle aller Regierungswissenschaften und Gesetze* (1771), mit Anmerkungen hg. v. H. G. Scheidemantel, Neudr., Aalen 1969.

川又祐 (1992):「租税国家成立前一七世紀ドイツ官房学派ゼッケンドルフの財政思想」、『政経研究』第 28 巻第 4 号.

——(1993):「ドイツにおける福祉国家論の系譜——公共の福祉とゼッケンドルフ」、『法学紀要』第 34 巻.

——(1998):「オッセと『善きポリツァイ』——16 世紀における官僚制度の改革構想」、『政経研究』第 34 巻第 4 号.

——(2006):「ヨハン・ハインリヒ・ゴットロープ・フォン・ユスティ」、『政経研究』第 42 巻第 3 号.

Klaus, J. (1990): Johann Joachim Bechers Universalsystem der Staats- und Wirtschaftspolitik, In: J. Klaus, J. Starbatty: *Vademecum zu einem universellen merkantlistischen Klassiker*, Düsseldorf.

Klinger, A. (2002): *Der Gothaer Fürstenstaat: Herrschaft, Konfession und Dynastie unter Herzog Ernst dem Frommen*, Matthiesen.

Klock, K. (1634): *Tractatus nomico politicus de contributionibus*, Bremen.

——(1651): *Tractatus juridico-politico-polemico-historicus de aerario*, Nürnberg.

Lluch, E. (1997): Cameralism beyond the Germanic World: A Note on Tribe, In: *History of Economic Ideas*, Vol. 5, No. 2.

信岡資生・池田浩太郎訳 (1991):「ユスティ『租税および公課についての一般的原則』1766 年」、『経済研究』第 113 号.

信岡資生・池田浩太郎 (1991):「ユスティ財政論の特色と租税原則論の構造と生成——ユスティ『租税および公課についての一般的原則』1766 年、解題(1)」、『経済研究』第 114 号.

Obrecht, G. (1644): *Fünff Vnderschiedliche Secreta Politica* (1644), mit einer Einleitung hg. v. B. Schefold, Nachdr. d. Ausg. 1644, Hildesheim, Zürich u.a. 2003.

Osse, M. v. (1556): *Politisches Testament: An herzogk Augustum churfursten zu Sachssen ein unterteniges bedenken Melchiorn von Osse, der rechten doctorn und diser zeit S. Churf. Gn. hofrichtern etc.* (1556), In: *Schriften Dr. Melchiors von Osse:*

Mit einem Lebensabriß und einem Anhange von Briefen und Akten, hg. v. O. A. Hecker, Leipzig, Berlin 1922.
Rau, K. H. (1826-37): *Lehrbuch der politischen Ökonomie*, 3 Bde., Heidelberg. Bd. 1: *Grundsätze der Volkswirthschaftslehre*, 1826. Bd. 2: *Grundsätze der Volkswirthschaftspflege*（後に題名変更：*Grundsätze der Volkswirthschaftspolitik*), 1828. Bd. 3: *Grundsätze der Finanzwissenschaft*, 1. Abth., 1832, 2. Abth., 1837.
Reinert, E. S. (2003): Johann Heinrich Gottlob von Justi (1717-1771): The Life and Times of an Economist Adventurer, In: *The Other Canon Papers*, Item dated: 22.09.2003. http://www.othercanon.org/papers/
Reinert, E. S. and Reinert, H. (2003): A Bibliography of J. H. G. v. Justi, In: *The Other Canon Papers*, Item dated: 21.10.2003. http://www.othercanon.org/papers/（レイナートらの上記2稿は、Backhaus, J. (Ed.): *The Beginnings of Political Economy: Johann Heinrich Gottlob von Justi*〔= *The European Heritage in Economics and the Social Sciences*, Vol. 7〕, 2009 に収録）
Roscher, W. (1862): *Die deutsche Nationalökonomik an der Gränzscheide des sechzehnten und siebzehnten Jahrhunderts*, Leipzig.　川又祐訳「一六・一七世紀転換期のドイツ国民経済学」、『秋田法学』第 33, 35, 37-9 号, 1999-2002 年.
――(1874): *Geschichte der National-Oekonomik in Deutschland* (1874), 2. Aufl., München 1924.
Schröder, W. v. (1686): *Fürstliche Schatz- und Rentkammer, nebst seinem Tractat vom Goldmachen, wie auch vom Ministrissimo oder Oberstaatsbedienten* (1686), Nachdr. d. Ausg. 1752, Vaduz 1978.
Seckendorff, V. L. v. (1656): *Teutscher Fürsten-Stat* (1656), Nachdr. d. Ausg. 1665 (= *Paedagogica: Quellen Schriften zur Geschichte der Einheitsschule*, Bd. 2), 2 Bde., Glashütten im Taunus 1976.
Small, A. W. (1909): *The Cameralists: The Pioneers of German Social Polity*, Chicago.
Sonnenfels, J. v. (1765-76): *Grundsätze der Policey, Handlung, und Finanz* (1765-76), Nachdr. d. Ausg. 1819-22, 3 Bde., ed. by O. Nuccio, Roma 1970（本書の表題表記には変遷があるが、ここでは本復刻版の表記に従った）．ラテン語版：*Principia politiae, commercii et rei aerariae*, E Germanicis lucubrationibus clarissimi viri Josephi Sonnenfels latine reddita a Wolfgango Beke. 3 Tomi, Posonii 1807-8.　イタリア語版：*La Scienza del buon governo, recata dal tedesco in italiano... di Sonnenfels*, Milano 1784.
Stieda, W. (1906): *Die Nationalökonomie als Universitätswissenschaft* (1906), Neudr., Vaduz 1978.
Tribe, K. (1995): *Strategies of Economic Order: German Economic Discourse, 1750-1950*, Cambridge.　小林純・手塚真・枡田大知彦訳『経済秩序のストラテジー――ドイツ経済思想史 1750-1950』ミネルヴァ書房、1998 年.
上野喬 (1973): 第5章「ヨハン・ヨアヒム・ベッヒャーの経済思想について」、上野『オランダ初期資本主義研究』御茶の水書房.
Volberg, H. (1977): *Deutsche Kolonialbestrebungen in Südamerika nach dem*

Dreißigjährigen Kriege, insbesondere die Bemühungen von Johann Joachim Becher, Köln.

Winkel, H. (1986): Adam Smith und die deutsche Nationalökonomie 1776-1820: Zur Rezeption der englischen Klassik, In: H. Scherf (Hg.): *Studien zur Entwicklung der ökonomischen Theorie*, V. 原田哲史訳「アダム・スミスと一七七六〜一八二〇年のドイツ経済学——イギリス古典学派からの受容をめぐって」、『ドイツ文化・社会史研究』第 2 号、1994 年.

第2章

ドイツ古典派、ロマン主義、F. リスト

1 19世紀に連なる18世紀後半の2つの経済思想

　19世紀前半のドイツ語圏の経済思想は4つの側面からなる。(1) スミス的・予定調和的なイギリス古典派思想を摂取しかつ社会的な使用価値論を主張した、学界で主流のドイツ古典派。(2) 産業的発展に対して最初に疑念を表明し、過去の社会構成体の維持・継承という見地から批判した、保守的な——とはいえ分権主義的な——異端としての非産業主義であるロマン主義。(3) ドイツ古典派と接触をもちつつ、保護貿易による工業化を主張して実業家・政治家に説いて回るとともに、後発資本主義国の経済論を確立したF. リスト。(4) 労働者の運動を重視して産業的発展の先に理想社会を展望した、革命的な異端としての初期社会主義。これら4つの志向がそれぞれ独自の課題をもち、部分的に類似の要素を含みながらも競合しあった多様性の思想空間が、当時のドイツ語圏経済思想であった。

　本章の主な課題はその(1)、(2)、(3)を（ただし、それぞれ以下の第2節、第3節、第4節で）見ていくことであり、(4)の初期社会主義については第5章で論ずる。また広義で後期ドイツ古典派に属する数理的な経済思想（テューネン、マンゴルト）は第3章で扱う。ただし、19世紀前半を中心とする本章の主題に入る前に、官房学（第1章）ではないが本章の諸系列に入れることもできない18世紀後半の2つの経済思想を補足しておきたい。

1）リストに連なるメーザー

　小領邦オスナブリュックに生まれ、その国政に深く関与した法律家にして歴史家、文芸・社会評論家でもあった**ユストゥス・メーザー** (1720-94) は、後にW. ロッシャーによって「歴史的方法の最も偉大なマイスターたちのひとり」、「18世紀における最も偉大なドイツの経済学者」と称揚される (Roscher 1874: 501-4. 強調は原文による)。メーザーは領邦オスナブリュックの経済的繁栄を第一に考えていたが、さらに近隣諸領邦の集合体である帝国クライス（彼にとってはヴェストファーレン・クライス）での共通の経済的利害のための領邦間協調を説き、またドイツ語圏全体の繁栄をも展望していた (Möser 1770: 300-3)。こうした同心円的な広がりをもつメーザーの国家観は、一方で官房学の領邦主義的な狭さを超えているとともに、他方で、主著『郷土愛の夢 (Patriotische Phantasien)』(1774-86) の「パトリオーティッシュ」観念が一挙にナショナルなドイツ語圏全体を意味するようなものではないことを示している。

　彼の思想は、産業の振興を説く点では後期官房学と似ているが、人口増加を経済的繁栄と等置し奨励する官房学的な志向はなく、むしろ土地の分割と貧民の増大とによる国家の弱体化への懸念を表明している点でR. マルサス (1766-1834) に近い。メーザーの理想は、『オスナブリュック史』「序論」(1768) でいわれているように、カール大帝 (768-814) までの時代の古ザクセンの社会であり、そこでは一定の広さの農場を所有する「ヴェーレ」と呼ばれる高貴で「名誉」ある（共同体の利益を害さない）独立自営の農民たちが軍役を負うとともに国政を担っていたとされる。彼によれば、ドイツの歴史はこの理想社会が堕落するプロセスなのであるが、理想にまだ近い彼の時代の領邦君主制でさえ一層の土地の分割や貧民の増大が生ずればその利点さえ失われてしまうのである (Möser 1768: 35, 62-3; 坂井 2004: 140-7)。後にF. リストが『農地制度』論で過度の土地分割による貧民の発生を耕地整理と国外移住とによって阻止すべしと説くとき、メーザーの思想が称揚される。

J. メーザー

2) 自由主義の先駆としての重農主義

　18世紀の革命（1789年勃発）前のフランスで、コルベールによる統制主義的な輸出産業奨励とそれによる農業の疲弊に対して、フランソワ・ケネー (1694-1774) と彼の支持者 V. R. ミラボー（政治家ミラボーの父）、デュポン・ド・ヌムールらは、農業の再興を機軸とした国民経済の立て直しを主張して学派をなした。彼らは、前払い（資本）を超える「純生産物」を生む農業のみが生産的であり、土地生産物の単なる加工である製造業は不生産的であるとして、地主の手に入る「純生産物」のみに課税する「単一税」を主張した。この課税方式は――地主の存在を前提するとはいえ――農民を重税から解放するものであり、ケネーらは、自由な経済活動が神の定めた自然法に基づいて一定の秩序にと至ると考えた。この「重農主義」の経済思想は、ケネー『経済表』（原表1758）における経済循環の総過程の初めての図式化からしても、経済学の体系的成立のひとつと見なされる。

　ドイツ語圏において、複数の経済学者によって――学派というほどの結び付きはなかったが――重農主義の移入が試みられた。バーゼルの**イーザーク・イーゼリーン** (1728-82) は『社会秩序の試み』(1772) においてケネーの構想を説明し、雑誌『人類の日誌』(1776-78, 80-82) を自ら編集して重農主義の賛否を論ずる場とした。1775年には J. マウフィロン (1743-94) が重農主義の影響を示す A. R. J. チュルゴの主著『富の生産と分配についての諸考察』(原著1766) のドイツ語訳を出版した。さらに重農主義に傾倒しミラボーと文通していたバーデン-ドゥルラハ辺境伯カール・フリードリヒ (1728-1811) は、家臣で重農主義者の**ヨハン・アウグスト・シュレットヴァイン** (1731-1802) から助言を得て、1770年から領地内の複数の村に「単一税」を実験的に導入した。ただし、徴収が煩雑なことや、村が当初から破産状態にあったこともあり、期待した成果が得られないまま実験は中止された。シュレットヴァインは1773年デュポンが（ただし短期的に）辺境伯に登用されるときにそこを去り、後にギーセン大学教授となる。彼の著書『全公衆にとって最重要の事柄、すなわち政治一般における自然的な秩序』(1772) では『経済表』の簡略版が示された。彼はケネーに依拠して、政府は自然法にかなった現実の秩序を整えれば、あとは自由な経済

活動を認めるのがよい、と主張した。彼によれば、商業的自由とは、あらゆる人間に与えられた幸福追求の権利に、いい換えれば自己決定の自然権に基づく。

　重農主義の経済思想は、啓蒙主義的な自由を希求するドイツの人々に受容されるとともに、官房学が圧倒的・正統的な位置を占めたドイツ語圏において他国から取るべき思想があることを知らしめた。しかし、重農主義への傾倒は長くは続かなかった。カッセル大学教授C. W. ドームが『重農主義体系について』(1782) で製造業の不生産性という議論を批判したときすでに『国富論』を読んでいたように、経済学における自由主義はアダム・スミスに代表される古典派経済思想でもって説かれることになる (Tribe 1988: 119-31; Brandt 1992-93: I, 87-128)。

2　ドイツ古典派

　「ドイツ古典派」と題したが、これは当時のドイツの経済学者たちが自ら古典「学派」と名乗ったというよりも、スミスを核とするイギリス古典派経済学をドイツ語圏で受容・継承した者たちを研究者が"deutsche Klassiker"(「ドイツの古典経済学者たち」) と呼んだのを、ここで「ドイツ古典派」と訳している (Winkel 1977: 7; Brandt 1992-93: I, 162 ff.)。この一連の経済学者たちについては——わが国では19世紀前半のドイツ経済思想はリストと初期社会主義 (および初期マルクス) に集中して取り組まれたため——研究が遅れており、彼らがどれだけ学派としての結束を有していたかも含めて、なお明らかにすべき課題は多い。

1) 当時の状況とスミス経済思想の普及

　重農主義と同じく予定調和的な自然法を前提とし、規制的な重商主義を誤りとしながらも、農業のみを生産的とする重農主義の一面性を批判して、工業も生産的だから農・工業の両部門における年々の労働の生産物こそ国民の富であるとしたのがイギリスの——厳密にはスコットランド出身の——アダム・スミス (1723-90) の『国富論』(1776) である。彼は、分業と交換に基づく近代社会

は、農・工業の生産過程で生じた増加部分（利潤）の再投資による拡大再生産すなわち資本蓄積を通じて、生産力を上昇させ富を増やし——部分的には工業化の弊害も生ずるとはいえ——進化をとげていく、と展望した。ここには、世界でいち早く（1830年代に）産業資本主義を成立させるイギリスの、産業革命前夜の状況が反映されている。当時イギリスでは、エンクロージュア（囲い込み）を経て形成された独立自営農民層を基盤にして国内で農工業の商品生産と交換経済が展開されていたが、政府はなお重商主義政策をとっていたため、特権的な商人と輸出産業が優遇されていた。国内と外国貿易において商業的自由が実現すれば、市場での競争を通じて公正な価格——「自然価格」を基準とする比較的低廉な価格——が実現され、効率のよい資本投下でもって生産力も一段と上昇するから、富が増大しかつ広く行き渡る。この経済制度を「自然的自由のシステム」(Smith 1776: 687) とするスミスの経済論は、法論（正義論）と『道徳感情論』(1759) での社会心理学的な議論とによって基礎付けられている。後者で彼は、市民は「利己心」を動機とするが、他人の「同感」を得ようとして「公正な観察者」に見られているかのように想像して行為を過度にならぬよう——他者が受容する程度に——自己抑制するから、下からの社会秩序形成が可能である、と述べた。この社会観は利己心をめぐるスコットランド啓蒙思想の議論を総括するものであった。

　ドイツ語圏は、イギリスが産業革命を終える1830年代にようやく鉄道建設とともにそれが開始されるほど産業化（70年代に終了）が遅れていた。19世紀初頭にようやく先進領邦プロイセンにおいて不徹底な農民解放と営業の自由（ツンフト強制の廃止）が導入された。また政治的にもドイツ語圏は、ナポレオン戦争（1800-14）以前に神聖ローマ帝国（962-1806）として形式的に統一されてはいたが、その結合は実質的にはきわめて緩やかで、数多くの領邦が独立国家に近い状態で——北東のプロイセンと南東のオーストリアを2大強国として——林立していたし、この状況はナポレオン戦争後にドイツ連邦（1815-66）が成立しても大きくは変わらなかったから、17〜18世紀に強力な絶対主義的統一と市民革命とを行ったイギリスやフランスからはほど遠い状態にあった（1871年のドイツ帝国の成立でもって政治的に統一）。ただし、哲学・文学・芸術の領域では、

18・9世紀転換期から19世紀の20～30年代までのドイツ語圏は歴史に残る人物を多数輩出している。哲学では、普遍的道徳法則を目指す自律した意志でもって近代的個人を捉えた**イマヌエル・カント**（1724-1804）をはじめ、フィヒテ、シェリング、ヘーゲルといったドイツ観念論（ドイツ古典哲学）の系列が見られるし、文学では疾風怒濤から古典派に至るゲーテ、シラーらが、音楽では古典派のベートーヴェンやロマン派のシューベルト、シューマンなどがいた。

　スミスの著書では先に『道徳感情論』が1770年にドイツ語訳されたが、『国富論』はまず文豪シラーの従兄弟J. F. シラー（1737-1814）によって1776-78年に2巻本で翻訳が出された後、さらに1794-96年に通俗哲学者**クリスティアン・ガルヴェ**（1742-98）――スコットランド啓蒙のA. ファーガスンの『道徳哲学の諸制度』（原著1769、ドイツ語訳1772）とE. バーク『崇高と美の観念の起源についての哲学的研究』（原著1757、ドイツ語訳1773）の翻訳者――によって4巻本で訳されて、シラー訳よりも普及した。ついでゲッティンゲンのザルトーリウスとケーニヒスベルクのクラウスによって、大学でスミス経済思想について講義され始めた。

　ゲッティンゲン大学は領邦ハノーファーの最良の大学であった。当時ハノーファーはイギリスと同君連合（1714-1837）にあり、ゲッティンゲン大学にはイギリスから王族・貴族の子弟が学びに来たから、教員たちはイギリスの知識・思想を得ておこうとする意欲が強かった。ドイツにおける『国富論』の最初の詳細な書評は1777年（原著出版の1年後）にゲッティンゲン大学哲学教授のJ. G. H. フェーダー（1740-1811）が雑誌『ゲッティンゲン学術広報』に発表したものであり、そこではスミスの重農主義との関連が紹介されて『国富論』が賞賛された。フェーダーの弟子で同大学で教えた**ゲオルク・ザルトーリウス**（1765-1828）は歴史学の担当であったけれども、著書『大学の講義で使用するための国家経済学要覧――アダム・スミスの諸原理にしたがって作成』（1796）で「著者はスミスが真理を発見したと確信しており、その真理を普及させることを自らの義務と考える」（Sartorius 1796: Vorrede, Ⅳ）と述べているように、講義でスミス経済思想を普及しようと意気込んだ。

　しかし、そうした彼も1806年の著書『国富の諸要素と国家経済とについて

の諸論文』ではスミスの自由競争論に一定の批判を記すようになる。「無制限の自由」が認められれば、商工業において「大資本家たちがすべての営業をまるで独裁者のように支配し、……万人の腐敗へと作用することがありうる」し、農業でも野放しの自由が結果的に同じように少数者の土地支配へと至りうる、と懸念を表明するのである（Sartorius 1806: 216-7）。このことは、先進領邦プロイセンでさえまだ営業の自由や農民解放が始まっていない当時の遅れたドイツの状況における、スミスの理想に対する戸惑いを表わしている。王族・貴族との密接な関係のなかでイギリス思想を移入するゲッティンゲン大学で、スミス的な独立自営農民の観念はどれだけ肯定できただろうか。その他、1810年からゲッティンゲン大学で教えるスミス傾倒者A. F. リューダー（1760-1819）も、『国民産業と国家経済について——アダム・スミスにしたがって作成』（1800-04）でスミス的な発展のための地理的・自然的な諸条件について論ずるなかで、現実とスミスの理想のギャップという問題を示していた。

　他方、プロイセンの東プロイセン州の州都ケーニヒスベルクでカントの下で学びその同僚にもなった**クリスティアン・ヤーコプ・クラウス**（1753-1807）は、A. ヤング『政治算術』（原著1774、ドイツ語訳1777）のドイツ語への翻訳者であったし、ゲッティンゲン大学で学んだ時期（1779-80）もあった。1780年にケーニヒスベルク大学に戻った彼は、1791年から官房学の講義をすることになり、90年代中頃からそれをスミス経済学にウェイトを置いた自由主義的な内容にする。この講義は、法学から官房学へと学生の好みが転換する時期だったこともあり、多くの学生——とりわけプロイセン貴族の子弟ら——が受講した。さらに州の官僚の育成を強化しようとした東プロイセン州大臣シュレッターは、クラウスの講義を高く評価して、その受講を証明できなければ東プロイセンの官僚として採用しないとした。東プロイセン州政府の中央政府との強い結びつきのため、クラウスの影響はプロイセン全体に、しかも官僚の新世代に及んだ。スミスの自由主義に依拠したクラウスは隷農制やツンフト強制の廃止を主張していたから、彼の下で学び官僚となったT. v. シェーン（1772-1856）らは、それが実行に移される1807-21年のプロイセン改革（シュタイン-ハルデンベルク改革）に貢献した。このようにスミスの思想はクラウスによってドイツに移入され、

花を咲かせた。

　クラウス自身の講義ノートは彼の死後、弟子 H. v. アウアースヴァルトが編集して5巻本の『国家経済学』として1808-11年に出版される。研究者 W. トロイエは第4巻までは「『国富論』の自由な翻訳に他ならない」としており（Treue 1951: 117）、第5巻に着目してクラウスの独自性を見定めるのは残された課題である。そこでは「国家による工場制度の促進」が説かれているが（Kraus 1808-11: V, 234）、スミスにはこうした政策的志向はなかったから、ここにおいて「上から」の近代化に適用されたスミス思想の変形を見ることができよう。また、クラウスにおけるベースとしてのカントと、後で受容したスミスとの関係はどうか。前者は意志の自律に、後者は利己心に着目して近代的個人を説いたが、彼において2系列がどのように関連しているのか探る必要がある。その他、少し後になるが、初期のスミス導入者でハレ大学教授の L. H. ヤーコプ（1759-1827）もカント哲学への傾倒の後にスミス経済思想の普及に取り組んでいるから、同様の問題がある（以上について Roscher 1874: 593-625; Hasek 1925: 60-94; Treue 1951; Winkel 1986; Tribe 1988: 133-48; Brandt 1992-93: I, 160-168; Waszek 1993; Oz-Salzberger 1995: 190-216; Mizuta 1998; 大塚 2008）。

2)「古いドイツの使用価値学派」としてのドイツ古典派の生成

　ドイツ古典派の際立った特質が「古いドイツの使用価値論（ältere deutsche Gebrauchswerththeorie）」にあり、彼らを中心とした価値論の系列を「古いドイツの使用価値学派」（Komorzynski 1889: 63-4）と呼ぶことさえできることは、J. v. コモルツィンスキーによるその命名の後、O. シュパンをはじめ研究者によってしばしば言及されている。その価値論とは、主観的な使用価値・有用性を問うものであるが、個人にとっての効用にとどまらず、集団（社会・共同体とりわけ国家や国民）にとっての効用をより高度なものと見なす社会的な使用価値論である。有用性についての価値評価は主観的であっても重要な評価主体は社会・国家であるとすることから、「客観的な」主観価値論とさえいうことができる。ドイツ古典派はスミスから予定調和観を採り入れたが、スミスの継承者にしてマルクスの基礎をなしたデイヴィド・リカードウ（1772-1823）の労働価値論は

受容しなかったのであり、その点では、主観価値論を説き需要サイドを重視してスミスの生産的・非生産的労働の区別を批判したフランスのジャン・バティスト・セー (1767-1832) に近い。そうしたドイツ的な使用価値論はロマン主義（ミュラー）や旧歴史学派（ロッシャー、ヒルデブラント）に、また国家社会主義者（A. ヴァーグナー）にも分かちもたれており、またその発展的止揚として C. メンガーの限界効用論を位置付ける研究者がいることからしても、重要な論点である (Spann 1949: 199; Streissler 1990; Brandt 1992-93: I, 169 ff.; Priddat 1997: 9-11; 原田 2006b: 171-2; セーについて栗田 1984)。

フリードリヒ・ユリウス・ハインリヒ・フォン・ゾーデン (1754-1831) は、プロイセン官僚や演劇指導者などを経験した後に経済論に没頭した貴族である (Meitzel 1926: 501)。彼は 1805 年の『国家経済学』（全9巻、1805-24）第1巻において、スミスを「国民の富の諸関係を初めて原初的な基本諸原因にまでたどった」学者として賞賛する一方で、『国富論』は「貴重な複数の断片」であるから補う必要があると述べている。彼は価値を「実定 (positiv) 価値」と「比較 (verglichen) 価値」に分ける。財が実定価値をもつのは財に対して「人間の有機体での衝動」が生じているからであり、比較価値は「最高の不可欠性から最高度の贅沢な福利までの隔たり」のなかで複数の必要性を比較することによって生ずる相対的な価値である、という (Soden 1805: Einleitung, IV-V, 39-44)。ゾーデンが保護貿易論の見地に立ってザルトーリウスやラウとともに「ドイツ商工業協会」時代のフリードリヒ・リストを助けたことも、見逃してはならない (原田 2006a: 18-9; 諸田 2003: 109, 137-8)。

イェーナ、ラントフート、ハレで教授職を歴任した**ゴットリープ・フーフェラント** (1760-1817) は、ゾーデンとともに狭義でのドイツの使用価値学派の創始者と見なすことができる (Brandt 1992-93: I, 171)。彼は『国家経済学の新たな基礎付け』（2巻本、1807, 1815）の第1巻で、価値なるものは「人間の諸目的のための有用性 (Tauglichkeit)」によって規定されるとした。しかも「すべての目的は表象のなかにのみあるし、人間の精神における表象を通じて諸目的があるのだ」とフーフェラントは考えるから、(1)人間精神、(2)そこで表象される目的、(3)目的実現のための手段としての財の有用性、という順序で価値が定まる、

とする。彼は、複数の人間によって構成される社会では「そのため財と価値の規定が、もっぱら偶然の——様々に異なる——移ろいやすい複数の表象に、すなわち複数の意見に左右される」として、価値の不安定性を示唆している。さらに、欲求には「基本欲求」（空気・水・食料など）と、意見に左右されやすい「付随欲求」との違いがあり、それに応じた「必要性の諸段階」がある、という。「序文」では「すべてのフランスのスミス支持者たちのなかでもとりわけセーが最も賞賛に値することは疑いない」とあるように、フーフェラントにはセーの影響が見られる（Hufeland 1807: Vorrede, 18, 21-5）。

コーブルク公国の官僚として現実政治に深く関与しながらも経済学研究から離れなかった**ヨハン・フリードリヒ・オイゼービウス・ロッツ**（1771-1838）は、ゾーデンとフーフェラントの価値論を独自の仕方で発展させた。彼は『国民経済学の基本諸概念の更改』（全4巻、1811-14）において、重商主義や重農主義といった「これまでのすべての道筋と比べて確かに最も正しく・最も優れ・最も目的にかなっていると思われる道筋」すなわち「アダム・スミスが拓こうとした道筋をさらに突き進んでいく」としながらも、価値概念を中心とした基本原理がスミスならびにその追従者らによって充分に展開されていない、と述べる（Lotz 1811-14: I, Vorerinnerung, VI-VII）。

ロッツは一方で、分業・交換が当事者の直接的な利益のみならず生産力を高め国富を増進させることを捉え、また市場における公正な価格の形成のために政府の人為的な介入を避けて利己心に基づく自由な交換に経済活動を委ねるのが望ましいと考えていたから、古典派的・スミス的な予定調和と自由競争を承認していた。しかし他方、価値論に関しては、スミスは効用を価値として捉えてもいたがそれを「人間の目的のための手段としての財の有用性の程度」として明確にしなかった、とスミスを批判するとともに、この表現について自分がフーフェラントから示唆を得ていることを示している。彼は「人間精神」によって「人間の諸目的を促進するのに有効な手段として」承認された「物」のみが「財」であると述べるとともに、フーフェラントが「財になりうる物が多くの場合に労働を通じて生起するとしても、物は労働によって財になるのではないのであり、このことはその価値についての表象を通じてのみ——ある目的の

ための手段としてのその有用性についての表象を通じてのみ——生ずる」とし たことは正しい、という。しかしながら、ロッツは、フーフェラントが人間精 神に価値規定の役割しか認めなかったことを批判し、物理学や化学といった学 問のように「人間精神の活動の作品」それ自体をも有用な「財」として認める べきだという。またロッツはゾーデンの「実定価値」「相対価値」の概念を受 け入れるが、他方、実定価値が「衝動」でもって成立するとしたゾーデンを問 題視して「精神」による認識が必要であると説くとともに、経済学の目的とし て国家市民の「物質的」な富裕の促進のみを捉えたゾーデンに対して「精神的」 な豊かさの増進をも含み入れるべきであると批判している。総じてロッツは、 フーフェラントとゾーデンの使用価値論を精神的要素において補強して発展さ せたのである。その他、ロッツにおいても価値の「ランク付け（Rangordnung）」 の観念は見られ、彼によれば「生活維持に最も不可欠な諸商品」の価値を最高 の位置に定めるべきであり、決して「贅沢」財を高く評価してはならないので ある（Lotz 1811-14: I, 10-3, II, 25-7; Soden 1805: 12; Hufeland 1807: 39）。

　ロッツの精神重視は、意見に左右されやすい価値という認識をフーフェラン トと共有しつつ、それを一歩進めて「流行というものが専制をふるっている」 市場において人々が宝石・貴金属などの奢侈品を異常に高く評価し「生活維持 に最も不可欠な諸商品」を極度に低く評価してしまう事態への非難においても、 見ることができる。彼は、こうした市場の状況をカントの表現を使って「定言 的命令の欠如」としている。予定調和的・古典派的な経済構想を堅持しつつこ の問題に対処しようとするロッツは——直接的な市場介入は主張せず——政府 が国民を正しい価値評価ができるよう教育すべきである、と力説する。この議 論は、近代的な商業社会の利点が生かされる基底的条件としての経済主体を欠 く遅れたドイツにおいて、それを整備する政策を提唱してスミス思想を改変す る試みと捉えることができるが、他方、ここにおいて時代を超えた消費生活の 倫理意識をめぐる提起が見られるともいえよう（Lotz 1811-14: I, 42-4, II, 26-7; 原 田 2006b: 183-93）。

　「古いドイツの使用価値論」生成期の経済学者としてさらに挙げる必要があ るのは、**ハインリヒ・フォン・シュトルヒ**（1766-1835）である。ロシア帝国の

リガで——といってもリガは 13-17 世紀ドイツの支配下にあった——ドイツ系の家庭に生まれた彼は、イェーナ大学とハイデルベルク大学で学んだ後ロシアに戻り、サンクト–ペテルブルクで教師・研究者として活躍し、皇帝ニコライ 1 世の皇太子時代の家庭教師を務め、1815 年 6 巻本の主著『政治経済学教程』（以下『教程』と略）をフランス語で出版し、ロシア科学アカデミーの副会長として没した。旧歴史学派のロッシャーは、同じくロシアで活躍したドイツ人の経済学者 C. v. シュレーツァー（1774-1831）とシュトルヒとを合わせて「ドイツ–ロシア学派」と呼び、彼らがドイツやヨーロッパの経済学をロシアに移入し当地の事例でもって豊かにして「歴史的方法」を準備した、としている（Roscher 1874: 791, 799）。

　シュトルヒの『教程』は、「序文」ではスミスのみならずガルニエ、セー、シスモンディその他の名前が挙げられており、これらから影響を受けたことは明らかであるが、その本論では引証を欠いているため個別論点での厳密な影響関係を知るのは容易ではない。財の価値はその有用性に対する人間の判断であるとして使用価値論の基盤に立つシュトルヒは、絶対的に不可欠な財（水、空気など）の価値と「意見」によって評価の左右される財の価値とを区別するとともに、複数の意見が相互に連携することに注目する。こうした点にロッツとの共通性が見られるが、シュトルヒに特徴的なのは「外的財」と「内的財」の区別である。彼によれば、国民の繁栄は「国民の富」と「文明化」からなり、しかも「国民の富」は物質的な「外的財」の総計であり、「文明化」は非物質的な「内的財」の総計である（Storch 1815: I, Préface, XII, 108-12）。「内的財」は保健衛生・熟練技能・知識・美意識・倫理・信仰・安全などとされ、狭義の経済学でいう外的・制度的な（および文化的・倫理的な）与件と人的資本とを意味する。効用価値説を主張し非物質的な——スミスによって「不生産的」と片付けられた——諸要素の意義を説く『教程』はセーの影響を思わせるが、それを感知したのはセー自身であった。セーはシュトルヒに知らせることなく 1823 年に『教程』を再編して出版するとともに、彼を剽窃者として非難した（Brandt 1992-93: I, 175-9; Schumann 1997; Schefold 1997a; Zweynert 2002: 71-108）。

3）ドイツ古典派の代表者ラウ

　エアランゲンの神学教授の息子**カール・ハインリヒ・ラウ**（1792-1870）はエアランゲン大学で官房学を学び、家族的親交のあったゾーデンからの刺激も受けて国家・経済学の道を歩み、エアランゲン大学教授を経て1822年からハイデルベルク大学教授を長く務めた。彼は3巻本の『政治経済学教本』（以下『教本』と略）を出版し、同時代とその後のドイツ経済学に大きな影響を及ぼした。『教本』の第1巻は経済理論に関するもので、1826年の初版から生前最後の1868/69年の第8版（2分冊）まで出され、死後もA. ヴァーグナーとE. ナッセによる改訂版が第9版として1876年に刊行された。経済政策についての第2巻は、1828年の初版から1862/63年の第5版（2分冊）まで出た。財政学に関する第3巻は、1932/37年の初版（2分冊）から1864/65年の第5版までラウの生前に出され、死後その第1分冊のみがヴァーグナーによる改訂第6版として1872年（これの改訂版が1876年）に刊行されている。彼の影響力は『教本』の普及のみならず、ハイデルベルクのラウにロッシャーやヴァーグナーが学んだことや、後任のクニースが使用価値論などをラウから継承したことにも見られる（Neumann 1927: 107; Sinewe 1965: 1-5, 139; Schefold 1997b: I, IV-V, III-2, 502-4）。

　バーデンの上院議員でもあったラウの『教本』は、とくに財政学（第3巻）が官僚や学生に好まれたように、中規模領邦のもつ諸問題に適した官房学的な性格を帯びていた（Roscher 1874: 855; Sinewe 1965: 17）。しかし、彼の財政学での関心も単に歳入増加・徴税力増強という伝統的な事柄それ自体にではなく、普遍的な経済の諸原理に適合した財政制度を発展させることにあった。彼が財政学の発展を概観してユスティとゾンネンフェルスの作品を官房学時代の「より良い著作」と見なすのも、後期官房学の彼らが「施策の前提となる基本諸原理をわきまえている」からである（Rau 1826-37: III-1, 18-9）。

　ラウは、「スミスの、または産業の体系」を「以前の両体系［重商主義・重農主義］の一面性から——重農主義とはいくつかの点で共通しているとしても——免

K. H. ラウ

れている」として賞賛するとともに、スミスの基本思想を「自由競争が諸物の適正な価格を生み出す」こと、「政府の干渉」が「国民の経済的な事柄に単にネガティヴに作用する」ことなどに見た。ただし、全体として賛同できるとしても「この体系の個々の諸原理には、より厳密な規定を必要とするものや、訂正を必要とするものがある」という留保が付される。ラウは、セー法則を理解した点において、そして差額地代論においてもリカードウと一致するが、価値論においては精神的労働の生産的意義を認めて――スミスからリカードウに至る労働価値論ではなく――客観的な使用価値論の見地に立つ。労働者の賃金は「彼の労働の価格」であり、「交換において財の価値を規定するのと同じ事情が規定する」(Rau 1826-37: I, 29-31, 142) というように、ラウにおいては賃金決定と価格決定の間に本質的な区別が見られない。こうした議論にはセーからの影響が考えられるが、『教本』第1巻の第4版 (1841) ではセーを超えて需給曲線を――それを1838年に示すクルノーとは独立に――端緒的に描いている。メンガーは初版『経済学原理』(1871) の準備期においてラウ『教本』第1巻 (第7版、1863) での需給曲線と格闘した (Brandt 1992-93: I, 187; Schefold 1997b; 八木 2004: 46-7)。

　もっとも、ラウの経済学はスミスとセーからの単なる直接的な摂取によって成立したわけではない。彼は『教本』に多くの文献を記している。初版第1巻では、上記のスミス経済学をめぐる記述でザルトーリウス、ゾーデン、シュトルヒその他が挙げられ、財・価値に関する§82-85でセー以外にシュトルヒとロッツが挙げられている。彼は『教本』の出版以前、1819-20年には自らシュトルヒ『政治経済学教程』をドイツ語に訳して出版しており、また1821年にはマルサス『経済学原理』初版 (1820) 第7章とセーのマルサス宛書簡集 (1821) とをドイツ語訳し『マルサスとセー』として出版している。

　シュトルヒは『教程』の「内的財」論で精神的労働の意義を力説していたから、ラウは先にシュトルヒから影響を受けたのではないか。さらにシュトルヒから得た認識を『マルサスとセー』を通してセーの議論とどう結び付けたか。ゾーデン、ロッツとの関係はどうか。ドイツ古典派の最終段階にいたラウはセーを受容する場合もシュトルヒやロッツを知ったうえでのことであり、脈絡の

解明は今後の課題である。このことは同じくドイツ古典派の末期に位置した F. B. W. ヘルマン（1795-1868）にも当てはまる（Streissler 1990: 168-72; Priddat 1997: 258-64）。

　ラウの価値論には、ロッツにはなかった「種類価値（Gattungswerth）」の概念が見られる。彼は「ある財の有用性の程度」が使用価値であるとして、さらにそれを「種類価値」と「具体的価値（concreter Werth）」に分ける。彼によれば、様々な種類の財は人々に共通するランク付けが可能であり、それを表わす「種類価値とは、もっぱら一般的に人間の諸目的へのひとつの［種類の］財の関係をいう」ものなのである。他方「具体的価値は特定の人にとってのある物財の一定の（具体的な）量の使用価値」である。このように種類価値を具体的価値から区別することによって、種類価値の客観的性格が示される。そして種類価値は「倫理的に許される諸目的のシステム」への「国民（Volks）」（Rau 1855: 70, 76-8）の関係によって決まるとされる。

　研究者プリダートはここにドイツ古典派の倫理的経済学としての特性と可能性を見る。ラウにおいては、種類価値は慣習・文化などが加味されるといわれるが、必ずしも官僚が種類価値を決定するとされているわけではなく、公共的な「倫理的に許される諸目的」の内容や決定方法はなお定まっていないから、逆に、そこには未展開の倫理的経済学としての可能性が秘められているのである（Priddat 1997: 251-8）。

　ラウが『マルサスとセー』の出版を通じてマルサスから影響を受けたことも考えられる。同書においてラウが論争的なテーマに関してはセーに依拠しているとはいえ、自らマルサスの側に立つこともある。『教本』第2巻でラウは「家族の生計の予測をせずして結婚することが義務に反するということを各人に理解させねばならない」と説く限りでは「マルサスは完全に正しい」という。ただし、軽率な結婚の結果貧困に陥った人々とその子供たちにその運命・苦悩を委ねるしかないとする点で「彼［マルサス］は行き過ぎである」という留保付きであるが（Rau 1826-37: II, 380; Sinewe 1965: 13）。

　こう考えるラウには「社会的」側面がある。営業の自由の導入が農民と手工業者の生計を脅かすとき、彼は自由主義的目的と社会的目的を比較考量する。

彼はツンフトと、農場の必要最小規模との維持を支持していた。その意味で彼は「保守的自由主義の大学教員かつ議員」であった（Schefold 1997b: I, XXXVIII; Neumann 1927: 94-5）。彼は初期の『ツンフト制度について』(1816)で、「営業の自由はしばしば貧窮へと至る。個別の諸業種が過度に雇用されても、他の業種はなおざりにされる。多くの場合その帰結はもっぱら有益なものであるとはいえ、それでさえ他方で多大な犠牲が払われており、国家は飢えた人々という重荷を背負わされる」という（Rau 1816: 114）。彼はこういってツンフトの——少なくとも即時の——廃止に難色を示したのであり、そうしたスミス的な自由競争の利点を認めながらもその「ユートピア」性を批判したとりわけ初期のラウを「ポスト・スミス的」とする研究者もいる（Tribe 1988: 187）。

　他方、ドイツ語圏の市場に関して、ドイツ諸邦の「内国交通の自由化」と「外国に対する共同の関税障壁」という主張がすでに訳書『マルサスとセー』のラウ自身による結論部分に見られ（Rau 1821: 298-9）、それは『教本』にも続いていく（Rau 1826-37: II, 332-3）。これがF. リスト『政治経済学の国民的体系』(1841) と同様の主張であるだけでなく、ラウが説いた農場の必要最小規模の維持という主張もリスト「農地制度、零細経営、国外移住」(1842) での基調と合致する。したがって、リスト主導のドイツ商工業協会の『機関紙』へのラウの寄稿や、ラウの紹介状を携えての彼のプロイセン政府訪問も単なるラウの権威を借りたリストの所作というよりも、両者の思想的な親近性があったといえる。このことはラウが——リストと同様——鉄道建設を提唱したこと（Neumann 1927: 93; 諸田 2003: 109-11, 223）を考慮に入れるとなおさらのことである。ただし、ラウは 1843 年にリストの『国民的体系』を評して「いずれにせよその著者はその学問［経済学］の基礎すべてに対して決然と取り組んだのではなく、自分の実践的で得意な思想を妨げると彼に思われる事柄に対して論争を挑んだにすぎない」とリストを批判している（Rau 1843: 3）。

　本節を閉じる前に、イギリス古典派のリカードウの労働価値論が受容された側面にも触れておきたい。ラウの弟子ヴァーグナーは労働者問題の解決のために国有化を強く主張しており、その点でシュモラーやブレンターノよりも、**カール・ヨハン・ロートベルトゥス-ヤーゲツォウ**（1805-75）やラサールと同じ

国家社会主義者に分類される。しかし、ヴァーグナーはドイツ古典派的な財の有用性の分類・段階付けの論理に基づいて、生存に不可欠な財でさえ労働者が取得できない分配の不備を説き、その取得を助けることが国家の文化的・福祉的な目的であるとするが（木村 2000: 437-74）、他方、『我々の国家経済的状態の認識について』（1845）の著者ロートベルトゥスは労働価値論に依拠しており、労働者から賃金部分を超えた剰余を搾り取り——生産手段の所有により——働かずに「賃料」を得る資本家・地主の存在を証明して、そうした原因の解明から資本主義批判を展開した。この点ではヴァーグナーとロートベルトゥスの発想は違っていた。シュレットヴァインの娘を母とするロートベルトゥスは、プロイセンの国民議会議員や文部大臣を務めるように、過激な変革を好まない者であったから、国家が労働者に労働証明書を発行してそれでもって労働者が労働量に見合った財を取得できる制度を考案した。彼の思想は、「賃金鉄則」論のラサールが受け継ぎ、マルクスもそれを批判的にであれ摂取したし、また社会法学派の代表者カール・ディール（1864-1943）もロートベルトゥスから影響を受けた（Diehl 1926; Brandt 1992-93: 138-48）。

3　ロマン主義

1)「不在の世代」の自由の擁護——アダム・ミュラー

アダム・ハインリヒ・ミュラー（1779-1829）はプロイセン官僚を父としてベルリンに生まれ、プロテスタントの聖職者になるように育てられたが、ギムナジウム時代に知り合ったF. ゲンツ（1764-1832）——E. バーク『フランス革命の省察』（原著1790、ドイツ語訳1793）の翻訳者——の影響と、ゲッティンゲン大学での勉学（1798-1801）とを通じて、政治・経済学を志すに至る。「古文書学」で学生登録した彼は、歴史学の教授であったザルトーリウスの講義を聴いたであろう。ミュラーと出会う少し前にガルヴェに『国富論』の翻訳を勧めたゲンツは、ミ

A. ミュラー

ュラーにスミスについて語ったであろう。1800年のゲンツのミュラー宛書簡によれば、ミュラーには「スミスを作り変える構想」があった (Gentz 1800: 16) のである。初めてミュラーの名で発表された論稿は、フィヒテの統制主義的な経済論『閉鎖商業国家』(1800) を批判して、スミスを「国家経済学の偉大な創始者」と賛美する書評 (1801) であった (Müller 1801: 458)。1805年のカトリックへの改宗を経て、ミュラーはベルリンで政論を展開しプロイセン官僚になろうとするが、クラウス批判を含む彼の議論を嫌悪したハルデンベルクは、彼を密使としてウィーンに派遣するようにして、事実上プロイセンから追放した。オーストリアに行ったミュラーは、反ナポレオンの解放戦争で功績を挙げてメッテルニヒ (1773-1859) に認められ、在ライプツィヒのオーストリア総領事を務め、晩年にオーストリア貴族となる (Hasek 1925: 69; 原田 2002: 1-27)。

　ミュラーは主著『国家学綱要』(1809) において、スミス『国富論』のピン・マニュファクチュア叙述に言及して、「古い作業場では、親方が、働く職人という第2の身分と、そして補助労働を行い運びまわる徒弟という『第3身分』との心からの結び付きをもつが、新しいマニュファクチュアでは、それに代わって企業家がその頂点で、冷酷に、経済ずくで、純粋の収入を求めて立っている」と述べている。すなわち、数量的・計算的思考の「企業家」によって収入の手段として使われ、単純労働をさせられる「機械のような賃労働者」という問題状況をマニュファクチュアに見るとともに、他方、親方が職人・徒弟に対して「心からの結び付き」を通して芸術的ともいえる技能とそのための諸特性 (詩人・学者の要素) を培わせる場として、「ツンフト制度」を賛美する。ツンフトの擁護という観点からの近代工業批判はわれわれには古臭く思えるが、先進邦国プロイセンでようやく「営業の自由」が導入され始めるこの頃ベルリンの親方らがそれを一時的な政策と考えたほどツンフトの存在はなお現実的であったから、ミュラーの主張は単なる過去への回帰や夢想などではなかった (Müller 1809: I, 312-3; Mieck 1965: 208-9)。

　伝統的な関係を基準にしたスミス批判はミュラーの重要な論点であるが、彼の思想にはスミス的な要素も含まれている。それは、社会・経済の諸集団・諸人格が自由な競合を通して一定の調和的状態へと至るという自然法的・予定調

和的な観念である。『国家学綱要』においては、自らの国家論においても「今日書かれているような意味での自由」すなわち「自分の力と自分に特有の本質とを発揮し、成長し、動き、闘う、自由」が最も重要であり、個々のそうした自由への制約は必要であるとしても同様の他者の自由によってなされるべきである、としている。そして、そうした「自由と対自由との無限の抗争」の意義はスミスによって説かれた、と彼はいうのである（Müller 1809: I, 133-5）。後年の『貨幣新論の試み』（1816）では、その議論が、国民経済において農業・商工業のバランスを機軸として様々な経済的諸要素間（集団間・人格間）で均衡が達成される「球体」的均衡の構想へと彫琢されており、そこでも彼は「アダム・スミスの自由競争原理も確かにそうした球体構造へと至る」という（Müller 1816a: 130-1; 原田 2002: 90-109, 190-200）。

　もちろんミュラー自身がスミスとの共通性を示しても、ミュラーの場合、競合的調和を構成する諸集団・諸人格は──物質的利益計算の新興の市民も含まれるとしても──おもに伝統的な制度・慣習を継承したうえで精神・物質両面での活動を展開する個性的な諸集団・諸人格であるから、近代的・利己的な諸主体による本来のスミスの構想とは異なる。ミュラーによれば、「球体」的均衡が自然なバランスとして達成されるためには、近代的な工業は圧倒的優位を占めてはならず、(1)一方で市民身分内のツンフト的・相互扶助的な諸関係によって、(2)他方では経済総体において農業によって、つねに対重がかけられねばならない。したがって、とりわけ行政権力によって「上から」不自然に伝統的諸関係を破壊し産業化を促進するプロイセン改革は好ましくない。このようにミュラーはプロイセン改革を批判し、クラウスからそれに至る際のスミス思想の変形（「上から」の承認）を拒否し、それとは異なったロマン主義的な変形──過去からの継続と多様性のハーモニーとが嚙み合う関係──をほどこしてスミス思想の別の可能性を示そうとした（Roscher 1874: 763; 高島 1941: 398; Huber 1965: 65; 原田 2002: 25-6; 原田 2007: 564-7）。

　ミュラーの国家・経済論が古い要素を重視するものでありながら現代的な課題に連なる性格を示しているのは、彼が農業の尊重を「不在の世代」の「自由」への配慮と理解している点にある。ミュラーは農業従事者を世襲的土地所有に

よる貴族とその下での農民との全体と捉え、彼らこそ土地に根付いた文化・倫理を継承するので国家総体の「持続性」を体現するという。いい換えれば、貴族とそれを中心とした農民たちが自らの個性を発揮することは同時に、一定の地域的空間における「同空間人」である先行世代と後続世代という「不在の世代」の「自由」をも代表することになる。それに対して、現存世代すなわち「同時代人」としての商工業者たちは一時的な物質的利益のみを追求するため、「不在の世代」の意志と利益への配慮を欠く。もしスミスがいうように複数の「自由」が公正に競合すべきであるとすれば、「その瞬間における自らの力の充溢と権力とを主張する現在に対してと同様、不在の世代に対しても公正さ」(Müller 1809: I, 59-60, 152-3) が認められるべきである。しかし、近代的な生産方式で武装する市民の伸張を認めるスミス思想と、貴族の権限を叩き潰すフランス革命思想とはともに「同時代人」としての市民の力を無制限に認めるものであり、「不在の世代」の「自由」はないがしろにされる。こうしたミュラーの議論には——当時はまだ環境問題はなかったとはいえ——産業的発展による過去の伝統的・文化的遺産の破壊と将来への重荷の転嫁とを懸念する現代の世代間倫理論の萌芽的な発想を見ることができる (原田 2002: 97-100)。

ミュラーは国家・経済の諸要素間のバランスの維持・回復との関連で制度的な議論をしている。ひとつは『国王フリードリヒ2世について』(1810) における議会論である。この本はタイトルからしてフリードリヒ2世 (1744-97) を賛美するかに見えるが、内容は逆であって、新興市民と過度に結びつき過去の伝統的諸関係を支配の道具に変えてしまった君主としてフリードリヒを批判し、それとともに「上から」のプロイセン改革に対して暗に苦言を呈するものである。ミュラーによれば「上から下へ」の強権政治を牽制する役割はとりわけ貴族がそして市民もまた担うものであり、そのための場が「二重の代表選出」による議会すなわち二院制議会である。上院は「自然による選抜」すなわち貴族の世襲によって議員が決まり、下院は「人間による選挙」によって議員が市民から選ばれる。ここでも上院の安定性と下院の躍動性とがバランスをとりつつ、いい換えれば「両者の国民的結婚」によって国政がチェックされ、立法がなされる (Müller 1810: 107, 161-3)。

もうひとつの制度的な議論は信用制度に関するものである。ミュラーは『貨幣新論の試み』において「交換の時代」「商業の時代」「信用の時代」という3段階の歴史把握を構想しており、第2段階から第3段階への移行において、金属貨幣への依存が紙幣・為替・手形その他様々な「信用」制度の発達によって克服されて人格的な信頼関係が回復される、と展望する（Müller 1816a: 182）。それに基づき、論稿「貯蓄銀行の設立について」（1819）では実際に下層民救済のための共同の自助的制度としてオーストリア初の貯蓄銀行の設立を呼びかけている（原田 2002: 136-44, 210-25）。この点は、「信用経済」を最高段階として貯蓄金庫の設立を提唱する歴史学派のヒルデブラントの思想と類似している。政治的に自由主義者のヒルデブラントはミュラーの伝統重視にはなじめなかったとしても、ミュラーからの一定の継承を推測することは可能である（原田 1996; Rothschild 1998: 147-53）。

　時論的側面についていえば、ミュラーは、ナポレオン戦争後に大陸封鎖の解除とともに大量のイギリス商品がドイツ市場に流入する事態を問題視していた。在ライプツィヒのオーストリア総領事としての彼が自ら編者を務めた『ドイツ国家広報』（1816-18）において、ミュラーは論稿「フランクフルト・アム・マインにおけるイギリス商品の競売について」（1816）を発表し、イギリス製品の「大規模な安売り」に対処すべく「ドイツ連邦による有益な決議」が必要であると述べた。ミュラーは既存のドイツ連邦の枠内で諸領邦の立場を勘案しながらその規制を検討することを重視し、F. リストが同じく事態を深刻に見ながらも企業家たちの「ドイツ商工業協会」を新たに結成して運動したことに対しては批判的であった（Müller 1816b: 401, 403; 原田 2006a: 22-3）。

　後続の思想との関連でもうひとつ、ミュラーにカトリック社会論の端緒が見られることを指摘したい。予定調和を主張しながらも構成要素として過去に由来する集団・個人を重視するミュラーの自然法思想は、近代的な自然権中心の自然法というよりも、トマス・アクィナス（1225頃-74）の影響を受けたそれである。このことは、後期の『国家諸学総体の、とりわけ国家経済学の神学的基礎の必然性について』（1819）での「自然法」概念から、またF. シュレーゲル（1772-1829）編の『コンコルディア』への寄稿論文「内的な国家運営――神学

的基礎に基づいて体系的に叙述」(1820)における過度な所有権（神の法則から逸脱して大量の貧困な労働者を生み出す所有権）への批判からもいえるし、彼が複数の書簡でトマスへの傾倒を示していることでも裏付けられる。伝統的集団の自立性を土台とする分権主義的な国家構成を説き、近代工業における労働者を共同体的な関係の維持・回復でもって救済しようとしたミュラーの思想は、カトリック労働運動の指導者 W. E. v. ケテラー (1811-77) によって基礎付けられるカトリック社会論の補完性原理・連帯主義の萌芽を示していた（原田 1998; 原田 2002: 247-50, 282-8, 342-7; Langner 1998: 107-8; Rauscher 1987: 754-8）。他方、自生的な――その意味で伝統的な――諸関係を経済社会の構成単位として捉え自然法の観念でもって自由主義を説いた F. v. ハイエク (1899-1922) の経済思想もミュラーの思想と似ているが、時代が違うことはもちろんのこと、ハイエクの自然法思想には宗教的な性格がない点でミュラーとは異なっている（太子堂 2005: 84-5）。

2）聖職者の指導下での「プロレテール」の救済――バーダー

　ミュラーと双璧をなすロマン主義の経済思想家**フランツ・クサーヴァー・フォン・バーダー** (1765-1841) はバイエルンの宮廷医の子として生まれ、インゴルシュタットとウィーンで医学を学んだが、その後――ロマン主義の作家ノヴァーリス (1772-1801) も籍をおくことになる――フライベルクの鉱山学校で学び (1788-91 または 92)、バイエルンの鉱山行政を担う官僚となる。しかし彼は、1826 年からミュンヘン大学で宗教哲学を講義することになるように、人間を火と水の自然元素からなる「我性 (Ichheit)」と捉えて自然生命の基盤に立つ人間把握を示した哲学者でもあった。彼はその人間観において、フィヒテの超越論的で自然を内包しない「自我 (Ich)」観念から距離をおいたが、他方、ヤーコプ・ベーメ (1575-1624) の影響を受けて根源的な「闇」から病気や利己心を説明して啓蒙思想――理性の光を強調する近代主義――を疑問視するロマン主義の見地を、L. ティーク (1773-1853) や F. W. J. v. シェリング (1775-1854) と共有していた（Baader 1808: 275-6; Hoffmann 1857: 1-5, 25-64, 106-15; 伊坂 2007: 95-109）。

経済思想家としてバーダーを捉えるうえで重要な伝記的事実は、彼が1792-96年に産業革命下のイギリスに滞在したことである。この滞在は、当地で工場経営に携わった技術者で実業家の兄ヨーゼフ（1763-1835）の勧めがあったと考えられる。この兄は、鉄道敷設を推進しようとするF.リストにイギリスの鉄道事情に通じた年長の技術者として協力することになるから（諸田2003: 216-8）、彼を挟んでフランツ・フォン・バーダーとリストは人的に近い位置にあった。さて、フランツはイギリス——厳密にはイングランドとスコットランド——滞在中に鉱山や鉱物工場を視察するとともに鉛・銀の鉱山の管理を引き受けもしたようであるから、そこでの労働者の状況も目の当たりにしたにちがいない。また物質的利益の優先を批判してイギリス・ロマン主義の生成に影響を及ぼしたW.ゴドウィン（1756-1836）、その妻で女性解放運動家のM.ウルストンクラフト（1759-97）の思想に滞在中のバーダーが興味をもつようになったことが、彼の読書ノートや日記からわかる。1790年代前半ないし95年頃に（フライベルク鉱山学校時代かイギリス滞在期かあるいは両方にまたがるか不明だが）作成したと推測されるバーダーのスミス『国富論』抜書きノートが今も残っており、そこではスミスの再生産論に対する彼の関心が窺える（Hoffmann 1857: 30-1; 水田2007: 494-515; 木村2007: 451-3; 原田2006a: 26）。

　バーダーの発表論文からは、彼が1801-02年頃すでにスミスの商業的自由の思想に対して批判的であったことがわかる。論説「ツンフトの廃止に反対する自然法的根拠についての世論の判断を正す、という一論について」（1801）において、フィヒテの『自然法の基礎』第2部（1797）でのツンフト擁護論と『閉鎖商業国家』での政府の干渉とに賛意が表される。「目下支配している世界貿易の全般的な無政府状態」では商業の「無制限の自由」をもってしては国内諸部門（農業・製造業・商業）のバランスが損なわれるから「そうした均衡はやはり国家的なツンフト秩序がなければ成り立ちえないし維持しえない」と彼はいう（Baader 1801: 6）。スミスの自由主義を批判的に指して「いわゆる自由の、または消極的な国家経済システムについて」と題された1802年の論文では、干渉による「均衡」保持という彼の主張が、どの部門に属する者も生計維持の可能ないわば「保険（Assekuranz）」制度としての国家経済、という観念による

ものであることがわかる。彼はそこで「一国の全身分と全市民は、まさにこの一個の国家に自ら参入することによって相互的な保険を取り結び、保証しあうことになった」(Baader 1802a: 67) と述べている。さらに同年の論稿「ビュッシュの貨幣循環論の注目すべき箇所に注解を施す」では、後期官房学のJ. G. ビュッシュ（1728-1800）の貨幣循環論に言及しつつ、自由貿易の長所を享受できるのは「すべての国民がすでに……（生産と製造において）可能な限り最高の文化段階にある」場合であり、そこに至るまでは「育成施策」が必要であると述べて、「しかもまさにイギリスが工業のこうした高度な段階に至ったのは（外国工業の排除のための）あの強制的施策を早期に活用したためである」としている (Baader 1802b: 186, 190-1)。以上のようなバーダーの中期の経済論における、政府による貿易のコントロールと工業の「育成施策」といった脈絡は後のリストの国民経済形成の保護貿易論に近い。他方、ツンフトを維持し全国民の経済生活を保証する「保険」制度として国家を構想する志向は、次に述べるバーダー独自の「プロレテール」論へと連なっていく（木村 2000: 233-44; 木村 2007: 453-61）。

後期バーダーの論説「社会での有産階級に対する無産者またはプロレテールの、物心両面での暮らしぶりにおける今日の不均衡について、権利の見地から考察して」(1835) は、表題における「プロレテール (Proletairs)」という表現だけでもプロレタリア概念の最初の近代的な使用例として注目に値するが、それのみならず、近代的な賃労働者を生み出す資本主義社会の到来の認識（ただしドイツにおけるバーダーの視野には多数の非近代的な浮遊下層民も入っていた）、それへの国家的な対応の必要性のアピール、またその団体主義的な解決方法の提起、これらにおいてドイツ経済思想史上できわめて重要である（木村 2007: 449）。

イギリス滞在に由来するバーダーの認識は、そこでの次のような記述に表われている。「実際、目撃者として、イギリスとフランスのプロレテールの大多数がさらされている肉体的・道徳的な悲惨さと荒廃の深淵を一目でも覗いたことのある人」なら、過去の「極めて過酷な姿をとった隷属制でさえ……、我々の時代の、いわば最も教養ある・最も文明化された国民の圧倒的多数が置かれているこの無権利状態、無保護・無援助状態に比べたら、残酷さ・非人間性に

おいてもキリスト教に反する程度においても、たかが知れていた。」これまでの「隷属制」よりも悲惨であるというのは、新たな無産者「プロレテール」が共同体に支えられていない点で過去の隷属とは異なることを意味している。バーダーは、ヨーロッパの人々が「例えば、中世の場合——この場合の野蛮なるものを歴史専門家はだからといって擁護しないであろうが——とは比較にならないほどの勢いで、すでに古代の非人間的な奴隷・ヘロット制に逆戻りしてしまっている」ともいっているように、中世ではたとえ「野蛮」な状況が生じても、職人たちはツンフトに組織され教会によって救済されもしたので、共同体的に是正できたが、新たな問題はそうはいかない、と考えた。また彼は、「イギリスにおける工場主たちのミーティングやアソシエーション」で彼らが結託して「労賃の最高限度額と［商品の］販売価格の最低限度額との最終決定」を行っていることを、自ら出席した体験に基づき暴露してもいる（Baader 1835: 238-9）。

　バーダーは、この深刻な事態をドイツで回避するために、労働者たちがツンフトを維持しかつ「聖職者」に導かれて、工場主たちの結託に対抗し、自らの窮乏とそこからの脱却について公的に発言すべきだ、と考える。彼によれば、無産の「プロレテール」を生み出す原因のひとつは重い「間接税」の課税であるから、彼らはこの軽減を政府に訴える必要があるし、また「無産者としてのプロレテールは有産階級と同等の代表選出権を有することはできないとしても、彼らにもやはり身分議会において自分たちの請願と不服申し立てを公開演説の形で述べる権利がある。」（Baader 1935: 241）こうした彼の主張は、時代背景からすれば彼の故郷バイエルンをはじめ19世紀初頭の西南ドイツの諸領邦で生成していった初期立憲主義体制において「請願と不服申し立て」の権利を制度的に確立しようとする試みであるし、思想史的には——ミュラーと同じく——ケテラーによって形作られる後のカトリック社会論の先駆と見なすことができる（木村 2000: 256-67; 木村 2007: 471-81; Rauscher 1987: 754-8）。ただし、ツンフトの残存する当時のドイツの状況において、職業団体によって労働者を窮乏化から守ろうとする志向は、それをどれだけ重視するか、ツンフトそのものの継承か内実を変えてか、といった違いはあるにせよ、ロマン主義のみならず初期のラ

第2章　ドイツ古典派、ロマン主義、F.リスト　　55

ウにもドイツ観念論のフィヒテ (Fichte 1800) やヘーゲル (Hegel 1821) にも見られるのであって、それらの含意を比較・検討する必要がある (Harada 1989: 160-7; 高柳 2000: 91-154; Priddat 1990: 117-22)。

4　F. リスト

1) 活動家リストの生涯と思想

　ドイツの産業化に尽くした行動の人**フリードリヒ・リスト** (1789-1846) の思想を理解するためには、その生涯を少し詳しく見る必要があるであろう。その後、彼のふたつの作品のなかに入っていきたい。

　帝国直属都市として市民自治を維持していた西南ドイツのロイトリンゲン (1802年からヴュルテンベルクに併合) に、リストはフランス革命の勃発した1789年に生まれた。父は皮なめし業の親方であり、ツンフトの代表を経て市参事会員に、さらに副市長にも選ばれた名士である。若きリストはテュービンゲン郡書記 (下級の役人) となってテュービンゲン大学で学び、1814年ヴュルテンベルクの上級書記となる。しかし彼は複数の論稿を書いて書記制度の改革を呼びかけた。当時書記が異常に長い文書を作成し過剰な料金を要求して中下層民を抑圧することがしばしばあったからである。1810年代中頃から後半にかけて「ヴュルテンベルク憲法闘争」と呼ばれる立憲制度をめぐる政争があり、リストはそこで民主主義的な見地を示した。その頃の彼の諸論稿のなかでも「農地の無制限な分割に反対する」(1816) は、零細農の窮状を説明して農地分割の深刻さを指摘している。「土地の無限の分割が農業を営む国家にとって極めて不利になりうることは、真実だと思われる」という主張は、後の『農地制度』論の内容を先取りしており、注目に値する (List 1816: 580; 小林 1976-89: Ⅵ, 265-7)。彼は「憲法草案批判」(1817) では市民的自由の尊重を説いたが、個人の直接的な政治参加ではなく、基底としての町村団体「ゲマインデ」から「カントーン」「プロヴィンツ」

F. リスト

へと代表をより上位の団体に派遣して最終的に国政に参与する団体主義の体制を主張した（List 1817: 209; 小林 1976-89: VI, 242-9; 後期の団体主義について片桐 2007a: 396-413）。リストは、改革者としての姿勢が進歩派官僚ヴァンゲンハイムに認められ、1817 年秋テュービンゲン大学教授に抜擢される。ただし、過激かつ扇動的と見なされて 1819 年 5 月にはもう大学を辞職する（諸田 2003: 12-82）。

過激と思われたのは、彼が 1819 年 4 月フランクフルト・アム・マインのメッセ（大市）に出かけて、1818 年のプロイセンの新関税法（従量税）がナポレオン戦争後のドイツへの上質のイギリス製品の大量流入を推進してしまう事態に対して改善を訴える「連邦議会への請願書」を起草し、ドイツの商工業の育成のための「ドイツ商工業協会」の設立を提唱したからである。リストは 1819 年に協会の『機関紙』の編集発行人になり協会の活動を主導し、ゾーデンやラウまた K. F. ネーベニウス (1784-1857) から (Brandt 1992-93: I, 167-8)、さらにはザルトーリウスからも協力を得て、ドイツ各地の商工業者やプロイセン、オーストリアなど諸領邦の支持を集めるべく奔走するが、20 年秋頃にはドイツ語圏での域内関税の廃止と共同の関税の設定という協会の要求はすぐには実現できないことが明らかとなり、指導者間の争いも生じて、協会の活動から身を引く。ただし、彼は 20 年末にヴュルテンベルク議会議員となってゾーデンからの賛辞も受け、また 21 年の「ロイトリンゲン請願書」では官吏の横暴や利権を批判し、農村の疲弊を改善する税制改革を説いた。しかし、請願書の印刷が出版法違反とされて、裁判所がリストに禁固 10 ヶ月と議員身分・公職資格の剥奪の刑を下す。判決に不服の彼はフランス領ストラスブールに逃亡し、スイスを経てパリとロンドンに滞在するが、24 年ヴュルテンベルクの首都シュトゥットガルトに戻ると収監される。拘束は、ヴュルテンベルクの公民権を放棄しアメリカへ移住することを表明してようやく解かれた（諸田 2003: 83-164）。

アメリカに渡ったリストは、当地のドイツ語新聞『レディング・アドラー』の編集者として知られていくとともに、北中部の新興工業の利益を代表する保護関税運動を担ったペンシルヴァニア工業・機械技術振興協会と接触をもっていく。1827 年の著書『アメリカ経済学概要』で彼は、アメリカの A. ハミルトン (1755-1804)、H. C. ケアリー (1793-1879)、D. レイモンド (1786-1849)、ならび

にフランスのJ. A. シャプタル（1756-1832）から影響を受けて保護貿易論を展開し、スミスやセーおよびT. クーパー（1759-1839）の自由貿易論を批判する。これでもって彼は「アメリカ体制」派と呼ばれるレイモンドやケアリーらの国民主義の経済学の形成に貢献した。ただし、『概要』での彼の保護主義にはそれらの影響のみならず、「大陸制度が撤廃された後」のドイツでの大量のイギリス製品の流入とそれへの対処という彼の原体験が基底にあったのであり、ドイツ商工業協会の運動に賛同した「ゾーデン伯」の名もそこで挙げられている（List 1827: 109, 111）。その他、リストのアメリカでの活動としては、20年代後半からタマクア炭鉱とその鉄道の経営に携わり成功したことがある。しかし、望郷の念を断ち切れない彼は、アメリカ合衆国領事としての帰郷をジャクソン大統領に願い出て、受け入れられ（一度ハンブルク駐在領事になろうとして失敗するが）1832年に領邦バーデン駐在の領事として帰国する（諸田 2003: 165-212; 田中 2002: 59-82; 高橋 2008: 41-128）。

　帰国後彼はドイツ各地で鉄道建設を力説する。論説「全ドイツ鉄道システムの基礎としてのザクセンの鉄道システムについて、とくにライプツィヒからドレスデンへ鉄道を建設することについて」（1833）はドイツ初の長距離鉄道となるライプツィヒ・ドレスデン鉄道の建設（1839年開業）への布石となった。また1834年に念願のドイツ関税同盟が発足すると同時に週刊大衆誌『国民マガジン』を発行したり、西南ドイツの自由主義者K. v. ロテック（1775-1840）とK. T. ヴェルカー（1790-1869）を編者として『国家学事典』（全15巻 1834-43、補巻4巻 1846-48）を発刊したり、『鉄道ジャーナルと国民マガジン』（1835-37）を発行するなど、知識の大衆的普及のためのジャーナリスティックな仕事をした（諸田 2003: 213-54; 木村 2000: 204-17）。

　1837-40年リストはパリに滞在し、37年にはフランス・アカデミーが公募していたふたつの懸賞論文を執筆する。ひとつは「政治経済学の自然的体系」である。そこで彼はスミスやセーの「世界主義経済学」一辺倒ではなく、国民経済を基本とする「政治経済学」を確立すべきことを説き、フランスのシャプタルとP. C. F. デュパン（1784-1873）を賞賛して保護主義を展開している（List 1837a: 198-9, 456-7）。もうひとつの「世界は動く」では、蒸気力による新たな交

ドイツ関税同盟成立期のドイツ連邦

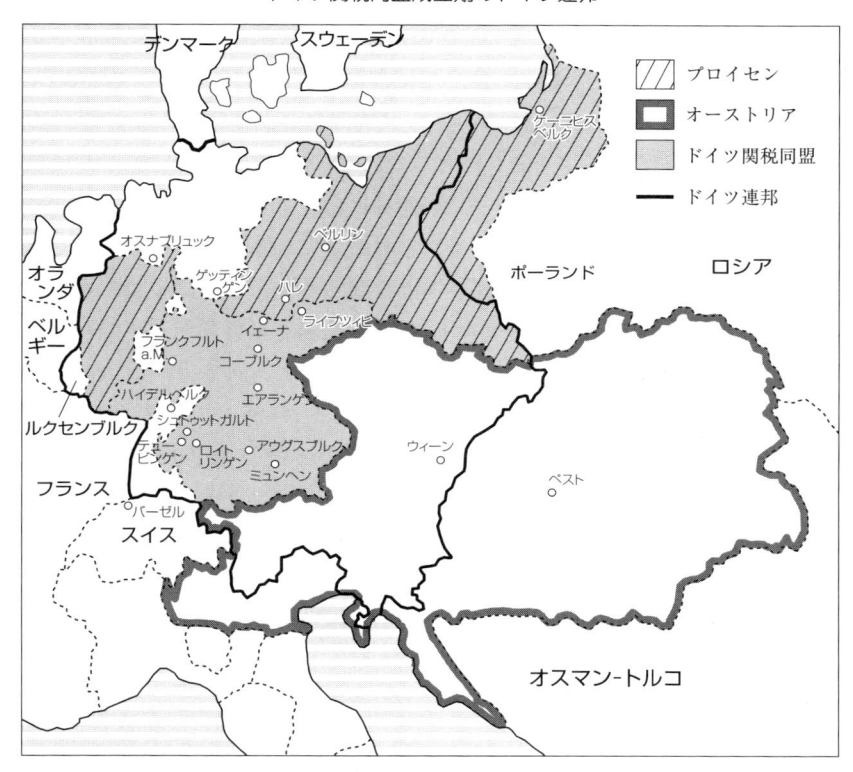

凡例：
- プロイセン
- オーストリア
- ドイツ関税同盟
- ドイツ連邦

通手段が発達すると国民のエゴイズムも消失するから「技術進歩と発明」とともに「戦争の遂行がますます難しくなり、最終的には不可能となり、お笑い種となる」という（List 1837b: 151-3）。この技術進歩・工業生産力への過信は「生産力信仰の力が社会科学的分析を放棄させる」ほどであり、そこに「リストの理論的弱点」（小林 1976-89: XI, 161）を見ることができる。両論文とも受賞できず、おそらくその悔しさも刺激となり、またイギリス人 J. バウリング（1792-1872）による関税同盟への関税率引き下げ要求に危機感も感じて、彼は「政治経済学の自然的体系」での議論を深めて、パリで主著『政治経済学の国民的体系』（以下『国民的体系』と略）の原稿をほぼ書きあげる（諸田 2003: 255-

第2章　ドイツ古典派、ロマン主義、F.リスト　59

98; 片桐 2007a: 390-6; 肥前 1973: 285-316)。

　1841 年からリストはアウグスブルクに住み、『国民的体系』は同年ドイツで出版される。翌年、論説「農地制度、零細農業、国外移住」を（元の原稿を縮めて）『ドイツ四季報』誌に発表する。さらに彼は自分が主筆となって創刊された『関税同盟新聞』（1843-46）に、J. プリンス-スミスの自由貿易論への批判などの論説を次々と発表する。ただしこの時期には、以前のイギリスに対する保護主義よりも、大陸でドイツはフランスとロシアによる挟撃にさらされているから、両者に相対するドイツがイギリスと協調すべきだとする議論を展開していった。彼は 1844 年オーストリア-ハンガリー帝国を維持したうえでのオーストリアの関税同盟への加入を説得するためウィーンとペスト（現在のブダペスト）を訪問する。前者ではメッテルニヒ、後者では L. コッシュート（1802-94）に会うが、いずれにも彼の提案は受け入れられなかった。他方 1846 年にはロンドンに渡り直接 R. ピール（1788-1850）に独英協調を説こうとするが、会うことさえできずに帰国する。失意のリストは、関税同盟を主導するプロイセンに期待を寄せる論稿「ドイツ人の政治的・経済的国民統一」（1845-46）を書いて、46 年にティロール地方のクーフシュタインで自殺する（諸田 2007: 121-308）。

2)『政治経済学の国民的体系』(1841)

　リストによる産業育成のための保護貿易の主張は、『国民的体系』で示されている国民経済の 5 段階把握において見ることができる。彼によれば「諸国民の主要な発展段階」は「未開状態、牧畜状態、農業状態、農・工業状態、農・工・商業状態」からなり、それぞれの国民は農業状態（その成熟した段階）から工業状態への移行と、工業状態から農・工・商業状態への移行とにおいて産業育成のための保護貿易政策を採る必要がある。というのも、すべての諸国民が「同じ時期に同じ発展過程」にあることはありえないから、例外的な国民（彼の時代にはイギリス）を除いて圧倒的多数の諸国民は産業化に関して——少なくとも最先進国と比べれば——後発国であり、そうした国民が発展するためには「工業独占を目指している先進国民との貿易を——この貿易がそうした移行を妨げる限り——独自の関税制度によって制限すること」（List 1841: 49-50）が必要だ

からである。さもなくば、そうした国民の地域は先進国の工業製品の単なる市場となってしまい、自国産業のための市場を国内にもちえず、永久に産業を発展させられない。

「農・工・商業状態」にある、国内での「農業、工業、商業、海運がそこで均等に発達している」国民を、リストは「正常な国民」という。しかも彼は、遅れた国民が自力で努力して「先進国民と自由競争をする」のが可能になることを勧めているし、貿易制限の是認が「工業力が充分に強化されてもはや外国の競争を恐れるに足りなくなるまでに限ってのこと」としているから、彼の理想は複数の「正常な国民」が「同等の段階の文化・勢力」でもって経済的には自由貿易でやり取りし、法的には「制定法の下での諸国民の究極的統一」の実現した「世界連合」にあると考えることもできる（List 1841: 8, 48, 210, 213）。

しかし、そう考えるとしても、『国民的体系』を詳しく読むと、発達した諸国民の間の関係についての彼のイメージがバラ色の哲学的な理想とは異なるものであることがわかる（小林 1976-89: Ⅵ, 174-80）。見逃してはならないのは、彼がそうした諸国民を「温帯の大きな諸国民」（List 1841: 53-4）として二重に限定していることである。

第1に「温帯の」について。リストによれば「熱帯諸国は工業には極めて適していない」から工業化への無駄な努力をするよりも自らの農産物を温帯諸国の工業製品と交換するよう務めるべきなのである。このことは、温帯の国民は「正常な国民」となったら、そこから必然的にさらに輸出工業国としての帝国臣民へと発展していくはずだという彼のヴィジョンと表裏一体の関係にある。すなわち「正常な国民」は工業をさらに発展させることになり、そうすると工業製品のための狭隘な国内市場を越えた市場が、増大する原材料・農産物需要のための別の地域が、また過剰人口を移住させ過剰資本を投下するための別の地域が必要となる。それを安定した形で確保するには国民経済の外延的な拡張としての植民地を保持するはずだ、と彼は考えるからである。温帯の国民は「熱帯諸国と文化の遅れた諸国民とをしっかりと貢がせる能力がある」（List 1841: 53, 166-7, 170, 198, 215, 256）。

ただし、第2に「大きな」という限定がある。温帯の国民であっても小国で

あればそうした温帯国民になることはできない、とリストは考える。「人口と領土の限られている」「小国家」とりわけ「特殊な原語」の使われている小国は、工業を生み出す「技能や科学」を構築しえず「自然資源」にも限りがあるので、充分な工業化には至らない「半端な施設」しかもちえないし、充分な防衛力ももちえない。だから小国は大国に併合されるべきなのである。現実問題でいえば、オランダやデンマークなどドイツ周辺の小国はドイツ関税同盟に加入すべきだとされる（List 1841: 55, 210-1）。

　以上のように、リストの世界経済・世界政治の構想は諸国民の均衡を表わすものだとしても、実質的には、植民地を有する温帯の強大な工業国——「列強」といい換えても間違いではない——同士のひしめき合いを意味している、ということが見えてくるのである（片桐 2007b: 208-10; 原田 2006a: 34-7）。

　彼の段階論は、工業力を中心とする生産諸力の増大による国民経済の発展を説くものであり、そうした生産力の重視は「富をつくり出す力は、だから富そのものよりも無限に重要である」という記述からもわかる。しかも、そこから彼は、「生産諸力を生産する」ことこそ——「交換価値を生産する」こと自体よりも——根源的であるとする（List 1841: 173, 182）。「生産力の生産」を担う諸要素は、精神的・制度的なそれも含めて次のようにいわれる。「国民はその生産力を、個々人の精神的および肉体的諸力から、あるいは彼らの社会的、市民的、政治的な状態・制度から、あるいは彼らの自由にできる自然資源から、あるいは彼らの所有している用具、すなわち以前の精神的・肉体的努力の物質的産物（物質的な農・工・商業資本）から、つくり出すのである」（List 1841: 251）と。そして、それとともに「資本」概念も精神的なそれを含めてこう定義される。「諸国民の現在の状態とは、以前に生きていたすべての諸世代のあらゆる発見、発明、改良、完成、努力の堆積の結果である。これらのものは現存する人類の精神的資本を形成する」（List 1841: 179, 251; 小林 1976-89: Ⅵ, 106-12; 高島 1941: 238-53）。

　「諸世代」にわたる蓄積や「精神的資本」を説くリストの経済論が A. ミュラーの議論と類似していることからミュラーの影響をことさら強調した研究者もいるが、事はそう単純ではないであろう。「諸世代」の「蓄積」という発想

はミュラーからでなくてもありうるし、人的資本（精神的資本）の概念ないしそれに類するものはシュトルヒにもレイモンドにもあった。リストの源泉を見極めるには、複数の経済学者を含む、彼を取り巻く思想空間を見ていく必要がある（原田 2006a: 17-20; 諸田 2007: 53-7; 髙橋 2008: 109-114）。もちろん次に述べるメーザーからの影響も重要である。

3)「農地制度、零細農業、国外移住」(1842)

1842 年の論説「農地制度、零細農業、国外移住」は次のように書き出されている。

> ユストゥス・メーザーは土地所有を国家株式と称している。文化の最初の段階にこの比喩があてはまる。古代ドイツ人たちにおいて完全なヴェーアグートをもたない者はけっして共同の防衛にあたらなかったし、自分の土地を他人から受ける［借りる］者は投票権と自分のヴェーアを失った。我々は文明化の進行とともに……産業と商業という新たな種類の所有物が［国家株式として］追加されることを認めもする。……［しかし］事柄の本質からして、あらゆる大きな国民において、国家株式の大多数はつねに、国家利益の根源的な部分保持者である土地所有者の手に帰するのである。そして、文明化のすべての段階において、土地所有が配分される関係に、また多数の農業従事者が生活する物質的・先進的・政治的状態に、非常に多くの事柄が左右される（List 1842: 418）。

一定の広さの農場すなわち「完全なヴェーアグート」を所有する者（「ヴェーレ」）のみ、「ヴェーア」という共同防衛の義務と権利ならびに「投票権」をもち国政に参加できる。つまり、株式を有する者のみ会社の運営に参与できるように、「国家株式」すなわち一定の大きさの土地を有する者のみが政治に参与できる。というのも、そうした者こそ土地所有による経済的な独立と精神的な「高貴な、共同体的な名誉」(Möser 1768: 35) とを有し、また自らの土地の防衛と国家の防衛とが一致するので、国政を担うにふさわしいからである。「古代

ドイツ人たちにおいて」実現されていたとされるメーザーのこうした独立自営農民による国家形成の理念は、リストによれば、「文化の最初の段階」のみならず「文明化のすべての段階」すなわち経済発展の5段階すべての、しかも「あらゆる大きな国民」に妥当する。

リストがこう主張するとき、念頭に2つの事柄があった。第1に、青年期に「農地の無制限な分割に反対する」で指摘していた、西南ドイツでの土地細分化にともなう零細農業の蔓延であり、それによる農民の困窮である。この事態は、「交錯圃」という多くの小さな分割地からなる農村において、ナポレオンの占領がもたらした均分相続法の影響とともに深刻になっていた（List 1842: 434-6; 小林 1976-89: Ⅶ, 225-323）。それは経済的には農業生産力の減退をともなうから、国内での発展した工業とそれに均衡する農業という「正常な国民」像に反するし、政治的には独立自営農民として国政を担う主体を欠くことになり、安定した国民国家の形成を阻害する。第2に、工業国イギリスに見られる、賃労働者「プロレタリア（Proletarier）」が人口比率において多くなりすぎて国家が不安定となっている事態である。「家族とともに飢える」彼らは「自由とか国民の偉大さなどがいったい価値をもつのだろうかという疑問をもち始めている」（List 1842: 430-3; 小林 1976-89: Ⅵ, 200-6）。工業化とともに増えざるをえないこうした貧民への対重として、独立自営農民を保持しておく必要がある。

零細農業の蔓延は阻止せねばならないが、かといって大農業も（たとえその生産力が高くても）プロレタリアとして雇われる農業労働者を多数生み出すので避けるべきである。やはり中規模か小規模の（ただし零細ではない）農場による独立自営の農業経営者が多く存在するのが望ましい。そのための方策としてリストは、複数の零細農業を中小規模の農場へとまとめる「土地整理」を提案する。これについては高地シュヴァーベンに成功例があると彼はいう。さらに、それにも限界があるので「国外移住」による地理的な外延、すなわち組織的な植民によって農場を創設すべきことが提案される。その推奨される地域はリスト自身の経験のあるアメリカではなく、「ドナウの下流と黒海沿岸との国々――つまり全トルコ――、ハンガリーのかなたの全東南東」という「我々の後背地」（List 1842: 451, 502, 538-9）なのである。

この「後背地」への移住の主張は、先に見た、関税同盟へのハンガリーの（オーストリアへの従属のままでの）包摂というリストの現実的提案と、小国の独立の意義を否定する『国民的体系』での議論とに関連する。またバルカン半島におけるフランスとロシアへの対峙というこの頃からリストに見られる志向と、彼の支持するメーザーの独立自営農民像に農民の軍事的義務が明記されていることとを考慮に入れると、リストの貧農救済の思想が同時に、武力をともなうドイツ的拡張主義の端緒的な性格を有したといっても過言ではないのである（以上について小林 1976-89: Ⅵ, 168-80, 192-228, 268-73; 諸田 2007: 30-45; 原田 2006a: 40-53）。

文　献

Baader, F. X. v. (1801): Ueber einen Aufsatz: Berichtigung des öffentlichen Urtheils über den naturrechtlichen Grund gegen die Aufhebung der Zünfte (1801), In: Franz Xaver von Baader: *Sämtliche Werke*, hg. v. F. Hoffmann, J. Hamberger u.a., Bd. 6, 2. Neudr. d. Ausgabe Leipzig 1854, Aalen 1987.

——(1802a): Über das sogenannte Freiheits- oder das passive Staatswirtschaftssystem (1802), In: Franz von Baader: *Gesellschaftslehre*, hg. v. H. Grassl, München 1957.

——(1802b): Eine merkwürdige Stelle aus Büsch's Abhandlung vom Geldumlauf mit Anmerkungen begleitet (1802), In: *Sämtliche Werke*, Bd. 6.

——(1808): Ueber Starres und Fliessendes (1808), In: *Sämtliche Werke*, Bd. 3.

——(1835): Über das dermalige Mißverhältnis der Vermögenlosen oder Proletairs zu den Vermögen besitzenden Klassen der Sozietät in betreff ihres Auskommens, sowohl in materieller als in intellektueller Hinsicht, aus dem Standpunkte des Rechts betrachtet (1835), In: *Gesellschaftslehre*.　斧谷彌守一訳「無産階級ないしプロレタリアの物質的及び精神的暮らし向きと、協同社会の有産諸階級のそれらとの間に見られる、目下の不均衡について——法的正義の立場からの考察」、薗田宗人編『ドイツ・ロマン派全集』第20巻（『太古の夢　革命の夢——自然論・国家論集』）、国書刊行会、1992年。

Brandt, K. (1992-93): *Geschichte der deutschen Volkswirtschaftslehre*, 2 Bde., Freiburg i. Br.

Diehl, K. (1926): [Art.] Rodbertus, Johann Karl, In: *Handwörterbuch der Staatswissenschaften*, 4. Aufl., Bd. 7, Jena.

Fichte, J. G. (1800): *Der Geschloßne Handelsstaat: Ein philosophischer Entwurf als Anhang zur Rechtslehre, und Probe einer künftig zu laufende Politik*, Tübingen.　出口勇蔵訳『封鎖商業国家論』日本評論社、1949年．

Gentz, F. (1800): [Brief] Gentz an Müller, Berlin, den 7. Oktober 1800, In: *Adam Müllers Lebenszeugnisse*, hg. v. J. Baxa, Bd. 1, München, Paderborn u.a. 1966.

Harada, T. (1989): *Politische Ökonomie des Idealismus und der Romantik: Korporatismus von Fichte, Müller und Hegel*, Berlin.

原田哲史 (1996):「交換手段の転変を基軸とした発展段階論──ミュラーとヒルデブラントにおける歴史把握の方法」、八木紀一郎・真継隆編著『社会経済学の視野と方法──ドイツと日本』ミネルヴァ書房.

──(1998):「アダム・ミュラーとケテラー」、高橋広次編『現代社会とキリスト教社会論』(『南山大学社会倫理研究叢書』第3巻)南山大学社会倫理研究所.

──(2002):『アダム・ミュラー研究』ミネルヴァ書房.

──(2006a):「F. リスト──温帯の大国民のための保護貿易論」、八木紀一郎編『経済思想のドイツ的伝統』(『経済思想』第7巻)、日本経済評論社.

──(2006b):「『古いドイツの使用価値学派』の価値規定における公共の『意見』の意味──J. F. E. ロッツと彼の『共通の意見』概念」、『国学院経済学』第54巻第3・4号.

──(2007):「ドイツ・ロマン主義の人文的側面と経済・国家的側面との連接」、伊坂青司・原田哲史編『ドイツ・ロマン主義研究』御茶の水書房.

Hasek, C. W. (1925): *The Introduction of Adam Smith's Doctrin into Germany*, New York.

Hegel, G. W. F. (1821): *Grundlinien der Philosophie des Rechts*, Berlin. 上妻精・佐藤康邦他訳『法の哲学』上・下(『ヘーゲル全集』9a, 9b)、岩波書店、2000-01年.

肥前栄一 (1973):『ドイツ経済政策史序説』未来社.

Hoffmann, F. (1857): Biographie Franz von Baader's nebst Nachrichten über seine Familie, In: Baader: *Sämtliche Werke*, Bd. 15.

Huber, E. R. (1965): *Nationalstaat und Verfassungsstaat: Studien zur Geschichte der modernen Staatsidee*, Stuttgart.

Hufeland, G. (1807): Neue Grundlegung der Staatswirthschaftskunst, durch Prüfung und Berichtigung ihrer Hauptbegriffe von Gut, Werth, Preis, Geld und Volksvermögen, mit ununterbrochener Rücksicht auf die bisherigen Systeme, 1. Theil, Biesen, Wetzlar.

伊坂青司 (2007):「バーダーにおける闇の自然哲学と悪の思想──シェリング『人間的自由の本質』との関連において」、伊坂・原田編『ドイツ・ロマン主義研究』.

片桐稔晴 (2007a):「F. リストと1839〜40年の経済諸論文」、音無通宏編『功利主義と社会改革の諸思想』中央大学出版部.

──(2007b):『古典をひもとく社会思想史』中央大学出版部.

木村周市朗 (2000):『ドイツ福祉国家思想史』未来社.

──(2007):「バーダーの近代社会批判──団体的自由論と『プロレテール』問題」、伊坂・原田編『ドイツ・ロマン主義研究』.

小林昇 (1976-89):『小林昇経済学史著作集』全11巻、未来社.

Komorzynski, J. v. (1889): *Der Werth in der isolirten Wirthschaft*, Wien.

Kraus, C. J. (1808-11): *Staatswirthschaft*, 5 Bde., hg. v. H. v. Auerswald, Königsberg.

栗田啓子 (1984):「J.-B. セイにおける市場の論理と社会の把握──イギリス古典派経済学批判」、早坂忠編『古典派経済学研究』(I)、雄松堂出版.

Langner, A. (1998): *Katholische und evangelische Sozialethik im 19. Jahrhundert*,

Paderborn, München.

List, F. (1816): Wider die unbegrenzte Teilung der Bauerngüter (1816), In: Friedrich List: *Schriften/Reden/Briefe*, hg. v. E. Beckerath, K. Goeser u.a., Bd. 1, Berlin 1932. 小林昇訳「農民保有地の無限の分割を排する」、小林 1976-89: Ⅶ (232-8. 論文「リスト『農地制度論』の前史と周辺」中に全訳).

――(1817): Kritik des Verfassungsentwurfs (1817), In: *Schriften/Reden/Briefe*, Bd. 1.

――(1827): *Outlines of American Political Economy* (1827), In: *Schriften/Reden/Briefe*, Bd. 2. 正木一夫訳『アメリカ経済学綱要』未来社、1966 年.

――(1837a): Le Système Naturel d'Economie Politique (1837), In: *Schriften/Reden/Briefe*, Bd. 4.

――(1837b): *Die Welt bewegt sich* (1837), hg. v. E. Wendler, Göttingen 1985.

――(1841): *Das nationale System der politischen Ökonomie* (1841), In: *Schriften/Reden/Briefe*, Bd. 6. (nach der Ausg. letzter Hand von 1844). 小林昇訳『経済学の国民的体系』岩波書店、1970 年.

――(1842): Die Ackerverfassung, die Zwergwirtschaft und die Auswanderung (1842), In: *Schriften/Reden/Briefe*, Bd. 5. 小林昇訳『農地制度論』岩波書店、1974 年.

Lotz, J. F. E. (1811-14): *Revision der Grundbegriffe der Nationalwirthschaftslehre, in Beziehung auf Theuerung und Wohlfeilheit, und angemessene Preise und ihre Bedingungen*, 4 Bde., Koburg, Leipzig.

Meitzel, C. (1926): [Art.] Soden, Friedrich Julius Heinrich Reichsgraf v., In: *Handwörterbuch der Staatswissenschaften*, 4. Aufl., Bd. 7, Jena.

Mieck, I. (1965): *Preußische Gewerbepolitik in Berlin 1806-1844*, Berlin.

Mizuta, H. (1998): Introduction, to the reprint edition of: A. F. Lueder: *Ueber Nationalindustrie und Staatswirtshaft* (1801-04), Vol. 1, Bristol, Tokyo 1998.

水田洋 (2007):「バーダーとイギリス」、伊坂・原田編『ドイツ・ロマン主義研究』.

諸田實 (2003):『フリードリッヒ・リストと彼の時代――国民経済学の成立』有斐閣.

――(2007):『晩年のフリードリッヒ・リスト――ドイツ関税同盟の進路』有斐閣.

Möser, J. (1768): *Osnabrükische Geschichte: allgemeine Einleitung* (1768), In: *Justus Mösers Sämtliche Werke*, hg. v. d. Akademie der Wissenschaften zu Göttingen, Bd. 12, 1, Osnabrück 1964. 坂本榮八郎訳「『オスナブリュック史』序文」、坂井『ユストゥス・メーザーの世界』.

――(1770): Vorstellung zu einer Kreisverfassung, um das Brannteweinsbrennen bei dem zu besorgenden Kornmangel einzustellen (1770), In: Sämtliche Werke, Bd. 4. 原田哲史訳「由々しき穀物不足の際に火酒蒸留を停止するための、クライス連合の構想」、肥前榮一・山崎彰他訳『郷土愛の夢』京都大学学術出版会、2009 年 [近刊].

Müller, A. H. (1801): Ueber einen philosophischen Entwurf von Hrn *Fichte*; betitelt: "Der geschloßne Handelstaat," In: *Neue Berlinische Monatschrift*, Bd. 6, 1801. 原田哲史訳「「封鎖商業国家」と題されたフィヒテ氏の哲学的構想について」上・下、『四日市大学論集』第 2 巻第 1 号・第 2 号、1989・90 年.

――(1809): *Die Elemente der Staatskunst: Oeffentliche Vorlesungen* (1809), hg. v. J.

Baxa, 2 Halbbde. (= *Die Herdflamme*, hg. v. O. Spann, Bd. 1), Jena 1922.
——(1810): *Ueber König Friedrich II. und die Natur, Würde und Bestimmung der Preußischen Monarchie*, Berlin.
——(1816a): *Versuche einer neunen Theorie des Geldes* (1819), hg. v. H. Lieser (= *Die Herdflamme*, hg. v. O. Spann, Bd. 2), Jena 1922.
——(1816b): Ueber die Versteigerungen Englischer Waaren zu Frankfurt am Mayn, In: *Deutsche Staatsanzeige*, I. Bd., IV. Stück (Beilage), Leipzig.
Neumann, K. (1927): *Die Lehre K. H. Rau's: Ein Beitrag zur Geschichte der Volkswirtschaftslehre im 19. Jahrhundert*, Diss. Gießen.
大塚雄太（2008）:「クリスティアン・ガルヴェにおける人間・社会・モラル——『流行論』にみる現実的人間と通俗哲学の可能性」、『社会思想史研究』第32号.
Oz-Salzberger, F. (1995): *Translating the Enlightenment: Scottish Civic Discourse in Eighteenth-Century Germany*, Oxford.
Priddat, B. P. (1990): *Hegel als Ökonom*, Berlin. 高柳良治・滝口清栄他訳『経済学者ヘーゲル』御茶の水書房、1999年.
—— (Hg.) (1997): Wert, Meinung, Bedeutung: Tradition der subjektiven Wertlehre in der deutschen Nationalökonomie vor Menger, Marburg.
Rau, K. H. (1816): *Ueber das Zunftwesen und die Folgen seiner Aufhebung*, Leipzig.
——(1821): *Maltus und Say über die Ursachen der jetzigen Handelsstockung: Aus dem Englischen und Französischen, mit einem Anhang*, Hamburg.
——(1826-37): *Lehrbuch der politischen Oekonomie*, 1. Aufl. (I, 1826; II, 1828; III, 3, 1. Abt., 1832, 2. Abt., 1837), Nachdr. hg. v. B. Schefold, Hildesheim, Zürich u.a. 1997.
——(1843): *Zur Kritik über F. List's nationale System der politischen Oekonomie*, Heidelberg.
——(1855): *Grundsätze der Volkswirtschaftslehre* (= *Lehrbuch der politischen Oekonomie*, Bd. 1), 6. Aufl., Leipzig, Heidelberg.
Rauscher, A. (1987): Katholische Sozialphilosophie im 19. Jahrhundert, In: E. Coreth, W. M. Neidl u.a. (Hg.): *Christliche Philosophie im katholischen Denken des 19. und 20. Jahrhunderts*, Bd. 1, Wien. 高橋広次訳「19世紀のカトリック社会哲学」、南山大学社会倫理研究所編『社会と倫理』第8号、2000年.
Roscher, W. (1874): Geschichte der National-Oekonomik in Deutschland (1874), reprint, New York, London 1965.
Rothschild, E. (1998): Bruno Hildebrands Kritik an Adam Smith, In: B. Schefold (Hg.): *Vademecum zu einem Klassiker der Stufenlehren*, Düsseldorf.
坂井榮八郎（2004）:『ユストゥス・メーザーの世界』刀水書房.
Saratorius, G. (1796): *Handbuch der Staatswirthschaft zum Gebrauche bey akademischen Vorlesungen*, Berlin.
——(1806): *Abhandlungen, die Elemente des National-Reichthums und die Staatswirthschaft betreffend*, 1. Theil, Göttingen 1806.
Schefold, B. (1997a): Einleitung, Zu: Nachdr.-Ausg., Storch: *Cours d'économie politique* (1815), Hildesheim, Zürich u.a. 1997.

――― (1997b): Einleitung, u. Chronologisches Verzeichnis der Schriften von Karl Heinrich Rau, Zu: Nachdr.-Ausg., Rau: *Lehrbuch* (Rau 1826-37), je in Bd. I u. Bd. III-2, Hildesheim, Zürich u.a. 1997.

Schumann, J. (1997): Ansätze einer subjektiven Wertlehre und die Theorie der "inneren Güter" bei Heinrich von Storch, In: Priddat (Hg.) 1997.

Sinewe, K. (1965): *Karl Heinrich Rau: Persönlichkeit und wissenschaftliche Leistung in moderner Sicht*, Diss., Erlangen-Nürnberg.

Smith, A. (1776): *An Inquiry into the Nature and Causes of the Wealth of Nations* (1776), ed. by R. Campbell, W. B. Todd, Oxford 1976. 水田洋訳『国富論』全4冊、岩波書店、2000-01年.

Soden, F. J. H. (1805): *Die Nazional-Oekonomie: Ein philosophischer Versuch, über die Quellen des Nazional-Reichthums, und über die Mittel zu dessen Beförderung*, 1. Bd., Leipzig.

Spann, O. (1949): *Haupttherien der Volkswirtschaftslehre: Auf lehrgeschichtlicher Grundlage*, aufgrund der Aufl. von 1949 (= Othmar Spann: *Gesamtausgabe*, hg. v. W. Heinrich, H. Riehl u.a., Bd. 2), Graz 1969.

Storch, H. F. v. (1815): *Cours d'économie politique*, 5 Bde. (1815), Nachdr., hg. v. B. Schefold, Hildesheim, Zürich u.a. 1997.

Streissler, E. (1990): Carl Menger, der deutsche Nationalökonom, In: B. Schefold (Hg.): *Studien zur Entwicklung der ökonomischen Theorie*, X, Berlin.

太子堂正弥 (2005):「ハイエクにおける自然と自然法の概念」、京都大学『経済論叢』第175巻第5・6号.

髙橋和男 (2008):『アメリカ国民経済学の系譜』立教大学出版会.

髙島善哉 (1941):『経済社会学の根本問題――経済社会学者としてのスミスとリスト』(1941)、『髙島善哉著作集』第2巻、こぶし書房、1998年.

髙柳良治 (2000):『ヘーゲル社会理論の射程』御茶の水書房.

田中敏弘 (2002):『アメリカの経済思想』名古屋大学出版会.

Treue, W. (1951): Adam Smith in Deutschland: Zum Problem des "Politischen Professors" zwischen 1776 und 1810, In: W. Conze (Hg.): *Deutschland und Europa: Historische Studien zur Völker- und Staatenordnung des Abendlandes*, Düsseldorf.

Tribe, K. (1988): *Governing Economy: The Reformation of German Economic Discourse 1750-1840*, Cambridge.

Waszek, N. (1993): Adam Smith in Germany, 1776-1832, In: H. Mizuta, C. Sugiyama (Ed.): *Adam Smith: International Perspectives*, Houndmills, New York.

Winkel, H. (1977): *Die deutsche Nationalökonomie im 19. Jahrhundert*, Darmstadt.

――― (1986): Adam Smith und die deutsche Nationalökonomie 1776-1820, In: H. Scherf (Hg.): *Studien zur Entwicklung der ökonomischen Theorie*, V, Berlin. 原田哲史訳「アダム・スミスと1776～1820年のドイツ経済学――イギリス古典学派からの受容をめぐって」、『ドイツ文化・社会史研究』第2号、1994年.

八木紀一郎 (2004):『ウィーンの経済思想――メンガー兄弟から20世紀へ』ミネルヴァ書房.

Zweynert, J. (2002): *Eine Geschichte des ökonomischen Denkens in Russland 1805-1905*, Marburg.

(第2章は、平成19-21年度科学研究費補助金・基盤研究(A)「啓蒙思想と経済学形成の関連を問う——グローバルな視点から」による研究成果の一部である)

第3章

数理的方法と限界分析の端緒的試み

1　ドイツにおける理論経済学

　本章では、ドイツにおける理論経済学の展開について扱う。ドイツ語圏に限定してみると、19世紀全体は抽象的・理論的な思考方法がとくに優越した時期ではない。むしろ一般的なイメージは逆であろう。旧歴史学派のメンバーにはヴィルヘルム・ロッシャーのように経済学教科書のライターでもあった人物もいるが、グスタフ・シュモラーに代表される新歴史学派の時代になると、思弁的な経済理論に対する不信の念は確かに強まっていく。シュモラーとほぼ同世代にあたるカール・メンガーはオーストリア学派の創始者として知られているが、1871年に公刊された『国民経済学原理』(以下『原理』と略)では抽象的な経済理論の領域で、新しい貢献をなした。こうした新しい経済理論の動向は、ウィリアム・スタンレー・ジェヴォンズ、レオン・ワルラスの業績とともに限界革命と呼ばれる。

　本章のタイトルに関わるが、ブラック他 (Black et al. 1973)、ブラウグ (Blaug 1962)、ハーウェイ (Howey 1960)、ハチスン (Hutchison 1953) などの先行文献によれば、限界革命が提供した新しい視点とは以下の3つであるとされる。(1)需要重視、(2)数理的方法、(3)限界分析。このうち実は(2)と(3)は相互に独立ではない。数理的方法の1つとして導入されたのが条件付最大化問題だが、これは通常微分法を用いて解かれる。限界分析というのは「追加的1単位」の分析という意味なので、その極限をとれば微分という概念にほかならない。したがって論理的には(2)と(3)の間には密接不可分の関係があるのである。本章はとくにこ

れら(2)、(3)に先駆的に着目した3人の思想家の貢献を分析的な角度から考察しようとするものである。

　メンガーとシュモラーの間には、前者の『社会科学とくに経済学の方法についての研究』刊行後、経済理論の意義付け、位置付けについて激しい論争が起こる。いわゆる方法論争がそれである。シュモラーが影響力の大きい指導者であったことは事実であり、メンガーのオーストリア学派を別にすれば、ドイツ語圏の経済学は歴史学派の思考様式に大なり小なり彩られていくというのが一般的な理解であろう。

　本章で扱う3人は、いずれもドイツ経済思想史の正史には含まれてこなかった思想家である。いわば、ドイツ経済思想史の影の側面に光をあてたいというのが本章の目的である。と同時に、なぜ3人の業績が軽視されたのか。また、なぜ後年のオーストリア学派のように、一定の継承関係に基づいた理論展開という形をとらなかったのか。こうした問題についても後に検討することにしたい。

　ここで扱う3人については多くはないとはいえ、個々に研究の蓄積がある。これらについては参考文献として最後に一括して挙げた。また、数理経済学の先駆としてこの3人に主題的に関わったものとしてはバログロウ (Baloglou 1995) がある。いずれも、本章執筆に際して裨益するところが大きかった。

2　テューネン

1）農学者から経済理論の革新者へ

　ヨハン・ハインリヒ・フォン・テューネン（1783-1850）は、1783年6月24日オルデンブルク大公国に生まれた。幼少の際に父を亡くしたテューネンは母の再婚後フックジールに転居している。99年には、この地にほど近いゲリッツハウゼンの農場で農業の実務を習得、その後グロースフロットベックでルーカス・アンドレアス・シュタウディンガーに農学を学んでいる。1803年夏には農学者として知られている**アルブレヒト・テーア**（1752-1828）の講演に接し、これ以降テーアに対する尊敬の念を深めていくことになる。テーアはドイツを

代表する農学者で、近代農学を完成した人としても知られている。『イギリス農業序論』(1798-1804)で名声を得たツェレのテーアのもとには、たくさんの人々が押し寄せ彼の助言を乞うた。本節の主人公であるテューネンもその1人であった。今ひとつの代表作としては、多くの外国語に訳された『合理的農業の原理』(1809-12)が知られている。転居したメークリンで1828年没している（相川 2007などによる）。主著で「国民経済学ではアダム・スミスが、そして科学的農業においてはテーアが私の師であった」(Thünen 1850: 401)と述べているとおり、テューネンは終生テーアに対する敬愛を失わなかった。アカデミズムとの関わりはどちらかといえばうすく、1803年から翌4年にかけて2学期分ゲッティンゲン大学で国民経済学を学んだにすぎない。1810年、テューネンが後半生を過ごすことになるロストックのテロウ農場を購入。この地で、農業のかたわら著述を行った。その最初の成果が、1826年に公刊された『農業および国民経済学との関係における孤立国』（以下『孤立国』と略す）第1巻である。同著は、経済学および地理学の分野では立地論の先駆として知られており、その内容については後に詳しくみることになろう。1830年にロストック大学から名誉学位を授与されている。さらに、48年にはフランクフルト帝国議会議員へ選出されたが、健康上の理由から就任を断っている（以上を含め、テューネンに関する伝記的情報については、主としてSchumacher 1868; Schneider 1934による）。

J. H. v. テューネン

　さきにふれたテューネンの『孤立国』だが、第1巻のほか生前には『自然賃金とその利子、地代との関係について』と題された第2巻の第1部が1850年に公刊されたのみで、その年の7月20日にテューネンはテロウ農場で没している。テューネンは『孤立国』第2巻第1部で詳述された自然賃金の概念には深い愛情をもっていた。彼の墓碑銘に自然賃金を示す$\sqrt{ap}$が刻まれているのも、そのためであろう。テューネン関係のアーカイブは、現在ロストック大学とホーエンハイム大学の2ヶ所にある。テューネンの書簡、草稿などが含まれている。両者間の重複あるいは独自性については、フェルメート (Fellmeth

2001）を参照されたい。

　『孤立国』は長い間の思索の成果ではあるが、テューネン自身自分自身の研究成果の公刊についてはかなりの躊躇があったようだ。弟への書簡では次のように複雑な心中を明かしている。

> 「土壌の堆肥と穀物価格が耕作に与える影響について」考えそして発見したことは、様々な時期に継続的に書いてきました。これを統一し、10年間の経験に基礎を与えるためには、書き直し加工することが必要です。この論考を公刊しようとする意欲はほとんどなえてしまいました。農業者の大部分は私の議論を理解しないでしょうし、それによって自分自身の理論の意味がなくなったり反証されたりという者は、敵意を持つでしょう（Schumacher-Zarchlin 1868: 43）。

後にみるように、このような無理解に対する恐怖の念はゴッセンもまた共有しており、アカデミズムから隔たった在野の研究者の苦悩がうかがえる。農業者の無理解は『孤立国』が立脚している抽象的な理論モデルからして当然ではあるが、それに続くくだりはテューネン自身が斯学を革新するという意識を強く持っていたことを示している。

　1821年12月29日付けの弟あての書簡では、次のように自らの苦悩を述べている。

> 理想国についてはまったくのところ忘却のかなたです。数多くの副業に追われて、これを完成させることはもはや期待できません。また、いまやすべてを公刊することについてはやや躊躇があるのです。この学問における新見解は、少数の者によってしか理解されないでしょう。理解しうる者は同じ領域の人間ですが、偏見にとらわれています。彼らはここでの見解について自らの体系に基づいて判断するでしょうし、それと一致しているかどうかに応じて非難したり同意したりするものなのです（Schumacher-Zarchlin 1868: 72-3）。

「数多くの副業」というのは、農業のかたわら著作に従事している自らの境遇を表現している。この引用文では、科学のパラダイム転換に寄与し得る者の悩みが端的に表現されている。当該の学問に縁遠い者は偏見も持たないが、そもそも新しい見解を理解する能力もない。また、この学問に実際に関わる者は、その限りでは理解能力を有するが、偏った見解を持っている。さらに、新しい見解が自らの既存の見解にどの程度近似しているかに応じて、新見解に対する評価を定めてしまうという傾向を持つと指摘している。もっとも、ここでの新見解なるものが、たとえばイギリス古典派経済学に対する内容的な批判、つまり学説の内実に関わるものなのか、あるいは理論展開の方法、すなわち数式の有無などに関わることなのか、その点についての立ち入った言及はない。

2) 立地論モデル

本項ではまず『孤立国』第1巻で展開された立地論のモデルを扱う。彼の想定したモデルは次のようである。町に農産物を出荷する農業者を考える。ただし、町からは離れているので、それを考慮して耕作を行うことになる。

このとき、次のような問題が発生する。このような状況下で耕作はどのようにしてなされるのか。もし耕作が利潤の最大化を目指すとするのならば、町からの距離の大小は耕作にどのような影響を与えるのか（Thünen 1826: 1-2）。

距離を考慮した場合の耕作パターンは概ね次のようになる。

> 一般的に次のことは明らかである。町の近隣では、価値と比べて重いもの、あるいはかさばるもので町への輸送費がかさむものが生産される。こうしたものは、町から遠くなればもはや供されなくなる。容易に腐敗したりあるいは新鮮なままに消費されなければならないものもそうだ（Thünen 1826: 2）。

これに続くページではこうしたアイデアを具体化することに力が注がれているが、以下では、煩瑣なテューネン自身の数値例を離れて、多少なりともこ

れを一般化したベックマン（Beckmann 1999: 130-1）の議論に依拠することにしたい。

　各種の作物の栽培を考えている農業者を想定する。栽培に際しては賃労働者を雇用するので、価格と産出量の積から賃金総額を引く。通常の場合はこれが利潤そのものになるが、テューネンのモデルでは、ここからさらに輸送費が引かれる。一般化はきわめて容易なので、以下2財モデルを前提とする。1、2はそれぞれ第1財、第2財を表わす添え字である。以下、まずは記号の説明である。

　　a_1, a_2：土地の投入係数
　　w_1, w_2：産出量1単位当たりの賃金
　　p_1, p_2：最終生産物価格
　　k_1, k_2：輸送費
　　x_1, x_2：最終生産物の産出量
　　r：市場からの距離

なお、輸送費は最終生産物の量（重量）と距離に比例するように設定されている。農業者は次のように表現される利潤を最大化する。

$$\text{Max}\,(p_1-w_1-k_1r)\,x_1+(p_2-w_2-k_2r)\,x_2 \tag{1}$$

農業者が服さなければならない制約は以下のとおり。

$$a_1x_1+a_2x_2 \leqq b \tag{2}$$

b は社会全体の土地の大きさである。

　みられるように、最大化すべき(1)式も制約条件である(2)式も1次式なので、これは簡単な線型計画の問題となる。これを表わしたのが図3-1である。横軸には第1財、そして縦軸には第2財の産出量をとる。制約に服して各々の生産に特化した場合には、最大 b/a_1、b/a_2 の産出量が得られるので、これらを横軸、縦軸にプロットする。図3-1に等利潤線 $\pi=(p_1-w_1-k_1r)\,x_1+(p_2-w_2-k_2r)\,x_2$ を書き込む。ここでは、等利潤線の方が制約式である(2)式よりも傾斜がきついケースを描いている。図から明らかなように、この場合、すべての土地を財1

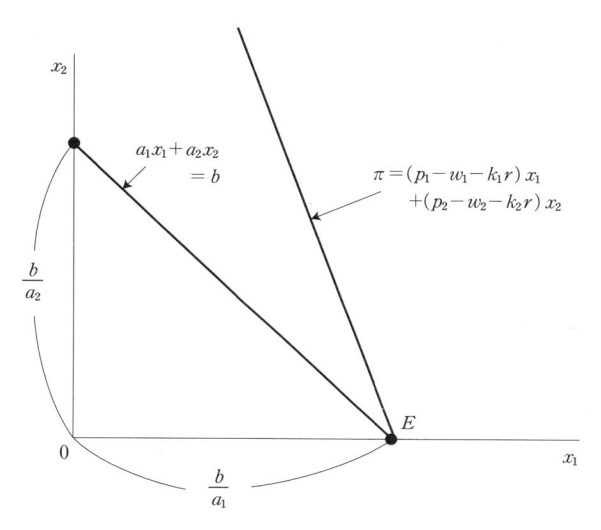

図3-1 テューネン＝ベックマンによる最大化問題

の生産に費やすことが利潤極大化の点となる。点 E がそれである。仮に他のパラメータである p_1、w_1、k_1、p_2、w_2、k_2、a_1、a_2、b を不変とし、r だけを変化させると各々の r に依存して最適な投入パターンが定まることになる。

これまでの推論からわかる重要な定理は、以下の2つである。第1に、特殊なケース、等利潤線と制約式が重なるような事例を除いては、完全に1つの生産物に特化する方が有利だということ。これは制約式と目的関数が両方とも1次式であることから導かれる帰結である。そして、仮に E から出発して他のパラメータの値を変えずに r の大きさを減じてみる。等利潤線の傾斜は $p_1-w_1-k_1r$ を $p_2-w_2-k_2r$ で除したものにほかならないが、この値（絶対値）は $k_2 > k_1$ を前提にする限りにおいて小さくなる。そして、やがては等利潤線と制約式の傾斜が一致する点に至る。この場合、どの点を選んでも利潤の大きさは同じである。さらに r の大きさを減じていくと、今度は第2財の生産に特化することが有利になる。当初は第1財を生産することが有利であったが、市場からの距離が小さくなるにつれて、距離の大きさからくる輸送費の負担部分は小さくなっていく。これは第1財についても同様だが、負担部分の減少し

ていくスピードは第2財の方が速いので、やがては第2財の生産が有利になるのである。このように市場からの距離が変化するにしたがって、生産される財は変わっていく。これが第2の定理である。

このように市場からの距離にしたがって生産される財の種類が異なっていくことを明らかにした点に、テューネン立地論の貢献が存するといってよい。リカードウに代表されるイギリス古典派が基本的には空間や距離の問題を抽象して構築されていたことに比すれば、これは確かに19世紀前半における経済学の理論的展開として重要な1ページたるを失わないであろう。

3) 規範としての賃金

次に扱うのは『孤立国』第2巻第1部で展開されている数値モデルである。有名な自然賃金が現われるのもここにおいてである。テューネンは次のように述べて、経済学における分配理論の重要性を強調する。

> どのような経済学研究も私には常に次のような問いに還元されるように思われる。ここかしこで、平凡な手工業者はわずかな賃金を手にするが、これは自然なものなのか。あるいは労働者にとって免れ得ない強奪によって生ずるものなのか（Thünen 1850: 435）。

何が賃金の自然的レヴェルを決するのか。これを経済理論の問題として解明しようというのがテューネンの立場であった。上記の引用にあるように、一見無関係のように思われるが、当時すでに表面化していた労働者階層の貧困もテューネンの問題意識の根底にあった。そこから自然賃金への探求が始まるのである。

この点は、上記の引用に先立つ書簡でも言及されている。以下、1830年11月7日付けの弟への書簡である。

> 国民経済学者たちは、生存に必要な手段が自然的な賃金であるという点については意見が一致していました。学問的な見解は当然のことながら人々

の見解を支配することになり、どのような政府もどのような議員もみなこのような原則を信奉するに至りました。このようにして、高賃金を要求するものは暴動とみなされ、処罰の対象となったわけです（Schumacher-Zarchlin 1868: 99）。

ここで問題とされているのは、賃金基金説とそれに対する懐疑の念である。テューネンの理論的営為が、イギリス古典派経済学とその亜流に対する対抗意識に端を発していることがわかる。

以下、具体的なモデルの説明に移る。資本財を用いつつ労働者を雇用して生産を行う資本家を考える。以下で使われる記号は次のとおりである。

q：用いられる資本財の量
p：最終生産物の大きさ
w：賃金
s：生存レヴェル賃金
w_n：自然賃金

ここでテューネンは、資本財に対してはその限界的な生産力にしたがって支払いがなされると想定している。資本財の量と最終生産物の量とを結び付ける関数を $p(q)$ とすれば、資本の限界生産力は $p'(q)$ と書ける。このとき、賃金の大きさは残余として次のように書ける。

$$p(q) - q \cdot p'(q) = w \tag{3}$$

表3-1　資本財数量と限界生産物・最終生産物との関係
（Thünen 1850: 98 の一部を簡略化して示したもの）

資本財の数量	生産物の増加分	最終生産物
0		110
1	40	150
2	36	186
3	32.4	218.4
4	29.2	247.6
5	26.3	273.9

表3-1はテューネン自身が掲げたものの一部で、資本財の数量と最終生産物の総量との関係を表現したものにほかならない。みられるように、追加的な資本財の投入による生産物の増分は減少していくことになるので、資本の限界生産力の概念についても同時にまたその逓減についても、テューネンに認識があったことは疑いを入れない。一方、テューネンのいわゆる自然賃金は次式によって定義される。

$$\sqrt{s \cdot p(q)} = w_n \tag{4}$$

みられるように、生存レヴェル賃金と最終生産物の総量との相乗平均が自然賃金である。これらをふまえて残余としての賃金と w_n との関係を考察してみたい。ここではテューネンの数値例をさらに単純化して議論の本質を示すことにしたい。$p(q)$ を $\sqrt{q}$ と特定化する。容易に確かめられるように、この関数は $p'(q)>0$、$p''(q)<0$ を満たす。この関数について、$p(q)$、$p(q)-q \cdot p'(q)$、w_n を計算したものが表3-2である。なお、$s=1$ と特定化してある。容易にわかるように、$q=16$ のときに、$p(q)-q \cdot p'(q)$ と w_n は2という共通の値をとる。残余としての賃金と w_n はいずれも q の関数として書けるが、これがその交点である。これ以外の数値に対しては、次式が成り立つ。

表3-2 資本財数量と賃金・自然賃金との関係
(Thünen 1850: 110 の表A ならびに Helmstädter 1995: 77 の表1を本文中に示した関数、数値の特定化によって書き改めたもの。ただし、本質的でないと考えられる変数については省略した)

q	$p(q)$	$p(q)-q \cdot p'(q)$	w_n
0	0	0	0
1	1	0.5	1
2	1.4142	0.7071	1.1892
4	2	1	1.4142
16	4	2	2
81	9	4.5	3
256	16	8	4
625	25	12.5	5
10000	100	50	10

$q<2$ の場合は、

$$p(q)-q \cdot p'(q) < w_n$$

$q>2$ の場合は、

$$p(q)-q \cdot p'(q) > w_n$$

　このように、当初は残余としての賃金よりも自然賃金の方が高いが、q が 2 を超えると残余としての賃金が自然賃金を上回ることになる。この事例では、労働者は残余としての賃金の場合は常に生産物の半分を取得することになる。他方、自然賃金は生産物の大きさと生存レヴェル賃金の相乗平均として定義されているので、q が大きくなればなるほど、最終生産物のなかに占める賃金の割合は小さくなる。自然賃金のみを要求する労働者は、この意味で分配上の観点からは慎み深いのである。以上が『孤立国』第 2 巻第 1 部に表われたテューネンモデルの概要である。

　テューネンのモデルは、ある意味ではリカードウモデルの延長線上にあるものである。リカードウが土地の限界生産性逓減から残余としての地代を説明したのに対し、テューネンは資本の限界生産性逓減から残余としての賃金を説明したのである。あらたに付け加えられたのは自然賃金概念であるが、これに関連して以下のことを指摘しておきたい。1 つは自然賃金の含意である。最終生産物の大きさと生存レヴェル賃金の相乗平均が自然賃金だが、かりにこれが規範的な意味を持つとしたら、その具体的な内容は何か。この点については、さらに立ち入った考察が必要である。さらにテューネン自身は、自然賃金をある種の最大化問題の解として説明しているが、その解釈は容易ではない。これについては本稿では言及を避けた。古今の学者がテューネンの最大化問題の無理のない解釈、自然な解釈の可能性を探っているが、まだ説得的な答えは得られていない。

3　ゴッセン

1）挫折した官僚——『人間交易論』の成立

ヘルマン・ハインリヒ・ゴッセン（1810-58）は、1810年9月7日、デューレンに生まれた。ゴッセンの両親は彼を含めて3人の子供を持ったが、ゴッセン以外はいずれも女の子であった。ゴッセンは、故郷のデューレン、ケルン、ボンと両親の転居にともないながら転校を重ねつつギムナジウムに通学した。最後は再びデューレンに戻っている。卒業後、1829年の秋学期から31年の春までボン大学に通い、この間、全部で19の講義に登録している。その後、ベルリン大学に転じ、ここでさらに5つの講義に登録している。しかし、その年の晩夏にコレラ騒ぎが持ち上がり、ゴッセンはボンに戻ることを余儀なくされた。ボン大学には結局33年の夏までとどまったことが知られている。

大学時代に登録ないし聴講した講義が、後年の思想の展開にどのような影響を与えたのか。これは経済思想史研究者を魅了するあるいは悩ますことも多い問題である。ゴッセンはボン時代には、ペーター・カウフマンの官房学を、そしてベルリンではヨハン・カウフマンの国家学の授業に登録している。現在のところ、これらの学者の学説とゴッセンの主著との間にどのような関係が存するかについてはよくわかっていない。

ゴッセンは職業的には、後に述べるような事情によって失職するまで、官吏であった。しかし、必ずしも有能とはいえない官吏であった。ゴッセン家は代々官職に就いていたが、父親もまた息子が官吏になることに希望した。ゴッセンは1834年10月、ケルンにおいて司法官試補（Referendar）として官吏としてのキャリアを始めている。これはさらに高い官吏としてのポジションを得るための経過的なポストである。元来はほどなく政府試補（Regierungsassessor）になるはずであったが、ゴッセンが官僚としては不向きであることは早くも露呈したようで、勤務怠慢との悪評がたった。結局、10年後の1844年6月にようやく政府試補として任用されるに至った。司法官試補から政府試補までの経過年数としては異例に長いといわなければならない。政府試補として採用されても

官僚としてのゴッセンの評判は芳しくなく、就任後8ヶ月後に再び書面での警告を受けている。後には、勤務の姿勢だけでなく、靴屋や飲食店での負債がふくれあがっていることも明らかになり、ゴッセンはさらに窮地に追い込まれる。
　こうした事態に直面し、県知事はゴッセンに辞職勧告をしようと試みる。だが、ゴッセンの居場所を突き止めるのは容易ではなかった。結局彼はケルンで発見され、そこで官憲の手によって県知事の辞職勧告文書が手渡される。ゴッセンは1847年11月4日付けで辞職を申し出ており、同月の23日受理された。
　本稿で扱うゴッセンの主著、あるいは唯一の著作は1854年に公刊された。『人間交易論、そこから導き出される人間行為の規則の展開』（以下『人間交易論』と略）というやや長いタイトルを持つ本書が、いかなる過程を経て書かれたかについてはよく知られていない。ゴッセンのような在野の研究者についての情報が、大学教員でもあった他の研究者のそれよりも少ないのは当然である。ドイツ語圏の大学教員であれば、学位取得、あるいは教授資格申請論文の執筆をめぐって、なんらかの人的関係に関わっているので、そこから師弟関係らしきものを見つけ出すことはさほど困難ではない。また、様々な著作が書かれているのであれば、その間の関係から主著の成立について論ずることも可能である。だが、本書についてはそのような方法は難しい。
　本書の序文でゴッセンは同書の内容は20年間に及ぶ思想的営為の帰結であるとしている。もしそうならば、本書に結実するゴッセンの思想的営為は1830年代にまで遡ることになる。
　官職のかたわら、あるいは勤務評定が好ましくないことに鑑みると、官職の時間を盗んでその構想が暖められたものなのであろう。また、序文の日付は1853年1月だが、タイトルページの記載に明らかなように実際に公刊されたのは翌年の54年であった。公刊の遅れには、あるいはゴッセンがチフスに感染したことが関係しているのかもしれない。
　ゴッセンの著書は長らくアカデミズムに認知されなかったので、悲運の経済学者ゴッセンという像が定着したことは確かで、またそのような像は基本的には誤っていない。ただ、『人間交易論』のコピーをゴッセンが「回収」したということから飛躍して、ゴッセンが自著のコピーを「破壊」したという伝説も

流布している。ハイエクも含めた少なくない研究者がこの伝説にしたがってゴッセン伝を執筆している。様々な資料による限り、「回収」説は正しいと考えられるが、「破壊」説は実証が困難であるか、あるいは端的に誤りであろう。悲劇の経済学者ゴッセンが自著のコピーをこわした、または裁断したというまことしやかなエピソードが実体化したのである。

　後に詳しくみるように、同著が一般に受け入れられなかったことは事実である。晩年のゴッセンはさらに結核に冒されるという不運にも遭遇する。最晩年には音楽好きで自らもバイオリンを演奏したゴッセンにふさわしいことではあるが、音楽の新理論に関する覚書の執筆に従事するも未完に終わる。1858年2月13日、ゴッセンは2人の姉妹に看病されながら亡くなった。まだ40代後半であった。みとった2人の姉妹のうちの1人が、ゴッセン経済学の再発見の過程で重要な役割を果たすヘルマン・コルトゥムの母である（以上述べてきたゴッセンの生涯については、主として伝記 Georgescu-Roegen 1983 に依拠した）。

2）シラー、ベートーヴェンそしてゴッセン

　『人間交易論』は奇書というのに躊躇しない。そもそも節も章もない。したがって、明確に内容的に分けられる部分は別にして、のっぺらぼうな印象はぬぐいされない。書物は内容さえ良ければ読者を獲得できるというのはおそらく誤りで、形式上の異様さによって潜在的な読者層が失われたことは否定できまい。

　まずは、ゴッセンの理論的貢献に立ち入る前に、本書の思想的背景として重要だと考えられる点について言及しておきたい。ゴッセンに音楽の趣味があったことはすでに指摘したとおりだが、本書タイトルページに先立つ部分には、シラーの「歓喜によす」からの引用がある。音楽好きならずとも、後年ベートーヴェンがこれを第9番交響曲の終曲で利用し、歌詞に曲をつけたことはよく知られていよう。「歓喜によす」は改訂されている。当初1787年に公表されたときはかなりラディカルな政治思想が体現されていたが、1803年の改訂版ではこのような側面は影を潜めている。ちなみにベートーヴェンが利用したのはこの改訂版である。ベートーヴェンはこの改訂版にさらに3行を追加したので

ある(渡辺1986、吉田2000などによる)。

　ゴッセンの本書での引用もこの改訂版によっている。また、シラーだけではなくベートーヴェンが強く意識されていること、これは途中に「合唱」と記されていることからも明らかであろう。「歓喜によす」からの引用は何を意味しているのか。ゴッセンの政治思想との関連だが、そもそもコメントを付しての引用ではないのではっきりしたことはいえない。ことに、ここでの引用は穏当に書き換えられた改訂版からのものでもある。むしろ、当面ここで強調したいことはこの引用が神の秩序によって世界が展開されていくというゴッセンの世界観を表現していることである。この引用の最後の部分には「星空のかなたに、かならずやいとしい創始者はいらっしゃるに違いないのだ」とあるが、これは象徴的な表現である。実際、本書にはしばしば「創造主」、「被造物」という概念が現われる。経済学プロパーのことがらでいえば、「人間たちよ、被造物の法則を探求し、それにしたがって行動せよ」(Gossen 1854: 4)という本書冒頭のメッセージが重要である。そして、たとえばゴッセンも主張している限界効用逓減の法則も、ここでいわれている「被造物の法則」に含まれている。

3) 時間の配分問題

　同じく本書冒頭にみられる表現「人は人生全体にわたる享楽の総和が最大になるように、享楽を配分しなければならない」(Gossen 1854: 1)は、本書のライトモティフを端的に表現している。本書は効用理論の書であり、そのような意味でジョン・スチュアート・ミルの主著刊行後わずか6年にして公刊された書物として画期的である。まさに、メンガー、ワルラス、ジェヴォンズの3人組の先駆者としてゴッセンの名前が挙がるゆえんである。

　これから本書の理論的貢献についてみていきたいが、紙面の制約から時間の配分問題と交換理論に限定したい。

　まずは時間の配分問題から。ゴッセンが考える最大化問題は以下のとおりである(Gossen 1854: 13-4)。2種類の享楽を考え、所定の時間内に享楽が最大になるように各々の享楽に時間を割り当てる。図3-2のうち、享楽Aの時間ごとの推移を示したものが上の図である。acは開始時点での享楽の大きさで、時

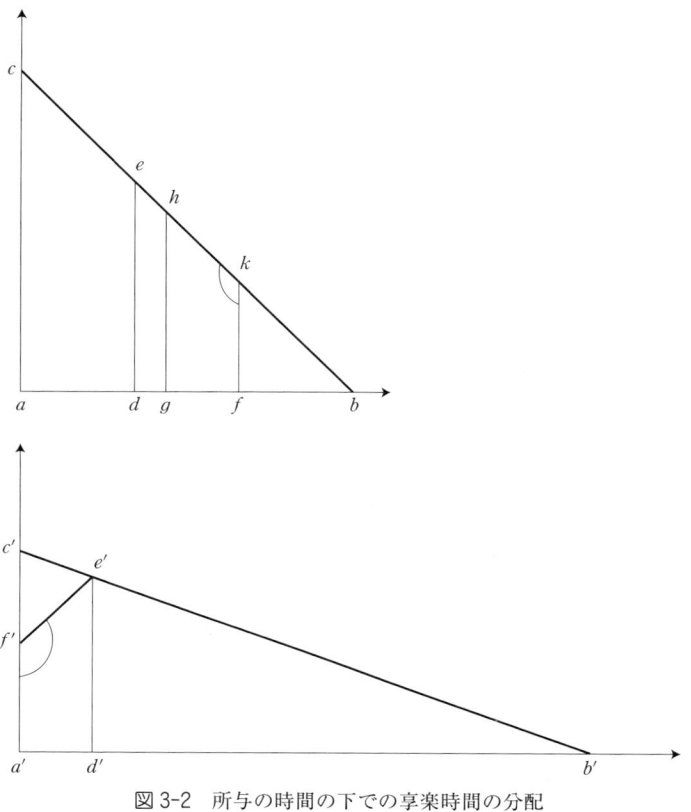

図 3-2　所与の時間の下での享楽時間の分配
（Gossen 1854: 13, Figure 6. ここでは英訳（15）によった）

間の経過とともに逓減し、b に至れば享楽は 0 となる。また、下に描かれているのが、享楽 B の時間ごとの推移を示したもの。$a'c'$ は ac よりも小なので、享楽 A の方が優先順位が高いことは明らかである。このとき、f という時間が与えられたとき、どのようなやりかたで A と B に時間を分配するかが問題である。

まず、fk と $a'f'$ が等しくなるように縦軸上に f' をプロットする。そして角 fke と角 $a'f'e'$ が等しくなるように、e' を線分 $c'b'$ 上に定める。このとき、作図の方針からわかるように、台形 $gfkh$ と台形 $a'd'e'f'$ はまったく同一のも

のとなるので、gh と $d'e'$ の長さは等しくなる。つまり、享楽終了時の大きさが2つの享楽について同じとなるように時間を配分すればよいことになる。

このとき、もしすべての時間を享楽 A にあてれば、さきの台形部分の面積は相殺され、結果として三角形 $f'e'c'$ の部分だけ、享楽の量は全体として減少することになる。また、一般にこれ以外の時間配分では、全体の享楽が減少することも明らかである。このようにゴッセンの解法は図形を使った初等的なものである。そうした方法で、ゴッセンは限界的な享楽の均等という最大化問題の解を見出したことになる。

以上の議論を、ゴッセンの精神に従いながらやや現代的な観点から示せば、次のようになろう。まずは記号である。

n, n'：享楽 A 享楽 B 各々についての開始時点での享楽の大きさ
p, p'：享楽 A 享楽 B 各々の大きさが 0 になるまでの時間
e, e'：享楽 A 享楽 B 各々に割り当てられる時間
E：所与の総時間

いま、享楽 A について考えてみる。すべての時間を享楽 A にあてたときの享楽の大きさは、p に n を掛けたものの 1/2 にあたる。これは三角形の面積を求めることに等しい。ところが実際にはその一部は他の享楽にあてられるので、その部分を引き去らなければならない。この部分も三角形になり、その面積は $p-e$ に $\frac{n(p-e)}{p}$ に掛けたものの 1/2 にあたる。これは、これらの三角形がたがいに相似であることを利用している。

上記のことは享楽 B についてもいえるので、最大化問題は多少なりとも現代的に書けば次のようになる。

$$\text{Max}\,[np/2 - n(p-e)^2/2p] + [n'p'/2 - n'(p'-e')^2/2p'] \tag{5}$$
$$s.t.$$
$$E = e + e' \tag{6}$$

ゴッセンは上記の推論、つまり最大化の点では限界的な享楽が等しくなるは

ずだとの認識から次式を導出している (Gossen 1854: 14)。

$$n(p-e)/p = n'(p'-e')/p' \tag{7}$$

　現代の経済学者ならば、(5)、(6)式で表わされる最大化問題にラグランジュの未定乗数法を適用するか (Krelle: 1987)、あるいは制約式を使って1変数の問題として書き換えて(7)式を求めるかどちらかであろう。ゴッセンの方法はいずれでもない。彼は、きわめて初等的な絵解きの方法で、こうした最大化問題の答えを求めたのである。

4）交 換 理 論

　次にはゴッセンの交換理論をみることにしたい (Gossen 1854: 83-4)。交換当事者は A と B の2人で手持ちの財をやりとりする。さきに見たように、ゴッセンの限界効用曲線は線型だったが、ここでもその前提は守られる。図3-3を参照されたい。AI、BII は各々 A、B の交換前の状態を表わしている。各々手持ちの財を b、あるいは b' まで消費したときには、限界効用は0になるように設定されている。このとき、三角形 abc、三角形 $a'b'c'$ が各々の総効用を表現していることもさきの場合と同じである。ここで、A が所有する財 bd と B が所有する財 $b'd'$ が交換されると想定する。図から明らかなように、この部分の効用はすでに0なので、交換後の A、B の状態が改善されることは自明である。

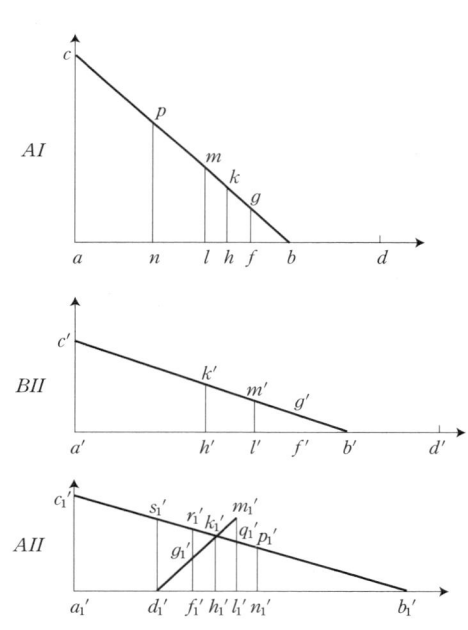

図 3-3　交換による効用の増加
(Gossen 1854: 83, Figure 20. ここでは英訳 (98) によった)

さらに交換を続け、A が bf を譲渡して $d_1'f_1'$ が得られるとする。このとき、失われる効用は三角形 bfg の部分となり、追加的に得られる効用は台形 $d_1'f_1'r_1's_1'$ の部分となる。このグラフの上に、A の効用喪失部分を書き込むには、d_1' を始点とした限界効用曲線をちょうど AI の図とさかさまに書き込めばよいことになる。これが AII である。すると、三角形 bfg と三角形 $d_1'f_1'g_1'$ が同一であることから、台形 $d_1'g_1'r_1's_1'$ の部分が効用の純増となる。この状態でさらに交換を続けることが有利なことは、図から明らかである。

次なる問題は、どこまで交換を続けることが A にとって最適なのかということである。これは次の推論からわかるように、$d_1'h_1'$ で表わされる。ここに至るまで A の効用が増加し続けることは容易に確かめられる。また、これを超えてたとえば l_1' まで交換を続ければ、ネットの効果はマイナスになる。効用は三角形 $k_1'm_1'q_1'$ の部分だけ減少するからである。図からわかるように、最適な状態は手放す財と入手する財の限界効用の均等という条件で表現される。以上が、『人間交易論』で展開されている交換理論の一部である。

4　マンゴルト

1）ブルシェンシャフトからアカデミズムへの道

ハンス・フォン・マンゴルト（1824-68）は1824年6月9日、ドレスデンに生まれた。この地のギムナジウムで中等教育を終えたマンゴルトは1842年ライプツィヒ大学において法学、国家学の勉学を開始するが、自由主義的方向を標榜する学生団体、ブルシェンシャフト（Burschenschaft）のメンバーだったので大学当局といざこざを起こす。大学を追われ、外国での勉学を余儀なくされる。ライプツィヒ時代のことで今ひとつ特筆すべきことは、農業経済学者である**ゲオルク・ハンセン**（1809-94）の面識を得たことである。ハンセンは同大の経済学の発展において重要な役割を果たした人物であり、歴史学派のメンバーとされること

H. v. マンゴルト

もある。(Hennings 1988: 144)。マンゴルトは、ジュネーブを経て最終的にはテュービンゲン大学に落ち着き、ここで完全に経済学に転向した。「貯蓄金庫の課題、地位そして設立について」というタイトルで学位論文を書き、1847年7月国家学博士の称号を授与されている。

故郷であるザクセンに戻ったマンゴルトはライプツィヒで歴史学派の巨頭、ヴィルヘルム・ロッシャーの指導を受けている。実際に書かれたものにどの程度反映されているかは別にしても、マンゴルトが歴史学派の学風から影響を受けたことは事実である。

その後1852年からは政府系の「ワイマール新聞」の編集に関与するようになるが、これまた54年には政治的理由から職を辞している。これ以降のマンゴルトの人生航路は主としてアカデミックなもので、55年には『企業者利得の理論』でゲッティンゲン大学から講義資格（Habilitation）を取得している。講義資格請求論文の指導者は前記のハンセンである。彼はこの間にゲッティンゲン大学の正教授になっていたのである。

マンゴルト自身の政治的立場から大学での昇進は難しかったが、1858年には員外教授に、そして62年11月、国家学・官房学教授としてフライブルク大学講義に就任した。カール・クニースの後任である。67/68年の冬学期にかけてマンゴルトの健康状態は悪化し、ヴィースバーデンで保養に努めるも、68年4月19日、44歳の若さで亡くなった。

さて、マンゴルトの著書だが、前記の学位論文、教授資格請求論文のほか、1863年には『国民経済学綱要』が、68年には『国民経済学』が、そして彼の死後71年にはF.クラインヴェヒターが編集した前者の第2版が公刊されている。さらに『ドイツ国家学辞典』(J.C.ブルンチュリ他編)の公刊に際しては、「労働」、「人口」、「所得」、「貨幣」のような事項項目のほか、「ケアリ」、「コルベール」、「ジョン・ステュアート・ミル」のような人名項目を執筆している（以上、マンゴルトの履歴と業績については主としてKaufhold 1995を参照）。

2) 部分均衡モデル

しばしば言及されるのが、『企業者利得の理論』と『国民経済学綱要』だが、

ここではドイツ語圏における理論経済学の展開という観点から、もっぱら後者を扱うことにしたい。

「大学での講義、個人の勉学のための指針」という副題を持つ本書は、1. 国民経済学入門、2. 価値の生成とくに生産による価値の生成について、3. 財の流通、4. 財の分配、5. 価値の消失とくに消費による価値の消失について、と題された5つの編からなる。本書の編別構成は、マンゴルトが明らかにイギリスの解体期古典派の議論から影響を受けていることを示している。これから扱う部分均衡モデルは「財の交換関係について」と題された第4編第3章の議論である。

マンゴルトがここで展開しているのは、ごく平易な部分均衡モデルである。以下、モーゼルマンズ（Mosselmans 2000: 382-93）などの先行文献によりながら、可能な限り平易な説明を試みてみる。まずは、需要側の議論からみてみよう。図3-4は需要曲線を描いたものである。横軸には需要量を、縦軸には価格をそれぞれとる。N はしたがって価格がゼロのときの需要量を表わしている。マンゴルトはこれを「絶対的需要」（Mangoldt 1863: 48）と呼ぶ。これに対し、縦軸の切片である N_m は「価格財がはかった当該財の効用価値」（Mangoldt 1863: 48）を表現している。財の効用価値が低ければ低いほど、低い効用水準でも購入を控えることになるので、N_m の値は小さくなること考えてよいであろう。

N と N_m を結んだものが需要曲線である。需要曲線が右下がりになるのは「一定の財価値を前提とすれば、一般に個々の部分の効用価値はその数が増えれば増えるほど小さくなる」（Mangoldt 1863: 48）からだとしている。マンゴルトには明確に限界効用逓減の認識があり、そこから需要曲線が導出されていることがわかる。なお、マンゴルトは例外として需要曲線が右上がりになる事例についても言及してい

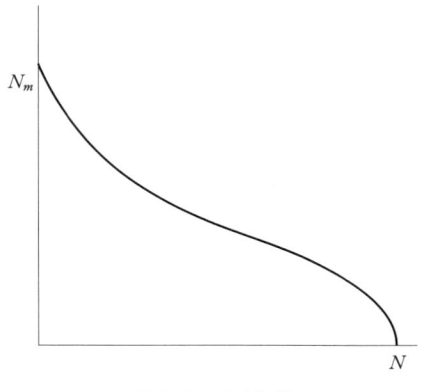

図3-4 需要曲線
（Mangoldt 1863: 48, Figure 2）

第3章 数理的方法と限界分析の端緒的試み 91

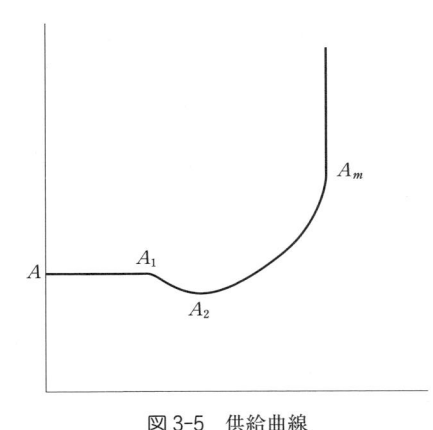

図 3-5　供給曲線
（Mangoldt 1863: 50, Figure 7）

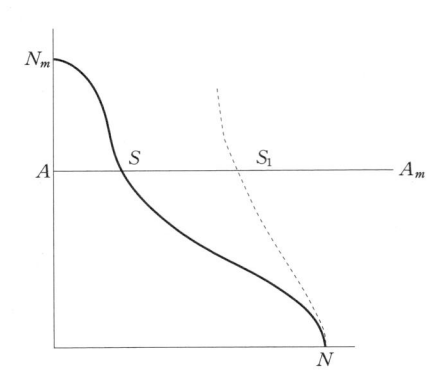

図 3-6　供給曲線が水平のケース
（Mangoldt 1863: 51, Figure 11）

る。「虚栄心」（Mangoldt 1863: 49）と「懸念」（Mangoldt 1863: 49）がそれである。

前者が価格が高いがゆえに需要されるケース、つまり後年のソースタイン・ヴェブレンの用語でいうところの衒示的消費（Conspicuous Consumption）を意味していることは疑いを入れないが、後者はさらなる価格上昇を予想しての「懸念」を意味しているのではないかと考えられる。

供給側についてはどうであろうか。マンゴルトの供給曲線は生産費用から導出されるものだが、彼は(1)費用一定、(2)費用逓減、(3)費用逓増の3つのケースを区別している。これらの局面は単一の供給曲線においてもみてとることができる。図3-5を参照されたい。A から A_1 に至るまでの費用は一定で、供給曲線は水平に描かれている。A_1 からは大規模生産のメリットが働き費用は逓減し、供給曲線は右下がりになる。しかしそのような事態は続かず、A_2 から A_m までは費用逓増の領域に入り、A_m を超えるといかなる価格上昇をもってしても供給増加を実現できなくなる。物理的な意味でのキャパシティーの限界である。

このような需要曲線、供給曲線の交わる点が均衡価格となる。供給曲線の形状の違いによって様々なケースが考えられる。図3-6を見られたい。水平の供給曲線と需要曲線が交わるケースである。この場合「需要の変化は取引される財数量に影響を与えるだけで、価格には影響を及ぼさない。」（Mangoldt 1863:

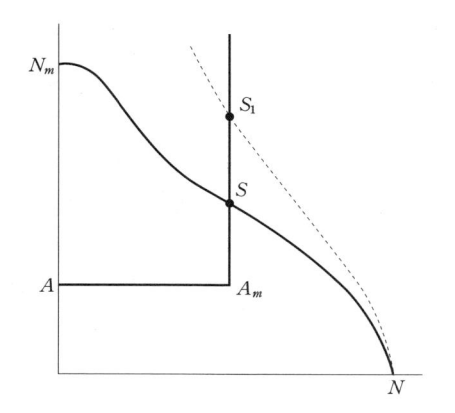

図 3-7　供給曲線が垂直のケース
（Mangoldt 1863: 52, Figure 12）

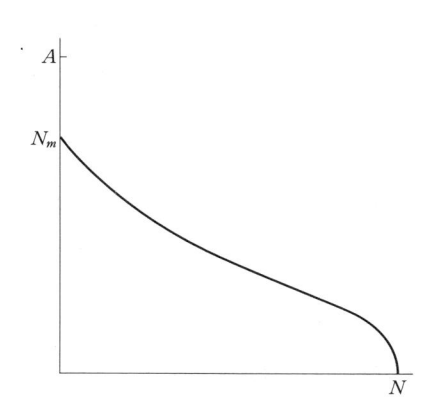

図 3-8　均衡解が存在しないケース
（Mangoldt 1863: 51, Figure 10）

51）図には S から S_1 への均衡点の変化が示されている。図3-7は逆に垂直の供給曲線と需要曲線が交わるケースである。この場合、需要の変化は価格のみに影響を与え、取引数量は不変となる。マンゴルトはこのようなケースについて「希少価格もしくは独占価格」というネーミングを与えている。S が従来のそして S_1 が新しい均衡点を表わすことは図3-6の場合と同様である。

以上がマンゴルトによる需給論とそれに依拠した比較静学である。理論史的観点からこのような分析はどのように評価できるのか。グレーネヴェーゲン（Groenewegen 1995: 92）がつとに指摘しているように、様々な供給曲線の形状に対応した需給論はすでにJ. S. ミルにも存在しており、この点を捉えてマンゴルトの新しい貢献だということはできない。結果的には、マンゴルトの書物はミルと後年のマーシャルの中間点にある。この点に関してのマンゴルトの貢献は、こうしたことを明確にグラフ上に表現し、そのうえで比較静学的な見方を加えたにとどまるものである。重要なのは、むしろこれから示すように、解の存在と多意均衡の可能性について言及したことであろう。

解が存在しないケースの一つとしては、生産費水準に達する前に需要が飽和してしまう事例を指摘している。その場合、少なくとも第1象限の範囲内で解が存在しないことは図3-8より明らかである。多意均衡の可能性については、

マンゴルトは次の2つを指摘している。1つが供給曲線が生産費逓減の結果として右下がりになる場合で、さらにそのスペシャル・ケースとして需要曲線と供給曲線が全域で一致してしまうケースである。この場合、それらの諸点すべてが均衡点となる。今ひとつの場合が、低い価格水準では均衡点が見出されるのだが、それ以上の水準で需要曲線が右上がりになるケースである。この場合にも、均衡点が複数存在するケースを排除できず、どの点が現実のものになるかはわからないのである。

3) 補完財の想定と2財モデルへの拡張

マルゴルト（Mangoldt 1863: 56 f.）が式や表を使って解説している今ひとつのモデルが、2財からなるモデルである。ここではシュナイダー（Schneider: 1960）のコンパクトなまとめによりながら、その本質を説明することにしたい。まず以下の行論で使われる記号の説明である。

p_1, p_2：第1財、第2財の価格
d_1, d_2：第1財、第2財の需要量
$f(p_1), g(p_2)$：第1財、第2財の供給関数
C：消費者の予算制約

ここでマンゴルトは第1財と第2財の関係について、特殊な想定を課す。すなわち、第1財の消費量はかならず第2財のそれに比例するという制約である。これは次のように書ける。

$$d_1 = \alpha \cdot d_2 \tag{8}$$

コーヒーを飲む際に必ずミルクを入れるような消費者がいるとすれば、上の式で表現されているのはそのような消費者の行動様式である。コーヒーを2杯飲めば、必要なミルクの量も2倍になる。さらに消費者は第1財、第2財を購入するにあたり、予算の制約、所得の制約を満たさなければならない。これは次式で表現される。

$$C = p_1 \cdot d_1 + p_2 \cdot d_2 \tag{9}$$

このように、ここでは所得はかならず使い切るように想定されている。需給均衡式は次のとおり。

$$d_1 = f(p_1)$$
$$d_2 = g(p_2)$$

最初の2つの式から、次のような形の需要関数が各々得られる。

$$d_1 = \frac{\alpha \cdot C}{\alpha \cdot p_1 + p_2} \quad d_2 = \frac{C}{\alpha \cdot p_1 + p_2}$$

すなわち、第1財、第2財いずれの場合も、需要量は当該財価格、他財の価格の減少関数になる。これらの結果を使って、需給均等式は次のように書ける。

$$\frac{\alpha \cdot C}{\alpha \cdot p_1 + p_2} = f(p_1), \quad \frac{C}{\alpha \cdot p_1 + p_2} = g(p_2)$$

これらを解けば、p_1、p_2 が得られる。こうしたマンゴルトのモデルは、複数財モデルにおける需給論を示したものとして大いに注目される。2財の関係は、(8)式で表現されているが、これは今日の用語を使うのならば完全補完財である。第2財の価格上昇によって第1財の需要量は減少し、また第1財の価格上昇によって第2財の需要量は減少するので、第1財は第2財の、そして第2財は第1財の粗補完財であることが確かめられる。マンゴルトの議論は(9)式において明らかなように、予算制約式についての明確な認識はある。しかし、(9)式に先立って存在したはずの消費者の効用最大化についての明示的な認識はない。あくまで2財の間の固定的な数量関係と予算制約式を使っての需要関数の導出にとどまるものである。評価基準として後年のワルラス体系を基準にすれば、このような評価が適切であろう。

すでに何人かの研究者が指摘しているように、マンゴルトが考えていた経済学体系、あるいは望ましい経済学のあり方というものと、実際に書かれた限りでのマンゴルトの経済学の間には若干の離齬があることを最後に指摘しておかなければならない。彼は歴史学派的な発展段階論に冷淡だったわけではなく、少なくとも部分的には彼らのリサーチ・プログラムにコミットしていたことは疑うことのできない事実である。このようにマンゴルトの経済学体系、あるい

はそのプランはかなり規模の大きい壮大なものであったが、実際に実現できたのはごく一部であった。そして、実際に残されたシステムの一部に関しては、ここで見たような理論経済学的貢献が顕著であるといっても、そう大きな誤りではないのである。しかしながら、マンゴルトが早世したこともあって、彼が直接的な形で後の経済理論の発展に影響を与えることはなかった。この点は、すでに扱ったテューネン、ゴッセンとともにあらためて考えることにしたい。

5　エピローグ——学統となりえなかった理論経済学

　ここで以上の考察から得られた結果をまとめておこう。ドイツには『国家経済学研究』(1832) を著したフリードリヒ・ヘルマン (1795-1868) のように理論的関心を持った経済学者もいた。だが、これは学問的な伝統にはならなかった。テューネン、ゴッセン、そしてマンゴルトの3人が影響力を持ちえなかった理由としてしばしば次のような理由が挙げられることがある（〔Dickinson 1969〕第1、第2点とも元来ディキンソンがテューネンに関して主張したことである）。まずは、ドイツ歴史学派の影響力が強すぎ、理論的な経済理論の発展が阻害されたこと。そして、第2に、テューネン、ゴッセンに関しては、アカデミックな場に職を得られず、ために影響力を行使することができなかったことである。これらは当時の経済学全般の状況、とくにドイツ語圏での状況、そして彼らが置かれていた状況を考えると、適切な説明のように思われるが、私自身は賛成できない。以下、その理由を述べてみたい。

　まず、ドイツ歴史学派についてだが、この学派のごく一般的な鳥瞰図としては「反理論的」という形容を与えることはかならずしも間違ってはいない。シュモラーの学徒が今日的な表現でいえば主として経済史研究の領域で多くのモノグラフをものしたことはよく知られていよう。ただし、既述のように、初期の歴史学派の主要メンバーであるロッシャーは経済学教科書の書き手としてよく知られている。その内実は部分的にはイギリス古典派経済学の理論体系を消化した折衷的なものであったとしても、このテキストは版を重ね多くの読者を獲得した。今日の研究水準に鑑みると、ロッシャーに対して「反理論的」とい

うレッテルを貼ることにはやや躊躇する（この点に関しては拙論〔Ikeda 1995〕などを参照のこと）。

　また、もし上記の主張のように、本当にドイツ歴史学派の影響力が強すぎ、理論経済学の進展が遅れたとしたならば、なぜメンガーは『原理』によって経済理論の領域において革新をなしえたのか。歴史学派の影響力によって本章で扱った3人が後世の経済学の進展に対して影響を持ちえなかったとすれば、メンガーもまたそうだったはずである。独りメンガーのみが経済学の新しい方向付けに寄与したとするのならば、その理由が問われなければならないはずである。このように考えてみると、歴史学派の影響力を、あるいはそれのみを根拠に理論的経済学の進展が阻害されたという見方は必ずしも適切でないことがわかる。

　今ひとつの説明である「アカデミズムからの阻害」説はどうであろうか。こうした説明は、当時の経済学のあり方、とくにドイツ語圏でのあり方を考慮すると、ある程度首肯しうるもののように思われるかもしれない。当時大きな影響力を持った経済学者は、本書に登場する人物を思い浮かべてみても、ロッシャーにせよメンガーにせよシュモラーにせよ、いずれも講壇の経済学者であった。ドイツ語圏の経済学者はアカデミズムにとどまる以上、学位論文の執筆、教授請求論文の執筆、いずれの過程でも師弟関係に依存せざるをえない。そして、師は原則的には大学での有資格者、つまり端的には大学教授でなければならなかった。となれば、影響力をアカデミズムにおける影響力に限定するのであれば、テューネン、ゴッセンについてはアカデミズムから遠いところにいたために、そこでは影響力を持ちえなかったという見方は誤りではないだろう。

　ただし、そうであったとしても、以下で述べるようにアカデミズムを超えて一般的な言説空間における影響力を問題にする場合には、やや異なった見方もできる。ここで分析の俎上にのせたいのは、他ならぬカール・マルクスである。あらためて述べるまでもなく、マルクスはアカデミズムを主たる活動の場とした人ではない。むしろ、『資本論』その他の著作、未公刊の文書での様々なコメントを見てみると、マルクスにはドイツのアカデミズムに対する激しい敵愾心を感じとることさえできるのである。そして、ここでは逆にヴェルナー・ゾ

ンバルトのようにアカデミズムにいる人間が、マルクスの影響をあるいはマルクス主義の影響を受けるようになるのである。したがって、マルクスのようにエモーショナルな吸引力が強い思想の場合には、アカデミズムの外にいたとしても、最終的にアカデミズムに対して影響力を及ぼすことは不可能ではない(マルクスの経済思想とその影響について第5章の第2節以下を参照、またゾンバルトのマルクス評価については第4章第4節の2)を参照)。

　本章で登場する3人のうち少なくともテューネンとゴッセンについては、そこに不幸の一端があったともいえる。すでに見たように、その内容は多かれ少なかれ今日の表現でいうのならば数理経済的内容を含むがために、アカデミズム以外の場で理解され、ましては承認されることは困難であった。そこでしか理解されないのに、そこでは影響力を行使しえないというのが、テューネンとゴッセン2人が置かれていた状況であった。

　もちろん、マルクスの場合においても、今日におけるいわゆる分析的マルクス経済学(Analytical Marxism)の存在を指摘するまでもなく、理論的・抽象的な知的営為がその思想のなかに多く含まれていることは否定すべくもない(分析的マルクス経済学については高増・松井 1999 などを参照)。そうした側面に関していえば、アカデミズムという制約された場での議論がふさわしかったのかもしれない。ただ、マルクス主義の場合はそのあり方として、それ以外の言説空間での影響力も大きかった。この思想が持っている様々な側面が、そこに反映されていると考えられるのである。残念ながら、本章で扱った3人についていえば、そのような多様な思想のあり方というものは考えにくい。行使できる影響力はもしあったとしても、アカデミズムに限定されていたのである。

　とまれ、3人の影響力は主著刊行後も微弱であった。つまり、ドイツ語圏での理論経済学の進展にははかばかしいところがなかった。私見によれば、こうした状況を打破したのが、1867年に始まるマルクス『資本論』の刊行、71年のメンガーの『原理』、そして20世紀に入ってからのことになるが、1908年のシュンペーターの『理論経済学の本質と主要内容』の公刊である。ただ、本章で見た3人とは異なり、いずれも数理経済学方向を強く指向したものではなかった。また、そうした非数理的な性格こそが当時のドイツ語圏での理論経済

学のあり方を示すものだったともいえる。

文 献

相川哲夫 (2007):「訳者解題」、アレブレヒト・テーア、相川哲夫訳『合理的農業の原理』上巻、農文協.
Baloglou, C. (1995): *Die Vertreter der mathematischen Nationalökonomie in Deutschland zwischen 1838 und 1871*, Marburg.
Beckmann, M. (1999): *Lectures on Location Theory*, Berlin.
Black, R. D. C., Coats, A. W. et al. (1973): *The Marginal Revolution in Economics: Interpretation and Evaluation*, Durham. 岡田純一・早坂忠訳『経済学と限界革命』日本経済新聞社、1975 年.
Blaug, M. (1962): *Economic Theory in Retrospect*, London. 久保芳和・真実一男他訳『経済理論の歴史』上・中・下、東洋経済新報社、1966-68 年.
Dickinson, H. (1969): Von Thünen's Economics, In: *Economic Journal*, Vol. 79, No. 316.
Fellmeth, U. (2001): Wie kam das Thünen-Archiv nach Hohenheim? In: U. Fellmeth und H. Winkel (Hg.): *Honhenheimer Themen: Zeitschrift für kulturwissenschaftliche Themen*, 10. Jahrgang, St. Katharinen.
Georgescu-Roegen, N. (1983): Introductory Esssay, In: H. H. Gossen: *The Laws of Human Relations and the Rules of Human Action Derived Therefrom*, transl. by R. C. Blitz, Cambridge, Mass.
Gossen, H. H. (1854): *Entwickelung der Gesetze des menschlichen Verkehrs, und der daraus fließenden Regeln für menschliches Handeln* (1854), Faks.-Ausg., Düsseldorf 1987. 池田幸弘訳『人間交易論』日本経済評論社、2002 年. R. C. Blitz による英訳は Georgescu-Roegen, N. (1983) に示した。
Groenewegen, P. (1995): Hans von Mangoldts Beitrag zur »marshallianischen« Wirtschaftstheorie: Die graphische Darstellung von Angebot und Nachfrage, In: B. Schefold (Hg.): *Vademecum zu einem frühen Klassiker der Preistheorie*, Düsseldorf.
Helmstädter, E. (1995): Wie künstlich ist von Thünens natürlicher Lohn? In: H. Rieter (Hg.): *Studien zur Entwicklung der ökonomischen Theorie*, Bd. XIV, Berlin.
Hennings, K. (1980): The Transition from Classical to Neoclassical Economic Theory: Hans von Mangoldt, In: *Kyklos*, Vol. 33.
——(1988): Die Wirtschatswissenschaften an der Universität Leipzig im achtzehnten und neuzehnten Jahrhundert, In: N. Waszek (Hg.): *Die Institutionalisierung der Nationalökonomie an deutschen Universitäten*, St. Katharinen.
Howey, R. (1960): *The Rise of the Marginal Utility School*, Lawrence, Kansas.
Hutchison, T. (1953): *Review of Economic Doctrines, 1870-1929*, Oxford.
Ikeda, Y. (1995): Roscher's *Grundlagen* in the History of Economic Thought, In: *Journal of Economics Studies*, Vol. 22, No. 3/4/5.
——(2000): Hermann Heinrich Gossen: a Wirkungsgeschichte of an ignored mathe-

matical economist, In: *Journal of Economic Studies*, Vol. 27, No. 4/5.
Kaufhold, K. (1995): Hans von Mangoldt: Leben und Werk, In: B. Schefold (Hg.): *Vademecum zu einem frühen Klassiker der Preistheorie*, Düsseldorf.
Krelle, W. (1987): Über Gossens »Gesetze des menschlichen Verkehrs«, In: W. Krelle, H. C. Recktenwald: *Vademecum zu einem verkannten Klassiker der ökonomischen Wissenschaft*, Düsseldorf.
Mangoldt, H. v. (1863): *Grundriß der Volkswirthschaftslehre: Ein Leitfaden für Vorlesungen an Hochschulen und für das Privatstudium*, Stuttgart 1995.
Moore, H. (1895): Von Thünen's Theory of Natural Wages, I, In: *The Quarterly Journal of Economics*, Vol. 9, No. 3.
――(1895): Von Thünen's Theory of Natural Wages, II, In: *The Quarterly Journal of Economics*, Vol. 9, No. 4.
Mosselmans, B. (2000): The Omitted Mathematics of Hans von Mangoldt, In: *Journal of Economic Studies*, Vol. 27, No. 4/5.
Recktenwald, H. C. (1986): Johann Heinrich von Thünen: Der Forscher und das Klassische seines Werkes, In: H. C. Recktenwald, P. A. Samuelson: *Vademecum zu einem frühen Klassiker der ökonomischen Wissenschaft*, Düsseldorf.
――(1987): Gossens Gesetze und deren Walras-Übersetzung: Eine Odyssee, In: Krelle, Recktenwald: *Vademecum zu einem verkannten Klassiker der ökonomischen Wissenschaft*, Düsseldorf.
Samuelson, P. (1986): Thünen nach zweihundert Jahren, In: Recktenwald, Samuelson: *Vademecum zu einem frühen Klassiker der ökonomischen Wissenschaft*, Düsseldorf.
Schneider, E. (1934): Johann Heinrich von Thünen, In: *Econometrica*, Vol. 2, No. 1.
――(1960): Hans von Mangoldt on Price Theory: A Contribution to the History of Mathematical Economics, In: *Econometrica*, Vol. 28, No. 2.
Schumacher-Zarchlin, H. (1868): *Johann Heinrich von Thünen: Ein Forscherleben*, Rostock.
Schumann, J. (1995): Hans von Mangoldt als Repräsentant der klassischen Nationalökonomie des 19. Jahrhunderts, In: Schefold (Hg): *Vademecum zu einem frühen Klassiker der Preistheorie*, Düsseldorf.
高増明・松井暁編（1999）:『アナリティカル・マルキシズム』ナカニシヤ出版.
Thünen, J. (1826): *Der isolierte Staat in Beziehung auf Landwirtschaft und Nationalökonomie* (1826), Neudr. nach d. Ausg. letzter Hand (2. bzw. 1. Aufl., 1842 bzw. 1850), Jena 1910. 近藤康男・熊代幸雄訳『孤立国』日本経済評論社、1989年.
―― (1850): *Der isolierte Staat in Beziehung auf Landwirtschaft und Nationalökonomie. 2. Teil* (=*Der naturgemäße Arbeitslohn und dessen Verhältnis zum Zinsfuß und zur Landrente*), 1. Abt., Rostock. 近藤・熊代訳『孤立国』.
渡辺和彦（1986）:「第9の歌詞対訳を比較する」、『音楽の友』44巻別冊号.
吉田真（2000）:「第9の訳詩を再検証する」、『音楽現代』12月号, 30巻12号.

第 4 章

歴 史 学 派

1 歴史学派という呼称

　一般に「歴史学派」とは、古典学派の演繹的・抽象的な理論的方法に対抗して経験的・帰納的な歴史研究の重要性を主張した学問的グループであるが、とくに歴史主義の伝統が強かったドイツで「ドイツ国民経済学の歴史学派（Historische Schule der deutschen Nationalökonomie）」を形成した。そこに属する人々として、先駆者としてのリスト、「歴史的方法」を提唱して学派の創始者とされたロッシャー、ヒルデブラント、クニースの「旧歴史学派」、シュモラー、ブレンターノ、ビューヒャーらの「新歴史学派」が挙げられることが通例となり、ゾンバルト、ヴェーバー、シュピートホフらを「最新歴史学派」（シュンペーター）と呼ぶこともある（田村 2006:「研究史」を参照）。

　しかしながら近年の研究の進展によって、従来の通説的理解には多くの誤解や誇張が含まれていたことが明らかになっている。そもそも「歴史学派」という呼称は、基本的にはメンガーとシュモラーのいわゆる「方法論争」において出現し、その後一般化したものである。メンガーは、「歴史的方法」を提唱したロッシャーらを批判して「ドイツ国民経済学者の歴史学派（Historische Schule deutscher Volkswirthe, Historische Schule deutscher Nationalökonomen）」(Menger 1883: Vorrede, XⅢ, Inhaltverzeichniss, XXⅥ, XXⅧ, XXXⅡ）と呼び、さらにシュモラーの反論に際してその研究を「歴史的・統計的な細密画」(Menger 1884: 37）として論難した。したがって「歴史学派」はいわば批判的呼称として登場したのであるが、後にシュモラーらが自ら「歴史学派」を自称するようになり、1890年

代以降ヴァーグナーが「オーストリアの理論学派」に対する「ドイツの新歴史学派」と呼んだことからしだいに「歴史学派」の呼称が定着するとともに、その創始者としてロッシャーらの世代が「旧歴史学派」として位置付けられるようになった（Takebayashi 2003: 46-7）。

つまり「歴史学派」という呼称は、「新歴史学派」によって歴史的・統計的研究が広がり、国民経済学のいわば「理論派」と「歴史派」の対立が明確となったときに定着し、「歴史的方法」をめぐって論議したものの、本来の意味での歴史的・統計的研究を遂行しなかった「旧歴史学派」が歴史学派の創設世代として位置付けられたのである。その意味で「歴史学派」に属する人々の範囲は、基本的には「主として歴史的・統計的研究に従事した国民経済学者」ということになる。本稿では、「歴史学派」の成立をシュモラーと結び付け、「旧歴史学派」の呼称を批判したシュンペーターにならって（Schumpeter 1954: 809, 507）、歴史研究を行わなかった「旧歴史学派」を「歴史学派の先行者」、「新歴史学派」を「歴史学派の旧世代」、「最新歴史学派」を「歴史学派の新世代」とし、そこにシュンペーターも含めて概説しよう。

2　歴史学派の先行者──旧歴史学派

いわゆる「旧歴史学派」と呼ばれる世代が活動したのは、1840年代以降のことであるが、この時代は工業化の進展にともなって、多数の領邦に分裂していたドイツの国民的統一の要求が高まるとともに、自由主義的な経済政策・貿易政策をめぐって論争が展開され、前段階のアダム・ミュラーやリストに代表されるようにイギリスの古典学派への批判が強まる一方、社会問題の発生によって社会主義・共産主義の立場からの古典学派批判も展開された時代であった。こうした時代にあってアカデミズムでは、ドイツ古典派の立場を継承しつつ、時代に対応した理論と事実あるいは理論と政策の新たな体系化が求められたのである。

1）ロッシャーの歴史的方法

　古代ギリシアのソフィスト研究によって学位を取得し、ライプツィヒ大学教授となった**ヴィルヘルム・ロッシャー**（1817-94）は、国民経済学・財政学・経済政策を対象とする国家経済学講座の講義のために『歴史的方法による国家経済学講義要綱』（以下『要綱』と略）(1843) を執筆して「歴史的方法」を提起した。『要綱』の内容は国民経済理論の解説を含む5巻本の『国民経済学体系』（以下『体系』と略）(1854-94) として大幅に拡大され、ラウの『政治経済学教本』（第1巻、1826）をしのぐ教科書となった。ロッシャーは「歴史的方法」によってドイツ古典派を継承し、歴史的・現実的記述の面で革新を図ろうとしたのである（詳しくは田村 1993a を参照）。

　ロッシャーの「歴史的方法」とは、「可能な限り抽象的に、すなわち可能な限り空間と時間のあらゆる偶然性を取り去って概念と判断の体系を求める」「哲学的方法（philosophische Methode）」に対して、「可能な限り忠実に現実の生を模写して人間的発展と関係の叙述を求める」ことを意味した。彼は歴史家と自然研究者の仕事が類似していることを強調し、歴史的方法の目標を「発展法則」の構成に置いた（Roscher 1843: 1-2）。後に彼は『体系』第1巻の序論でこうした論述を敷衍し、「哲学的方法」を当為（sollen）を問題にする「理想主義的方法」、「歴史的方法」を存在（sein）を問題にする「生理学的方法」とも呼び、政策的実践を生理学に基づく医学の処方になぞらえている（Roscher 1854: 24, 38, 42）。

　歴史的方法の精神に関わってロッシャーは、「政治的科学」としての国家経済学は法制史などの隣接領域と結び付ける必要があること、国民経済の研究には「現在にいたるまでの文化諸段階の研究」が不可欠であり、すべての国民経済の観察および古代国民との比較を通じて、「本質的なもの・法則的なものを見つけ出すこと」、歴史的方法は政策的実践を行う人々に制度の改廃について「ことごとに考慮しなければならない無数の事柄に注意を向けさせること」、が必要であると述べている（Roscher 1843: Vorrede, Ⅳ-Ⅴ）。

W. ロッシャー

ロッシャーの歴史的方法の背後には、政治経済学を「富の科学」として純化しようとする傾向に対して、公共善の実現を目指す「政治学」・「国家学」の一部門としての性格を色濃く残すドイツの政治経済学の伝統をふまえながら、政策的次元に事実を尊重して客観的に把握する「科学的」方法（帰納的方法）を導入しようとする問題意識が存在した。この点では「歴史法学派」よりもランケらの歴史主義の影響がある（丸岡2005）。彼は歴史的方法について「リカードウ学派」とは距離を置いているが、「マルサスやラウの方法に近い」と述べており（Roscher 1843: Vorrede, V, 150）、このことは、現実を誇張したモデルによって推論を行い、歴史的現実を無視してその結論を政策に適用しようとする立場を批判し、古典派経済学に含まれていた歴史意識と緻密な現状記述を回復しようとするものであったといえよう。彼は「科学」によって「国民経済政策の問題に関するあらゆる党派的闘争を調停」しようとしたのである（Roscher 1854: 44）。したがってロッシャーには、「歴史的方法」によって「古典学派」に代わる新たな学派を樹立しようとする意識はまったくなかった。

　しかしながらロッシャーの場合、歴史的方法による発展法則の獲得は歴史的事実からの帰納によって構成されたものではなかった。国民経済を幼年・青年・壮年・老年に区分し、生産要素の支配の観点から自然経済・労働経済・資本経済を分けた彼の発展段階論は、死者を含んだ「自然的衝動」をもつ国民的集合の「自然的産物」を「国民経済」とし、人間の生誕から死に至るサイクルのアナロジーとして構成されたものである。「自然法則」としての「発展法則」は最初から前提とされており、国民経済における諸事実は因果的に説明されるのではなく、「有機的生命体」からの「流出」として把握され、「国民経済」の統一性は形而上学的実体によって保証されていたのである（以上 Roscher 1854: 19, 23, 21）。こうしてロッシャーの膨大な『体系』は、歴史研究というよりも、国民経済理論を含んだ歴史的事実と制度の百科事典的性格を呈したのである。

2）ヒルデブラントによる倫理的科学の提唱

　自然科学をモデルとして「発展法則」を求めようとしたロッシャーに対して、国民経済学を「倫理的科学」とし、自然法則とは次元の違う「発展法則」を展

開しようと試みたのが**ブルーノ・ヒルデブラント**（1812-78）である。彼はロンドンで「ドイツ共産主義者教育協会」の会合に参加したことから「社会問題」に関心をもち、3月革命期にはフランクフルト国民議会の議員として自由主義的改革派の立場から経済問題に取り組み、イェーナ大学総長に就任するまで多彩な実践的活動に関わった。

　ヒルデブラントは主著『現在と将来の国民経済学』（1848）の課題を、「国民経済学の領域において根本的な歴史的方針および方法に道を開き、そしてこの科学を諸国民の経済的発展法則の学へと変えること」と述べている。彼の計画では、著書の前半を「現在の国民経済学体系の叙述と批判」にあて、国民経済学を「諸国民の経済的発展法則の学」へと変える課題は後半で行われることになっていたが（Hildebrand 1848: Vorrede, V-VI）、結局後半は出版されなかったために、彼の意図した「歴史的方法」の展開は、「実物経済・貨幣経済・信用経済」という発展段階論の提示のみにとどまった。

　ヒルデブラントによれば、「アダム・スミスとその学派」は、「私的エゴイズムがつねに必然的に公共の福祉をもたらすという」、「市民社会の原子論的見解」から出発し、国民経済学を「すべての時代と国民に絶対に妥当する法則をもつ理論」をそなえた利己的個人の「自然学」にしようとする「物質主義」、「抽象的コスモポリタニズム」の産物であった（Hildebrand 1848: 30-4）。他方でスミス学説の一面性を鋭く批判したアダム・ミュラーは、スミスとは逆に個人と国家の関係を逆転させてしまい、「根本的な歴史的研究が欠如」したために「理想とする国家を中世に見出すこと」になり、またリストもその発展段階論において、工業発展における「中世の仲介商業」および「重商主義による商業帝国と海上支配」の役割を無視し、「精神的・政治的文化の生誕地」である商業都市の意義を軽視してしまった（Hildebrand 1848: 52-4, 74-5）。他方でヒルデブラントは社会主義的・共産主義的な「社会的経済理論」を、当時の社会問題＝労働者の「大衆的貧困」の解決に努力し、国民経済学を「人間の利己の自然学ではなく、倫理的科学」へと変えようとしたことによって評価したが、その「社会主義的プラン」は画一的な統制のゆえに実現不可能であり、「エゴイズム」を抑圧することでむしろ「社会的苦難」を増大させ、人間の多様性とその相互作用

に基づく「人間文化を破壊する」ものと批判した (Hildebrand 1848: 275, 262, 271)。

以上の批判から明らかなようにヒルデブラントは、ドイツの工業化とともに広がった「大衆的貧困」の解決を求めるために、「自然学」としての国民経済学を、その一定の正当性を評価しつつ「倫理的科学」へと転換しようと試みた。その際彼は学問的根拠を、人間の経済的行為が同一の経過を繰り返す「自然的過程」ではなく、人間の意欲が実現され、人格の倫理的完成が目指される「心理学的経過」だとする見解に求めた。経済発展が生ずるのは、人間に内在する勤勉、企業精神、共同善への献身といった「倫理的力」としての「国民の精神的資本」が歴史的経過を通じて増大するからだと理解されたのである (Hildebrand 1863: 142-3, 141)。彼の有名な実物経済→貨幣経済→信用経済という発展段階論は、交換という「社会的要素」に規定される分配過程を経済発展のメルクマールと見なし、経済発展を「精神的・倫理的紐帯」の増大という観点から構成したものであり、信用経済の拡大の証拠としてヘルマン・シュルツェ-デーリッチュ (1808-83) の信用組合の発展が指摘されていた (Hildebrand 1864: 16, 45, 23. Anm. 30)。ヒルデブラントは社会問題の解決としてこうした自発的な協同組合組織の発展に期待をかけていたのであるが、後述するように、この立場は「マンチェスター派」のそれである。彼は社会問題の解決のために、「偏見なしに諸国民の具体的状態とその歴史的発展を研究し、大衆的貧困の多様な原因を究明」する必要性を強調したが (Hildebrand 1848: 274)、それは宣言にとどまったのである。

3) クニースにおける歴史的科学としての政治経済学

発展段階論の提示にとどまったヒルデブラントを継承し、「歴史的方法」について徹底的な理論的考察を試みたのが弟子の**カール・クニース** (1821-98) である。彼は師にしたがった自由主義的思想のためにスイスへ転出した後に、1865年にラウの後継者としてハイデルベルク大学教授に就任した。クニースの講座の後継者がヴェーバーである。クニースは『歴史的方法による政治経済学』(1853) を出版したが、ロッシャーやヒルデブラントに無視され、第2版『歴

史的立場からの政治経済学』(1883) も方法論争の陰に隠れてしまった。

　クニースは国民経済学を、「国家組織」の枠内にある「国家学・社会学」の一部門として「政治経済学」と呼び、これをヒルデブラントのように自然科学と対立させることに反対する。むしろこの学問の独自性は、人間の感覚的に知覚できる外的世界を対象とする「自然科学」と、人間の観念的な「内面的世界」を対象とする「精神科学」の両者にまたがる中間領域に存在することであった。クニースはこれを第3の科学として「歴史的科学」と名付けている。この学問の対象は外的世界であるが、そこで展開される現象は「人間の内面の精神的世界にさかのぼり」、「心理学的に動機付けられた連関」によって引き起こされる (Knies 1853: 4-6. 引用は以下第2版による)。しかも共同社会の前提となる与えられた自然的・精神的・社会的条件の多様性を考えれば、考察の対象となる現象は時代や国民によって具体的な「独自性」が刻印されざるをえない。クニースは「国民経済生活の領域において個別化を強制する大きな論拠」として、(1)自然的条件の多様性、(2)国民的性格の相違、(3)法制度・宗教・思想の人間の内面に対する多彩な影響を挙げている (Knies 1853: 61)。

　国民経済において「歴史的発展」として形成された「個別的なものと具体的なもの」がその「独自性」を刻印するとすれば、これまでの国民経済学でもっぱら問題にされた理論や法則の普遍性、すなわち「無条件的なもの、つまりすべての時代・地域・国民に対して同一の仕方で妥当するものを提示しようとする要求」は「理論の絶対主義」であり、時代や地域の多様性を無視して「国民経済法則」を求めようとすることは「理論のコスモポリタニズム」として批判されなければならない (Knies 1853: 24-5)。クニースによれば、不変の真理や法則とされたものは歴史的発展の産物なのである。したがって理論国民経済学における「一般概念」は「直観ないし仮説」であり、「類似性の法則」という言葉を使うことができても、「絶対的な同一の因果連鎖」という意味ではない (Knies 1853: 479)。

　しかしクニースにとって政治経済学とは、おびただしい事実の研究によって類似性や独自性を把握する際に「倫理的・政治的動機が『経済的』現象の協働的要因」として作用することから、「国民生活の倫理的・政治的最高目的の実

現」の観点に立って、一定の歴史的前提の上に成立した「純粋な経済的推論の帰結の修正」を遂行する「道徳的・政治的学科」にほかならなかった（Knies 1853: 424, 484）。しかも彼にとって、国民が文化的意味でまとまりをもつ「有機体」として実在的な存在であり、物体のように自然科学的因果性に服するのではなく、倫理的目的を実現する「意志の自由」の担い手として道徳の実現に向けて向上する存在であることは前提となっていたのである（小林 1999: 62-4）。

ロッシャーと異なってクニースは、国民経済理論の一定の規則性を承認しつつその妥当性を限定しようとしたのであり、その意味で既存の理論に対する「微温的性格」を特徴としていた（小林 1999: 61）。また政治経済学の「道徳的・政治的学科」としての性格の強調はヒルデブラントの問題意識を強く継承したものである。後に、クニースの晦渋であるとはいえ豊かな理論的考察は、講義を聴いたヴェーバーが高く評価したものの（八木 2004: 151）、本書の初版はロッシャーとヒルデブラントが黙殺したこともあって注目を引かなかった。1883年の再版では、後述するシュモラーの「国民経済学の社会学への拡大」に反発したが（Knies 1853: 8）、結局のところ、クニースの「歴史的経済学」は「歴史学派」によって乗り越えられてしまったのである。近年では、クニースの主著は『貨幣と信用』（1873-76）とする見方もある（小林 1999: 56）。

以上の意味でロッシャー、ヒルデブラント、クニースは歴史学派の創始者というよりも、政策的には「ドイツ・マンチェスター派」に近いドイツ古典派の歴史に関心を寄せた後継者と考える方が正確であろう。

3 歴史学派の成立

1）社会政策学会の結成

1871年にドイツ帝国が成立し、普仏戦争の勝利にともなう賠償金の流入によって投機ブーム「設立熱狂時代」が起こると、手工業・小営業の急速な没落と大企業の急激な設立によって貧富の対立が激化する一方、パリコミューンをきっかけとしてドイツにも革命の危機が醸成されていた。こうした新しい帝国の国民的分裂の危険を克服するために、社会問題を解決すべく自由放任主義の

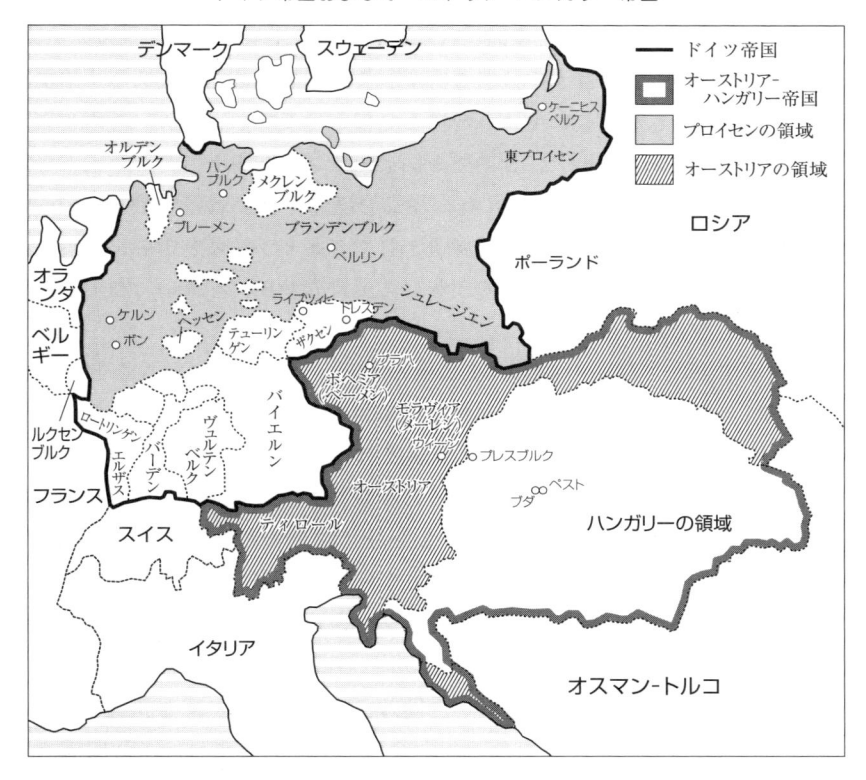

ドイツ帝国およびオーストリア-ハンガリー帝国

修正と国家的社会政策の展開を求めて結成されたのが「社会政策学会」である（結成の経過については田村 1993b: 17-23 を参照）。

　1850・60 年代には、ドイツ輸出工業の展開とドイツ東部のユンカー経営による農産物輸出を背景に、自由放任主義と自由貿易主義を旗印とするジョン・プリンス-スミス（1809-74）に率いられた「ドイツ・マンチェスター派」がジャーナリズムを中心に大きな影響力を及ぼすようになった。彼らは社会問題の解決に際して、「国家救助」を主張するラサールらの社会主義者に対抗して、シュルツェ-デーリッチュの協同組合に代表される「自助」をスローガンとしていた。しかしながら上述の情勢に対応してマンチェスター派内でも国家的社

会政策を認める傾向が高まり、その範囲をめぐって対立が生じたのである。H. オッペンハイム（1819-80）は国家的社会政策の限界を私有財産制の維持に求め、シュモラーらの主張を「個人の自由と所有」を踏み越える危険がある「講壇社会主義者」と非難した。これをきっかけとしてシュモラー、シェーンベルク、ヴァーグナー、ブレンターノ、エンゲル、クナップ、ヘルト、コンラートらが中心となって社会問題の解決を求める啓蒙的団体「社会政策学会（Verein für Sozialpolitik）」が結成された。ここを舞台としてシュモラーらを中心に遂行された社会政策のための歴史的・統計的な個別実証研究から、本来の「歴史学派」が形成されたのである。

　社会政策学会は工場法の制定、団結権の承認、住宅問題の解決などを要求し、制度的・立法的方策を通じて平和な労使関係、公正な所得分配、健全な市場競争を実現することによって、「わが国民のさらに大なる部分を、文化のもたらすあらゆる高度な財・教育・福祉に分かちあずからせること」を目的としていた（Schmoller 1872: 7）。しかしこうした社会改革の動きは、ドイツにおける労使関係の問題だけではなく、乳児死亡率の増加など社会衛生問題に見られる「産業化・都市化にともなう緊張とリスクの緩和、農業的経済から相互依存的な工業社会への移行、増大する労働階級の社会政策による市民社会への統合」といった当時ヨーロッパで進行していた同時代のアクチュアルな課題でもあった（Grimmer-Solem 2003: 3）。その学問的方法は、イギリスにおける貧困調査やフランスの社会調査などの統計的調査とフィールドワークを結び付けた経験的なモノグラフであり、「エンゲル係数」で知られるプロイセン統計局長 E. エンゲル（1821-96）が主宰した統計学ゼミナールの参加者（ブレンターノ、シュモラー、クナップ、ヘルト、シェーンベルク）に伝えられるとともに、社会調査の手法は社会政策学会からドイツに広がった（村上 2005: 17 以下）。その背後には、自然科学における新カント派、コントの実証主義、ミルの論理学、ヒューウェルの帰納法の影響があり、帰納的な経験主義こそが、党派的対立を克服する客観性の保障であり、経済と社会のための真の科学的研究を建設する手段であるとの確信が存在していた（Grimmer-Solem 2003: 61 ff., 153）。1880 年代以降の西欧諸国における歴史学派、制度学派、社会学の隆盛はこうした時代状況の反映であり、

リベラルな市民的社会改革主義の源流でもある（高 2004: 序章参照）。そして歴史学派の終焉は、近代産業社会への移行が終了し、政策のための調査研究が国家行政や地方自治体に「制度化」されたことと関係している。

　他方で社会政策学会の中心となった「講壇社会主義者」には2つの潮流があったことに注意しなければならない。両者ともマンチェスター派の転向者であるが、歴史学派の中心となるシュモラー、ブレンターノらは自由放任主義の修正を求める「社会自由派」のリベラリストであったのに対して、しばしば歴史学派に数えられる**アドルフ・ヴァーグナー**（1835-1917）、グスタフ・シェーンベルク（1839-1908）らは、「資本主義」を危険視する「国家社会主義者」であり、さらに研究の重点を経験的調査研究ではなく、「孤立化的方法」による抽象的経済理論と「歴史的方法」を結合する国民経済学の体系化に置いていた。ラウの弟子でもあったヴァーグナーは E. ナッセ、H. ディーツェルらとともに一貫してラウの教科書の改訂と新たな体系化に取り組み、シェーンベルクの『政治経済学ハンドブック』（1882）も内容的にラウの3巻の構成を踏襲している（Takebayashi 2003: 378-9）。しかも彼らはビスマルクに近い「社会保守派」であり、学会内でのいわゆる社会保険立法の推進者であった。シュモラーと G. F. クナップが社会保険立法を支持したのは、その見返りに大胆な社会立法を期待していたからであり、シュモラー、ブレンターノ、クナップは1878年の社会主義者法に反対したのである（田村 1993b: 18, 142, 246 以下 ; Lindenlaub 1967: 85, 217f.; Grimmer-Solem 2003: 76, 198, 201）。これをきっかけとして学会は事実上分裂状態に陥り（国家社会主義者がボイコット）、1880年代以降シュモラーを中心として調査研究に重点を移すようになった。学会は後にオーストリア学派、ワイマール期にはマルクス主義者も加わり、ドイツ語圏経済学の総合的なフォーラムとなった。

2）方法論争と歴史学派

　前述のように「歴史学派」という呼称は方法論争以降に定着したのであるが、直接の論争は、メンガーの著作（Menger 1883）に対するシュモラーの書評（Schmoller 1883）とメンガーの反論（Menger 1884）である。メンガーは国民経済

学の理論研究を、例外のない「自然法則」を探求する「精密的方針」と、例外を含む「発展法則」のような「経験的法則」を求める「現実主義的・経験的方針」に分け、前者の非経験的抽象理論の優位性を主張しつつ、経験的研究から「精密法則」を獲得しようとする歴史学派を厳しく批判した（Menger 1883: 31 ff.）。メンガーによれば、前述の２つの方針の混同はドイツの政治学と歴史学に端を発してラウに引き継がれ、ロッシャーの「歴史的方法」によって決定的となった。しかし主著『国民経済学原理』をロッシャーに捧げたメンガーは、法則を否定したクニースの方法論を批判しつつ、ロッシャーの「歴史的方法」を「経験的法則」の探求に軌道修正し、合わせて抽象的理論研究の優位を主張したと考えることもできる（Takebayashi 200: 61 ff.）。

シュモラーが反発したのは、メンガーの「精密法則」と「経験的法則」という「本質主義」（塩野谷 1995: 138）の立場からの二元論的構成であった。シュモラーは実証主義の立場から、経験的個別研究と精密理論を「架橋されがたい断絶」ではなく、「個別的なものの学問」を「一般理論のための準備作業」と位置付けた。彼によれば「社会科学の、部分的にはとりわけまた国民経済学の状態は、その比較的に大きな進歩にもかかわらず」「暫定的な、まだ疑わしい、部分的に時期尚早の一般化の総和」から成り立っており、すべての経済現象を「原因と結果に即して記述」すること、とりわけ理論経済学者が「国民経済の本質」と前提している「西ヨーロッパの現代」における「経済現象のすべての本質的原因」を検討すること、これが焦眉の課題と意識された（Schmoller 1883: 977, 983, 981）。

シュモラーはこうした主張によって既存の国民経済学理論を脇に押しのけてしまった。彼からみれば、「利己心」に依拠する国民経済学は前述の社会政策的立場を理解しないものであり、個別研究に基づく新たな「一般化」が必要とされたのである。その意味で論争は理論的研究と歴史的研究の優位をめぐるすれ違いに終わり、シュモラーが送られてきたメンガーの反批判（Menger 1884）をそのまま返却したところで終わってしまった。論争を公平にみれば、法則や理論の論理的機能を十分把握しておらず、素朴な実証主義の感が否めないシュモラーの劣勢は明らかであるが、シュモラーは経験的研究と抽象的理論研究の

関連という重大な問題を提起したのである。

　方法論争におけるシュモラーの立場は歴史学派のなかでも特異なものである。彼以外の人々は抽象的経済理論と実証的歴史研究の共存を模索していた。ブレンターノは抽象的理論経済学の一般理論としての存在意義を認めながら、しかしそれは「利己心からの演繹」であるために、現在の社会問題を解決できないと考えた。ウィーン大学就任講演「古典派経済学」で彼はメンガーを批判し、後述する「歴史的・現実主義的処理法」によって「経験的経済学」の優位を主張した。その際ブレンターノは、「歴史的国民経済学」への発展に対するロッシャーの段階論的思考を高く評価し、「国民経済の形態学」を構想する観点から工業経営形態の発展段階を提起したマルクスと批判的に取り組んだ。メンガーはブレンターノによる理論経済学の軽視には反発したが、経験的経済学の位置付けは認めたために、これによっていわば理論学派と歴史学派のすみわけが成立した。こうしてブレンターノのマルクス批判を介して経験的調査研究と経済発展段階論を統合する端緒が開かれ、これを受け入れたシュモラーが自ら「歴史学派」を名乗るようになったのである（Takebayashi 2003: 64-7）。

3）シュモラーの歴史研究と経済社会学

　テュービンゲン大学で学んだ後プロイセンに移り、シュトラスブルク大学、ベルリン大学教授を歴任し、社会政策学会会長（1890-1917）となった**グスタフ・シュモラー**（1838-1917）は、進行しつつあった産業発展を前提とする立場から社会問題の解決に取り組み、賃金低下の道徳的限界を指摘したJ. S. ミルの賃金論に依拠しつつ、労働者の「生活水準」の向上のために、彼らの「内面的・倫理的理解」に基づく「経済学の倫理的基礎付け」を提唱した（田村1993b: 87以下）。当初彼はこうした向上が「自助」によって達成されると考えていたが、『19世紀ドイツ小営業史』（Schmoller 1870）の執筆によって、国家的社会政策の必要性を痛感したのである。彼はフィールド調査に基づく「精密な歴史研究」によって、手工

G. シュモラー

第4章　歴史学派　　113

業・小営業の没落の背景に伝統的手工業に固執する「心理」が潜んでいること、そうした産業部門では加工業を中心に必ずしも大企業が支配せず、小企業家への上昇が可能な分野が多く存在すること、小企業が成功するためにはマーケティングや簿記、最新の技術・技能などの経営的・技術的知識が必要であることを指摘し、「企業精神」を付与するために国家による普通教育と実業教育の展開を要求した (Schmoller 1870: 117, 198 f., 697 f., 679, 695, 325; 田村 1993b: 第 2 章参照)。

　本書の執筆によってシュモラーは、経済を営む人間が多様な心理的原因に規定されており、経済的合理主義や企業精神は「利己心」から必然的に生ずるものではないことを確信した。彼によれば、技術革新に敏感で、高賃金によって労働者の能率を最大限引き出そうとする「有能」で「合理的」な経営者こそが近代的な経済発展の推進者であるが、彼らは長期的な視野から冷静に利潤追求を遂行するのであって、むしろ「無制限な利潤追求を抑制」する「適度な利己心」の持主にほかならない。彼の社会政策論は経済を無視した倫理的観点から行われたのではなく、制度と心理の観点から市場の経済合理性を高めようとするものであり (Priddat 1995: 275)、そうした観点からの経済成長論でもあった。ここから既存の国民経済学に対する批判が生じた。

　シュモラーによれば「国民経済組織」は、従来の国民経済学が問題とした「自然的・技術的原因」と「心理学的・倫理的原因」から成立し、国民経済学は「後者の系列の原因も徹底的に究明されたときに、厳密な意味で科学となる」(Schmoller 1874: 57)。後者はヒルデブラントやクニースが重視した論点であり、これを実証科学の対象としたところにシュモラーの新味が存在した。こうした意味で彼は、従来の国民経済理論を「暫定的な一般化」と見なし、それを含んだいわば社会学的総合を求めた。彼は「心理学的・倫理的原因」を、国家と社会における規範的共同意識という意味で「共同のエートス」と呼んでいるが、このエートスの存在によって人々は個々ばらばらの存在ではなく、集団・組織を形成することになる。したがって彼がこの原因を徹底的に究明しようとするとき、それは社会における集団・組織形成の原因を問題にすることであり、それを彼は、官房学と抽象的経済理論の折衷である「ラウの古い体系」を乗り越えて「国民経済学を社会学へ拡大する」と表現した (Schmoller 1882: 1381-2)。

シュモラーがメンガーと対立することになった最大の理由はこれであり、シュンペーターが、アメリカにおける W. C. ミッチェルらによる「科学的認識の進歩」の先駆として評価した「シュモラーのプログラムの経済学」はこれである (Schumpeter 1926: 154, 170)。

シュモラーはこの展開を、心理学による人間心理の発達過程を根拠としつつ、歴史的な制度の分化と進化の過程として把握しようと試みた（「歴史的・倫理的方法」）。社会政策は「配分的正義」の実現と理解され、都市経済・領邦経済・国民経済という発展段階論を提示した有名な重商主義論においては、規範的共同意識の担い手である政治家・官僚の指導による経済圏の空間的拡大と内部分業圏の深化が決定的契機とされた（田村 1993b: 第4、6章）。ここで示された中世都市を基点とする商業の展開と「国民経済」圏の拡大という歴史把握は、歴史学派の共有財産となったのである。

さらにシュモラーは1889年以降分業論、社会階級論、および「人類の経済生活を企業の発展という観点から総合的に描こうとする最初の野心的な試み」(Takebayashi 2003: 81) である「企業の歴史的発展」に取り組み、これらの経済社会学的歴史研究の成果を主著『一般国民経済学要綱』(1900-04) で提示した。ここではいわば壮大な経済の文明史が展開され、原始社会、家父長的家族と家経済（自給経済）の成立、家父長制家族からの企業の分離（近代的市場社会）という3段階把握を基礎として、政治的・法的・経済的に多様な——所有、婚姻、市場、貨幣、営業などの——制度が複雑な形態に分化・進化し、この「共同生活の部分的秩序」としての制度を動かしていく——氏族・家族・協同組合・ゲマインデ（地方自治団体）・国家といった——「機関」の内部において「共同のエートス」が支配し、さまざまな軋轢や闘争を「平和化」・「倫理化」することによって、制度的進化が文化的・倫理的進歩として現われてくる過程が描かれた (田村 1993b: 第7章; 田村 2006: 第5節; Takebayashi 2003: 93 ff.)。

こうしたシュモラーの経済社会学研究は、スペンサーの社会ダーウィニズムと W. ディルタイの心理学に強く影響を受け、「自然的・技術的原因」と「心理学的・倫理的原因」が組み合わされた「歴史哲学的構成」となっていた。これこそゾンバルト、ヴェーバー、シュンペーターが直面し、乗り越えようとし

たものであった。

4）ブレンターノの労働組合研究とマルクス批判

　ゲッティンゲン大学でテューネンに関する論文で学位を得た後、ベルリンのプロイセン統計局に入った**ルーヨ・ブレンターノ**（1844-1931）は、社会問題の解決案として「利潤分配制度」を提案していたエンゲルのイギリス視察旅行に随行したが（Brentano 1931: 45）、当地に残ったブレンターノは労働組合主義者に転身し、研究成果を『現代の労働者ギルド』（Brentano 1871-72）として公刊した。シュモラーがこれを「精密な歴史研究」として激賞したことによって社会政策学会の模範的研究となったのである（田村 1993b: 17）。

　ブレンターノによれば「理論経済学」は、「最高の純収益が各個別人間経済の目的」であり、「各個人がこの目的の達成に必要な洞察力とエネルギーを身につけていることを仮定」することから出発する。しかしこうした「前提の非妥当性」を現実に補完するものが労働者の団結組織である労働組合であった（Brentano 1871-72: Ⅱ, Vorrede, Ⅸ-Ⅹ）。労働者は労働を「商品」として販売するが、他の商品と異なって労働が「販売者の人身と不可分」であるために、労使間には「強者」と「弱者」という支配と従属の関係が生じ、貧困が余儀なくされる。労働組合はこうした「労働者の不利益」を取り除き、彼らを「他の商品の販売者と対等にする」ことによって、労働市場における自由競争の仮定は現実になる。（Brentano 1871-72: Ⅱ, 11, 26）。その場合、労働の購入にあてられる資本は資本家が労働生産物を消費者に供給する一連の過程における「運送手段」にすぎないとの見解から、賃金は資本家のもとにある固定的な元金から支払われるとする「賃金基金説」が否定された（Brentano 1871-72: Ⅱ, 201）。これが後に賃金引上げと労働時間の短縮が作業能率を向上させるとする「高賃金の経済」論の根拠となる。シュモラーとの対立の一つの原因は、彼が賃金基金説の短期的妥当性を主張していたからである（田村 1993b: 159 以下）。

L. ブレンターノ

さらにブレンターノは、労働組合の正当性と必然性をギルドの歴史的展開のなかに位置付けようと試みた。彼は、ゲルマン民族におけるギルドの誕生から市民（商人）ギルドを経て手工業者ツンフトにいたる変遷をたどり、時代が転換する過渡期では「旧秩序の解体」によって「従来からの保護を失った弱者」が自らの利益の防衛のために「緊密な団結」である「ギルド」に結集したこと、このような「支配的精神」の「現代における最新の現象」が労働組合であること、を強調した（Brentano 1871-72: II, 314-5）。

　この結論は方法論的にいえば、「利己心の原理」から「競争の原理」だけを演繹する「理論経済学」に対して、コントとミルに依拠しつつ、「帰納を用いて、さらに利己心の原理からの演繹によって検証して」、「強者は競争の原理、弱者は団結の原理」とする「二つの命題」への到達を意味した（Brentano 1871-72: II, 317）。つまり労働組合という特殊な対象の実証的研究結果を、歴史研究を通じて人間性の一般的命題から演繹し、検証したのである。こうした意味で「抽象的経済学」は、「歴史法則」としての「経験的法則」を引き出す「経験的経済学」によって補完されねばならなかった。

　以上の立場からブレンターノはメンガーを批判したのであるが、そこでは経験的経済学の観点からマルクスに対する批判も存在していた。マルクスは『哲学の貧困』（1885）において、資本制におけるマニュファクチュアから大工業への発展の契機として分業と技術の変化を重視していた（「手織機は封建領主をもつ社会を生み、蒸気織機は資本家をもつ社会を生み出す」）。これに対してブレンターノは、重商主義による世界市場の成立と商業の発展を決定的な契機と見なしつつ、利己心の現象形態である「最大限の利潤」を志向する「商業精神」が封建社会に浸透し、「販売関係の変化」によって成立した手工業的家内工業を資本主義的企業の端緒と考えた（Brentano 1888: 27 f.; Takebayashi 2003: 93）。

　こうした見解の背後には、シュモラー、クナップ、ブレンターノ、コンラートの指導下で1870年代後半から行われたシュティーダ、トゥーン、シュナッパー-アルント、ザックス、バイン、シャンツ、ヘルクナーといった歴史学派の若手研究者による問屋制度や工場に関するフィールド研究とそれに基づく経営形態の段階論が存在していた（Takebayashi 2003: 174 ff.）。しかしブレンターノ

自身はこれ以上の詳細な歴史研究を行わず、歴史における商業の展開とその制限からの解放という観点から、後述するゾンバルトやヴェーバーの研究の批判にとどまってしまった。前述の方法論的立場からうかがわれるように、ブレンターノは「抽象的で理論的な基準」を「現実の分析」にそのまま適用し、「具体的な論及」をほとんどせずに結論を出す傾向があったのである（加来 1999: 23-4）。

5）ビューヒャーの経済発展段階論

ブレンターノが提起した資本主義的企業の発展形態（国民経済の形態学）の問題を労働形態と経営形態の類型論・段階論を踏まえた経済発展段階論として精緻に展開したのが**カール・ビューヒャー**（1847-1930）である。ボン大学・ゲッティンゲン大学で学び、フランクフルト新聞社に入社した後に研究に転じた彼は、1892 年ブレンターノの後任としてライプツィヒ大学に招聘された。彼は無名の存在であったが、『国民経済の成立』(1893) によって一躍有名となり、社会政策学会の膨大な手工業調査ではリーダーの役割を務めた。

ビューヒャーはメンガーの方法論を高く評価し、「現在の国民経済生活の法則」を把握しようとする「スミス主義」と、「諸国民の経済的発展法則の学」を構築しようとする「国民経済学の歴史的方向」を共存させようと試みた。そのために彼は、歴史研究を事実の収集と形態の記述だけではなく、「孤立化的方法と論理的演繹」を適用して現象の本質の把握と歴史的因果関連を確定することが必要と考え、「典型的純粋性」を示す静止画の継起的段階として歴史的段階を把握しようと試みた（Bücher 1893: 5, 8 f.; Takebayashi 2003: 105 f. なお、ビューヒャーのこの部分は『国民経済の成立』第 2 版以降削除された）。彼によれば、リストやヒルデブラントの段階論は、原始状態を除くすべての時代に財の交換に基づく国民経済が存在し、「経済生活の基本的現象はいつの時代にも本質的に同一である」ことを前提としていたが、国民経済に至るまでには長期にわたって「交換流通のない」経済や「国民経済と呼べない交換形態」が存在してきたのである。こうした歴史的経過を「財が生産者から消費者に到達する道程の長さ」を基準として提示したものが、封鎖的家経済－都市経済－国民経済という発展段

階論である（Bücher 1893: 14 f.）。

　(1)古代と中世初期をモデルとする封鎖的家経済は、「生産から消費にいたるまでの経済の全循環が家（家族、氏族）の閉ざされた領域内でおこなわれ」、営利経済と家政の区別も存在しない自給経済である。隷属的な不自由労働の編成によって家経済の規模が拡大し、不定期の交換と貨幣が登場するが、消費財は交換の対象とはならず、家経済の内部構造に変化はなかった（Bücher 1893: 15 ff.）。(2)中世都市を念頭においた都市経済は、都市と周辺農村民の「防衛団体」として成立した中世都市が市場制度の形成を通じて農業生産物と工業生産物の「直接的交換のシステム」（顧客生産）を展開したものである。規則的交換と貨幣の浸透によって交換価値、地代、賃金が成立するが、近代的信用制度が欠如していたために資本は少なく、卸売商業と商業利潤は例外的にのみ存在した（Bücher 1893: 46 ff.）。(3)国民経済は、中世末期以降の絶対主義的国民的統一国家の形成と重商主義的政策による「対外的に封鎖された国家経済の創出」の結果として成立した。卸売商業の発展にともなって商品生産と財の流通が一般化した結果、近代的信用制度や貸付資本の成立とともに商業資本によって問屋制度が発展し、さらにはマニュファクチュア・工場における分業に基づく大量生産とともに賃金労働者層が成立する（Bücher 1893: 140 ff.）。

　ビューヒャーは、この発展段階論を工業の経営形態の発展（家内仕事－賃仕事－手工業－問屋制度－工場）や労働編成のシステムと結び付けて展開した。こうした段階論はシュモラーとのオリジナリティをめぐる論争を引き起こしたが、他方で、経済の段階的発展の発想を批判し、古代ギリシア・ローマにおける商業的発展と近代国民経済との類似性を主張する古代史家エドゥアルト・マイアー（1855-1930）による厳しい批判、さらに手工業史における賃仕事（顧客の下での出仕事）の一般的存在を否定したゲオルク・フォン・ベロウ（1858-1927）の批判にさらされた（詳しくは Takebayashi 2003: 144-8; 牧野 2003: 第4章、を参照）。このような歴史家からの批判によって歴史時代と段階概念の関連が問題になり、この問題を強く意識したのがヴェーバーである。その意味でビューヒャーの研究は、新世代による歴史研究を橋渡しする重要な媒介項となった（石田 1986）。

6）クナップの制度史的研究

　以上、方法論争との関わりで歴史学派の旧世代を概観したが、方法論争に参加しなかったものの、歴史研究と理論研究に大きな足跡を残した**ゲオルク・フリードリヒ・クナップ**（1842-1926）の名前を逸することはできない。エンゲルの統計学ゼミナールとシュトラスブルク大学でシュモラーと同僚だった彼は、社会政策学会においても側近として終始シュモラーを補佐しつつ、農業制度史と貨幣制度史で卓越した業績を残した。

　東部ドイツにおける農業労働者問題の歴史的由来を探求した『農民解放と旧プロイセン領における農業労働者の起源』（1887）は、東ドイツの農場領主制のもとにおける領主・農民関係が、保有地の割譲を特徴とする 19 世紀初頭以降のプロイセン農民解放を通じて、領主農場の拡大と中産的農民の没落による資本主義的大農場経営（ユンカー的大経営）へと転化したことを明らかにしたドイツ農業史、とりわけ「プロイセン農民解放史」の先駆的労作である。本書の特徴は、農業労働者問題の発生を景気循環史・恐慌史的ではなく、もっぱら「農業制度史」の観点から追求し、封建的負担から農民を解放する過程において、「国家の沈黙」によって「農民の利害」ではなく「グーツ所有者の利害」が貫徹した結果、貧しい農業労働者（インストロイテ）が発生したことを強調した点にある（Knapp 1887: 324, 294; 及川 2007: 10）。こうした立場は、国内植民政策（ユンカー経営の削減と経営的農民の拡大）によって農業労働者問題の解決を図ろうとする彼の社会政策的立場の反映であった。シュモラー自身はクナップの研究の「一面性」を批判したが（及川 2007: 12）、本書は、シュモラーの小営業保護政策と同様に、講壇社会主義者による「公正な所得分配」を実現しようとする観点から遂行された典型的な歴史研究であった。

　他方『貨幣国定学説』（1905）は、「貨幣は法制の創造物」とする立場から、貨幣の価値単位を金属量にもとめる「金属主義」を批判し、価値単位を国家による歴史的な法制の産物とする「名目主義」の立場を打ち出したものである（Knapp 1905: 1, 7, 9）。クナップによれば、貨幣の本質は「支払手段」にあり、貴金属が「交換財」となったのは、歴史的に国家が法的に貴金属を「支払手段」

として決定したからである (Knapp 1905: 2-3)。彼はみずからの問題意識について、「本位通貨は金属の属性によってではなく、通商政策的に重要な近隣諸国の為替相場に対する有効な作用という目的から選択される」と述べ、貨幣制度の「理論的」・「哲学的」考察は、「国家学の一部門として」行われるべきと主張している (Knapp 1905: Vorwort, VI)。その意味で本書は、国民国家ドイツの通商政策的利害を背景にしつつ、国民経済学が国家学の一部であることを強く意識した立場から遂行された貨幣制度論である。その点で国民経済学を社会学へ拡大しようとしたシュモラーとは異なって、クナップは国家学の伝統に忠実であった。

『貨幣国定学説』は、クニースの『貨幣と信用』を「歴史的方法から完全に離れている」(Weber 1903-06: 42) と指摘したヴェーバーによって高く評価され、彼の貨幣の社会学的考察に大きな影響を与えた (田中 2001: 129-30)。その意味でクナップの歴史的・理論的な制度研究は、純粋な経済理論とは異なる「経済に対する広義の歴史学派的思考法」(田中 2001: 131) を典型的に示したものとして重要である。

4　歴史学派の新世代

1）社会政策学会における世代間対立

　シュモラーらが新たな歴史研究に取り組んだ1890年代は、ビスマルク退陣後に政策転換が行われ、社会政策学会が要求した政策が部分的に実現される一方、工業化のいっそうの進展と帝国主義政策の展開によって社会政策が「産業負担」として攻撃され、「講壇社会主義者」に対する攻撃が激しくなった時代であった。その結果として産業界から大学人事への介入が行われるようになり、国家的社会政策のあり方や学問的客観性が大学人事問題と結びつきながら問題となったのである。こうした時代背景の下で社会政策学会では経験的調査研究から育った新世代が台頭し、社会政策や歴史研究をめぐる歴史学派の旧世代との対立が表面化し、「世代間闘争」(Lindenlaub 1967) の様相を呈した。この対立において批判の対象となったのは、1890年代から学会活動に復帰し、国家社

会主義的な立場から資本主義を倫理的に批判していたヴァーグナーであり、官僚主導による政策展開を擁護し、小営業保護政策を主張していたシュモラーであった。新世代からみれば彼らは、大経営・大工業の発展を阻害する「保守派」にほかならず、「シュモラー、ヴァーグナーの学問的伝統からの離脱」(Lenger 1994: 48) が問題となり、とりわけ歴史学派の新世代にとっては理論的研究と歴史的研究の統合という意味で、「方法論争」の克服が課題となったのである。

　こうした対立を表わすキーワードが「資本主義 (Kapitalismus)」である。この対立は、「資本主義」の展開を阻止しようしようとする旧世代とそれを促進しようとする新世代との対立として意識されたが、それは封建制と対立する一般的な意味での「資本主義」ではなく、官僚主導型の社会政策や小営業保護政策は大経営の発展とそれを物質的基礎とする「資本主義文化」の展開に抵抗するものと理解されたからである。しかも資本主義の「不可避性」の主張は、単なる資本主義肯定論ではなく、物質文化に対する懐疑的態度を随伴していた（田村 1993b: 362 以下; 田村 1996-97:（二）26 注7）。そしてこの用語を普及させ、資本主義研究をリードしたのがゾンバルトとヴェーバーであった。

　他方でこの時代はヨーロッパ各地における商科大学や商学部の新設に見られるように、工業化の進展にともなって「経済学教育の制度化」が開始された時代であり、経済学カリキュラムの歴史、実証研究、応用分野への拡充によって、理論と歴史の優位をめぐる「方法論争」は事実上決着の方向に向かっていた（西沢 2007: 第4章）。ゾンバルトやヴェーバーの大学との関わりもこうした動向と結び付いていた。強引な大学人事政策としてしばしば批判の対象となったプロイセン大学局長 F. アルトホフは、シュモラーと結んで多くの弟子を新しいポストに送り込んだが、ゾンバルトのブレスラウ大学への就職は、国民経済学第2講座開設にともなう「アルトホフ体制の典型的人事」として実現した (Lenger 1994: 42)。アルトホフとの確執が知られているヴェーバーも単なるクニースの後継者としてではなく（クニースはヴェーバーの招聘に強く抵抗し、シェーンベルクを推した）、経験的調査研究に基づく「実践的で重要な近代科学」としての「政治経済学」の適任者として招聘された。彼は病気によって正教授職を退いた

1903年以降も新しい研究と結び付いた歴史・実証・政策部門の充実に強い意欲を抱いていたのである（野崎 2004-07:（1）56,（5）-（7）参照）。

2）ゾンバルトの近代資本主義研究

社会政策学会設立メンバーでもあったアントン・ゾンバルトの子息として生まれた**ヴェルナー・ゾンバルト**（1863-1941）は、ベルリン大学のシュモラーの下で学位を取得したが、マルクスを高く評価したために「マルクス主義者」とされ、ブレスラウ大学、ベルリン商科大学で長く員外教授を務めた後に、1917年ヴァーグナーの後任としてベルリン大学教授となった。

ブレスラウで家内工業調査に従事して社会政策学会の手工業調査にも協力し、当時の家内工業研究に刺激を受けたゾンバルトは、国家社会主義的な立場からの倫理的な資本主義批判ではなく、「資本主義的に秩序づけられた経済生活の経験的形成」を叙述したものとしてマルクス『資本論』を高く評価する一方、そこから搾取論と窮乏化論を取り除き、「利潤の蓄積」を推進力とする「反倫理的」な「経済発展の理論」として受け入れた（Sombart 1894: 559, 556 Anm. 1）。彼は「革命家」マルクスではなく、「経済学者」マルクスを評価したのである。ゾンバルトはこれによって経済理論と歴史研究を結び付け、方法論争を克服するとともに社会政策に新たな地平を切り開こうと試みた。こうした野心的な著作が初版『近代資本主義』（Sombart 1902）である。本書は「資本主義の発生」（第1巻）を「経験的・偶然的」に解き明かすとともに、「資本主義発展の理論」（第2巻）において、資本主義的利害が経済社会を「法則的・必然的」に変容していく過程を分析することによって、「経験と理論」の統合を果たそうとするものであった。

ゾンバルトによれば、資本主義はヨーロッパ中世社会から出現したが、それは、経済生活の目的（身分的生計）と労働が「人格の表現」として分かちがたく結び付いた手工業経済（欲求充足原理）から、経済生活の目的（営利）が経済主体の人格から分離して資本主義的企業組織そのものに体現化され（抽象化）、利潤追求が経済主体に対して強制的に課せられ（客体化）、無限化される「非人間的」なシステムとしての「資本主義」（営利原理）への転換とされた。その際彼

は、手工業から資本主義への転換の推進力を単に貨幣経済の発展によって生じた利潤への欲求（ブレンターノの「商業精神」）と理解するのではなく、特定の歴史的事象の連鎖の帰結と考えた。すなわち彼は、資本主義成立の歴史的背景を十字軍遠征と商業の復活によって生じた急速な貨幣経済の展開としながらも、ルネサンスと啓蒙主義による複式簿記の普及とそれに基づく経済的合理主義が浸透したことによって経済主体の側に転換が生じたと見なし、これを利潤欲と計算感覚・経済的合理主義が独自に結合した歴史的個体として「資本主義的精神（Kapitalitischer Geist）」と名付けたのである。これが資本主義の内面的推進力であり、古典派経済学者がモデルとした「経済人」はこの「資本主義的精神」の体現者であるとされた。さらに特徴的なことは、資本の成立（本源的蓄積過程）を、手工業経済とそれと結び付いた商業（欲求充足原理による交換としての商業）ではなく、貨幣経済の急速な発展で生じたイタリア諸都市における地価・地代・家賃の高騰と都市ブルジョアの急速な資金蓄積に求めたことである（地代蓄積説）(Sombart 1902: I, 76 ff., 196 f., 394 f., 291; 田村 1996-97:（一）13-4, 17, 24, 20）。

　ゾンバルトにおいて初期資本主義は、重商主義によって抑圧されるものと理解され、高度資本主義時代になって農業における資本主義の浸透と工業における大経営の発展・企業集中を通じて「経済発展」が実現する。経済主体は「人格的なものの偶然性」から解放され、たえざる技術「革新」と産業の「計画的コントロール」を可能とする一方、消費産業と商業・信用機能の拡大による「大都市」の成長とともに、資本主義的中小企業および新中間層の出現と高賃金の可能性によって、購買力を豊かにもつ「大衆」社会（奢侈の民主化）が成立した。これは経済的には資本主義企業による手工業・家内工業の駆逐の過程であり、社会的には「共同体」からの「個人主義的解放」と経済の非人格化・経済プロセスの「事象化（Versachlichung）」にともなう資本主義的「物質文化」の支配の過程として把握された。こうして彼は、資本主義の促進にとって「手工業・家内工業の保護」が無意味であることを主張したのである（Sombart 1902: II, 99 f., 63 f., 215 ff., 258 ff., 465; 田村 1996-97:（二）229 以下, 227, 232-5, 239 以下）。

　本書は中世の商業の性格と地代蓄積説をめぐって大きな論争を引き起こしたが、とりわけ中世史家ベロウがその理論的考察を高く評価する一方、中世商業

による利潤蓄積を主張して厳しい批判を行った (Takebayashi 2003: 219 ff.; 牧野 2003: 144-7)。やがてゾンバルトは本書の大改訂を企て、『ぜいたくと資本主義』(1913)、『戦争と資本主義』(1913) を準備的著作として全3巻からなる第2版『近代資本主義』(Sombart 1916-27) を上梓した。第2版は初版の基本的構想を維持しつつ (地代蓄積説の維持)、重商主義期における資本主義発展の要因を積極的に論じる一方、資本主義的「物質文化」の進行と大衆社会状況に対する悲観的見方が強まり、前資本主義的な自給的小農業と手工業の再評価をともなう「資本主義終焉論」(後述) が前面に出るようになった。シュンペーターは後にゾンバルト『近代資本主義』(初版) を「歴史学派の頂上をきわめる業績」(Schumpeter 1954: 816) と賞賛したが、ゾンバルトこそ新世代の「資本主義」パラダイムの創始者にほかならない。

3) ヴェーバーによる資本主義概念の拡張

　ゾンバルト『近代資本主義』(初版) の問題提起に決定的な刺激を受けながら、マイアーやベロウによる歴史学からの歴史学派批判を深刻に受け止め、資本主義の宗教的基盤の探求を起点として、近代西洋における合理的文化の因果的連鎖を解明しようと試みたのが**マックス・ヴェーバー** (1864-1920) である。ベルリン大学で『中世商事会社の歴史』(1888) によって学位を取得したヴェーバーは、企業の歴史的発展を研究していたシュモラーに評価され (Takebayashi 2003: 98 f.)、さらに社会政策学会による農業労働調査の報告『東エルベの農業労働者事情』(1892) で注目されてフライブルク大学教授に就任した。ハイデルベルク大学への転出後、精神的疾患に悩まされたために1903年以降正教授職を退いて正嘱託教授となり (野崎 2007: (7))、1919年ブレンターノの後任としてミュンヘン大学正教授に復帰した。

　前期の代表作「プロテスタンティズムの倫理と資本主義の精神」(以下「プロ倫」と略) (1904-05) の執筆に際してヴェーバーは、理論と歴史の関連を問題にした。彼は、社会科学を「生の現実をその特性において

M. ヴェーバー

理解」しようとする「文化科学」(リッカート)の立場から、メンガーの抽象理論、ビューヒャーの段階理論、ゾンバルトの近代資本主義論を、すべてその特徴を際立たせるための概念=「理念型」と解釈した。彼はこの「理念型」を歴史的現象の因果帰属のための方法として駆使することによって、「倫理的進化論」と「心理学主義」に陥ったシュモラーを批判し、方法論争を独自に克服しよう試みた (田村 1993: 349 以下; Takebayashi 2003: 240 ff.)。「プロ倫」では、ゾンバルトが「欲求充足原理」と呼んだ手工業経済を「伝統主義」と定義し (Weber 1904-05: XXI, 20)、それとの対比で合理的に営利を追求する態度を、資本家と熟練労働者に共通に見られる「倫理的色彩をもつ生活原理」という意味で、「資本主義の精神 (Geist des Kapitalismus)」と呼んだ (XXI, 15)。その起源は、宗教改革によるルターの世俗的職業労働の聖化とカルヴァン派を中心とする世俗内的禁欲に基づく生活規律の強化であるが、禁欲思想の衰退とともに、意図せざる結果として合理的利潤追求を自己目的とする倫理的な生活態度 (功利主義) をもたらした (Weber 1904-05: XXII, 104. なお羽入 2002 はヴェーバーのこの論証に対して実証的な立場から重大な疑問を提起している)。しかし初期資本主義の推進力であるこの「資本主義の精神」は、資本主義の機構的完成とともに消失し、合理的な生活態度は市場の競争ルールによって「鉄の檻」のように人々に強制される。物質文化の繁栄とうらはらに、ヴェーバーは「資本主義文化」の将来に、人間が機構に従属する「魂のない専門家」(官僚制) の支配という不安を感じていた (Weber 1904-05: XXII, 108-9)。

　その後ヴェーバーは、『古代農業事情』第 3 版の大幅な改訂 (1909) によって近代資本主義の特質と成立を、古代史を含む広大な歴史的パースペクティブのもとで捉えようと試みた (山之内 1997: 第 4 章)。すなわち「資本主義」という言葉を自由な労働者に基づく「永続的大経営」という近代的・社会的意味だけでなく、「土地と奴隷が自由な取引の対象」となり、「私人によって流通経済的営利のために利用される」という「純経済的」概念と考えれば、古代史において「資本主義的特徴」が強くみられる (Weber 1909: 15-6)。しかしこの「古代資本主義」は、政治的・軍事的・地理的原因から、経済的「経営」ではなく「財産」からの収益を志向する「レンテ (Rente) 資本主義」・「政治寄生資本主義」

へと変質し、古代経済はオリエント的・専制的な、奉仕・義務関係による需要充足である「ライトゥルギー（Leiturgie）国家」へと退化した（Weber 1909: 275-7）。それに対して近代資本主義への転換は、中世の軍事組織（封建制）と内陸への発展を前提として、「レンテ」を志向する領主権力に対して中世都市が自立化し、「平和的」・「市民的」な市場の拡大と手工業経営の商業的・技術的拡大が可能となったことによって与えられた。近代資本主義は封建制を前提とし、それを解体する過程として発展したのである（Weber 1909: 257 f., 266, 268-9）。しかしヴェーバーは、近代の大経営的発展の結果として生じた独占と国営企業の展開のなかに、「ライトゥルギー国家」に類似した「経済の官僚制化」がみられることを強調しており（Weber 1909: 277-8）、近代資本主義の発展を段階的進化と古代との類似性という複眼的な視点から考察し、歴史主義の影響を濃厚に示した（牧野 2003: 第6章）。

これ以降ヴェーバーは、経済的合理化を宗教的合理化の観点から論じた「世界宗教の経済倫理」(1916-19)、シェーンベルク『政治経済学ハンドブック』の改訂版『社会経済学講座』の編纂者として寄稿した未完の『経済と社会』(1922)を残し、一般的には「社会学」に転じたと理解されている。しかしヴェーバーは「社会経済学」の呼称にこだわっておらず（小林 2002: 192）、彼の研究にとってこの企画自体を過大評価すべきではないこと、「社会学的」研究とされる成果が最終的にミュンヘン大学での「経済史」の講義として提示されたこと、「世界宗教の経済倫理」の諸論文が、ゾンバルトのヴェーバー批判（『ユダヤ人と経済生活』〔1911〕、『ブルジョア』〔1913〕）への応答という側面があることを考えれば、最後まで「歴史学派の子」とする立場が堅持されていたように思われる。

4）価値判断論争——歴史研究から経済理論研究へ

ゾンバルトとヴェーバーの資本主義研究が時代的に近代を遠くさかのぼり、経済の領域を超えた宗教の世界に拡張され、広い歴史的視野から「近代資本主義」に対する悲観的「診断」が行われるようになると、理論を歴史分析の道具とした彼らの方向に対して強い不満が表明された。『社会科学・社会政策アル

ヒーフ』の共同編集者であった E. ヤッフェ (1866-1921) は 1917 年に、「シュモラーの死とともに偉大な学問的時代が終わり」、歴史学派の学問が「共有財産」となった現在、「経済行為の理論的分析へと振り子が戻る」「新時代」が始まったにもかかわらず、ヴェーバーとゾンバルトはこうした動向を無視している、と厳しく批判した (Jaffé 1917: 1-2)。ヤッフェが「新時代」の動きとして注目したのは、『アルヒーフ』の共同編集者となったシュンペーターであり、リーフマン『国民経済学原理』(1917) であった。ヤッフェが後者について、ゾンバルトの近代資本主義論を流通経済理論の出発点に置きつつ「交換経済のメカニズム全体」を説明しようとするもの、と評価しているように (Jaffé 1917: 5, 10-1)、近代資本主義についての歴史学派の研究を前提として、消費者側の主観価値論である限界効用理論を生産と分配に拡張する動きがオーストリア学派や歴史学派から生じてきた。マックス・ヴェーバーの弟アルフレート・ヴェーバー (1868-1958) の『工業立地論』(1909) もそこに含めることができる。社会政策学会におけるいわゆる「価値判断論争」はこうした脈絡で生じた。

　価値判断論争とは、1909 年の社会政策学会ウィーン大会においてテーマとされた「国民経済の生産性」に関わって、「生産性の向上」や「国民の福祉」などの政策的原理を学問的・客観的な理想として提出できるのかどうかをめぐって行われた論争である。報告者のウィーン大学教授 E. フィリッポヴィッチ (1858-1917) は、国民経済の観察と批判の基準およびその「究極目標」として「国民の福祉」を提起し、「国民の福祉を達成する国民経済の能力」が「生産性」の基準であると主張したが、これに対してゾンバルトは、何が「生産的」かは「価値判断」に依存し、「価値判断」は究極的には「個人的世界観」に依存していると批判した。R. リーフマン (1874-1941) は、「価値から自由」な限界効用理論によれば、市場の完全な自由を前提にすると経済主体は最大の貨幣所得をあげるように努力するから、私経済的「収益性」、「最大の生産性」、「国民の福祉」は一致すると述べ、フィリッポヴィッチを擁護した。こうした主張に対してヴェーバーはゾンバルトを擁護しつつ、「人間の胸底をゆすぶる至高の問題」が、「技術的・経済的な生産性の問題へとすりかえられ、国民経済学のようなひとつの専門学科の論議の提唱にされてしまうこと」に激しく抗議し

た（田村 1993b: 357-61; 牧野 2000: 第 2 章; Schmoller 1911: 訳者解説）。

この論争は、シュモラーが後に「客観的価値判断」の存在を主張してフィリッポヴィッチを擁護し（Schmoller 1911: 493）、それに対してヴェーバーが厳しく反論したことから、シュモラーとヴェーバーによる世代間対立の一環と見られることがあるが、そうではなく、「世代間闘争」という名称を提起したリンデンラウプ自身がそれを否定している（Lindenlaub 1967: 442）。その本質は、資本主義の促進を「文化的進歩」の観点から主張したゾンバルト、ヴェーバーらの新世代の「歴史学派」と、限界効用理論を出発点として経済主体の経済的行動を経済合理性の展開という観点から形式的・数理的・「価値中立的」に規定し、経済科学のテクノロジー化を志向する理論研究の新世代による歴史学派批判との対立である。それは方法論争の最終局面であるとともに、方法論争の克服をめぐる理論派と歴史派の対立であり、ドイツにおける「歴史学派の優位の終焉の始まり」であった（Nau 1996: 31, 33, 51）。シュモラーの主張は、いわば経済成長（生産性）による社会政策問題の解決に賛意を表しつつ、こうした熾烈な対立によってジャーナリズムが注目した学会分裂の危機的状況に対する対応であった。

5）シュンペーターと資本主義発展の理論

ウィーン大学で経済史や統計学のゼミナールにも参加し、歴史的・社会的アプローチに関心をもっていた**ヨーゼフ・アロイス・シュンペーター**（1883-1950）は、オーストリア学派の本質主義と心理主義に対する批判の立場からワルラスらの数理経済学に関心を示しつつも、「シュモラーのプログラムの経済学」、また後述するシュピートホフの景気理論を高く評価していたことを考えれば、彼の研究を、広義の経済理論に対する歴史学派の貢献を認める立場から遂行された——歴史学派の新世代と共通する——「理論と歴史の総合」（塩野谷 1995: 11）の独自の試みとして理解することができる。

J. A. シュンペーター

『理論経済学の本質と主要内容』（以下『主要内容』と略）(1908) の序文の冒頭に「すべてを理解することはすべてをゆるすことである」という格言を掲げたシュンペーターは、「方法論争」に触れ、「歴史的および抽象的方向はけっして矛盾するものではなく、唯一の相違は、両者の抱く異なった問題への関心にある」のであって、「たとえば純粋価格理論は単にこれを歴史的に取り扱うことはできず、国民経済の組織の問題は抽象的に論じることはできない」と指摘した。彼によれば古典学派と歴史学派の誤りは、古典学派の政策的主張（自由貿易と自由放任）とその「純粋科学的所説」を混同したことにあり、両者は必然的な相互依存の関係にはない (Schumpeter 1908: Vorwort, V, 6-7, 12-3)。シュンペーターの戦略は、非経済的要因を排除した純粋な経済的論理の展開として経済理論を設定し、それとは次元の異なった政策や組織（制度）に関する歴史学派の学問的貢献を認めようとするものであった。

　シュンペーターは経済理論を、孤立化的方法によって経済の静止状態を精密に分析する「静学」とそこからの変動を扱う「動学」に分類した。彼は、仮定としての絶対的自由競争の下で財の所与の量と効用関数を前提とし、多数の経済主体による等価交換を通じて需要と供給が一致する均衡状態を連立方程式体系として説明したワルラスの一般均衡論とベーム-バヴェルクの帰属理論を統合して「静学」理論を構成し、これを「国民経済の瞬間写真」と呼んだ。この「静止状態」は経済的・社会的変動によって与件が変化すると、「経済の連続性」が破壊され、「非常に複雑な」影響が生ずることになる (Schumpeter 1908: 142, 179-81)。この変動自体は「ひとつの統一的な」「社会的事象」にほかならないが、もしこの事象が経済的事実に大きく依存するとすれば、「孤立した国民経済」を仮定し、純粋な経済的因果関係の連鎖を汲みつくすことが「動学」の課題であり、これを展開したものが『経済発展の理論』（以下『発展』と略）(1912) である (Schumpeter 1912: 1, 3)。この場合彼は、経済の変動が「主として資本主義時代」に展開したことから、「資本主義的経済」を、新しい生産に必要な財貨が「市場における購買によって循環における特定の要素から引きぬかれるような経済形態」と定義し (Schumpeter 1912: 95, 165)、銀行家による信用創造に基づく資金調達と金融、革新的な資本主義的企業家による生産諸要素

の新結合（イノベーション）から生ずる生産と市場の拡大の過程として説明した。

『発展』は、シュンペーターがマルクスを評価したことから、それとの関連で論じられることが多い。しかしすでに述べたように、シュンペーターはゾンバルト『近代資本主義』（初版）を後に賞賛しただけでなく、早くから注目していた。彼は『主要内容』において、「歴史的資料に基づく新しい理論の発展」の例として「ゾンバルトの『近代資本主義の理論』」（初版第2巻）を挙げ、それが「いわゆる『精密理論』と同列におくわけにはいか」ず、「それにふさわしいのは『動学』の領域であろう！」と述べており（Schumpeter 1908: 18）、同様の指摘は『発展』でも行われている（Schumpeter 1912: 90-1, 93）。すなわち彼はゾンバルトの資本主義研究を意識し、その後半部分は「動学」として展開されるべきだと考えていた。

シュンペーターは、『発展』第2版において「企業者利潤・資本・信用・利子および景気の回転に関する研究」という副題を付けたことに触れ、「経済発展の理論」という表題の不適切さが、「いまだに各国から続々と寄せられる私の『経済史に関する著作』についての問い合わせからあきらかである」、と述べている（Schumpeter 1912: Vorwort, XI-XII）。『経済発展の理論』という表題は、同時代人にとってはゾンバルトを基点とする資本主義の経済史的研究の系列と見なされていた。したがってシュンペーターの『主要内容』と『発展』が、歴史学派の歴史研究を意識して書かれたことは確実である。そうした観点から見ると、彼の「静学」と「動学」の分離は、ゾンバルトの「欲求充足原理」と「営利原理」に対応しているともいえる。またシュンペーターの企業家論の中心が「企業家精神」・「指導者精神」（塩野谷 1995: 203）であるとすれば、こうした類型の歴史的成立を問題にしたのは、シュモラー「企業の歴史的発展」論（シュンペーターはこれをシュモラーの研究のなかで「もっとも立派な業績のひとつ」としている。Schumpeter 1954: 810）であり、ゾンバルトの企業家論であった（奥山 2005: 38）。

後にシュンペーターは、『景気循環論』（1939）によって発展理論を歴史的・統計的に検証しようと試みた。それは「昔風の歴史的アプローチ」（塩野谷 1995: 224）のゆえに現代経済学から忘れ去られてしまったが、その最大の理由は、彼が「シュモラーのプログラムに従う」「歴史的経済学」を志向し、彼も

また「歴史学派の子」であったからである（大野 1994: 207）。その意味で価値判断論争における対立は単なる理論派と歴史派の対立ではなかった（オーストリア学派との関連におけるシュンペーターについては第6章第4節の2）を参照）。

6）シュピートホフの景気循環論

シュモラーの助手を務め、ボン大学でシュンペーターと同僚であった**アルトゥーア・シュピートホフ**（1873-1957）は、『シュモラー年報』に「過剰生産理論序説」（1902）を掲載して以降景気理論に取り組み、1925年にその成果を『国家諸科学辞典』（第4版）に発表した。シュンペーターは早くから彼の研究に注目し、事実を詳細に探求するシュモラーの精神を忠実に継承した「現実的理論」として賞賛した（Schumpeter 1954: 817）。

シュピートホフの景気理論の中心は、「間接消費財」（主として鉄と石炭）の過剰生産論である。「好況」の初期にはこれらに対する需要の増加によって資本不足と価格上昇が生ずるが、後期には過剰生産によって「不況」へと転じ、資本投下の減少と物価の下落を通じて、賃金切り下げと失業を引き起こす。彼は膨大な統計的・歴史的資料を駆使して景気循環を、好況から不況にいたる短期的な（ほぼ10年）循環の「景気交替」と、好況期と不況期が入れ替わる長期的な（20-30年）循環の「経済交替」（長期波動）に分類した（Spiethoff 1925: 10, 24, 60）。後者を規定するのは、「間接消費財」を原料とする「収益財」（生産設備と鉄道・道路などの耐久財）の耐用年数である。彼によれば「恐慌」は、好況時における過度の信用膨張と過大投資の反動であって、景気循環の不可避的現象ではない。歴史的にみれば恐慌は、初期のチューリップ熱など「投機恐慌」を経て資本主義の発展とともに「温和な形態」となり、「回避されることが多く」なる（Spiethoff 1925: 39）。

シュピートホフは「経済交替」の基点を1822年に求め、景気循環を「内発的」原因に基づく「高度資本主義的市場経済」に特有の現象と捉えた。この「内発的」原因とは、「高度資本主義の精神」である「経済人」の「営利衝動と企業精神」であり、「緩慢な有機的成長過程」とは区別される「資本主義的財貨生産」であり、大量の労働者・資本を動員できる「国民経済の自由な貨幣経

済的市場組織」であった (Spiethoff 1925: 82)。このことは彼の景気理論が、ゾンバルトの「資本主義発展の理論」とシュンペーターの『発展』を踏まえ、資本主義的経済発展が独自な景気循環を展開することを示そうとするものであったといえよう。

　シュピートホフは、こうした「現実的理論」を**エトガー・ザリーン**(1892-1974)の言葉を借りて「直観的理論」と呼び、時代と地域に規定される「経済的共同生活」＝「経済様式（スタイル）」を包括的に理解する「歴史的理論」として位置付けた。ザリーンはゾンバルトの近代資本主義論に示された「総体認識」をヒントとして、「合理的理論」に対置する「直観的理論」を 1927 年に提起したが、その背後には「全体性」の認識の希求、ドイツの文化的伝統の賛美、近代合理主義批判といった時代精神が見られたのである（原田 2001: 152-3, 148-9）。さらに彼は、この「直観的理論」の形成という観点から経済学史を再構成した。そこではプラグマティックなシュモラーの科学的精神を評価したシュンペーターの主張とはまったく対照的に、アダム・ミュラー、リスト、クニースが高く評価される一方、実証主義的な「細目研究」と「学者というよりもむしろ政治家」のゆえに、シュモラーは貶められることになった（Salin 1929: 85 ff., 88-90）。こうしたザリーンの評価が、その後の歴史学派評価の基調となったように思われる。

5　資本主義の終焉

　歴史学派の新世代が「資本主義の促進」の立場とともに示した資本主義の将来に対する悲観的予想は、ヴェーバーからゾンバルトを経て彼らに共通の認識となった。ヤッフェは前述の書評論文の末尾で、ゾンバルト『近代資本主義』（第 2 版）とともに近代経済秩序の性格と作用の認識が深化したことに触れ、人間の価値評価が「資本主義時代の最終的基準」である「交換価値の純粋な貨幣的表現」・「量的物質的成功」によって計られる時代へと移ったことを指摘し、「原子論的・利己主義的衝動の抑制」の下でのみ存続してきた「人間文化」の危機を指摘した (Jaffé 1917: 16-8)。こうしたロマン主義的な危機意識はザリー

ンとも共通しており、彼らの背後には、大衆社会や大量生産体制を嫌悪しつつ、ナチズムとは異なった急進的運動を展開したワイマール期の「保守革命」派知識人が存在し（小野 2004）、ゾンバルトもそこに属していたのである。

　ゾンバルトは『近代資本主義』（第 2 版）第 3 巻「高度資本主義」において、大経営の集中化とカルテル・トラストの発展によって「経済生活の脱商業化」と「官僚化された資本主義」を特徴とする「晩期資本主義」へと移行したことを主張した。他方で彼は、家族的農民経済や伝統的手工業などの「資本主義以前および以外の」経済形態の協同組合による存続および公共団体による多様な経営の展開（共同経済）を指摘し、「将来の経済生活」について次のように予言した。すなわち、「資本主義的経済システム」は豊富な天然資源のゆえに「なお長期にわたって経済生活の重要な部門を……支配する」であろうが、計画経済の傾向が強くなり、「資本主義的精神のうち合理主義がますます強化され、利潤欲と個人主義が取り去られる」こと、その結果「安定化され規制された資本主義」と「技術化され合理化された社会主義のあいだの区別は」大きなものではなくなり、……その移行は「カタストロフもなく、突然の中断もなく、……ドラマティックな飛躍もなく」行われるであろう（Sombart 1916-27: Ⅲ, 806, 995, 999 f., 1012, 1015）。マルクスとは異なったこのような資本主義の終焉論と社会主義への展望は、ニュアンスの差はあれシュピートホフにも見られ（Spiethoff 1925: 85）、またシュンペーターの「資本主義はその成功のゆえに崩壊する」との命題も、「ゾンバルトの確信をほぼ完全に受け入れたもの」（Lenger 1994: 260）であり、こうした歴史学派の最後の思想圏に属するものである。

　なおこうした資本主義の終焉という問題に関わって、「有機体」になぞらえた共同体としての社会および国家の再興という観点から、いわば資本主義超克論を提起した「保守革命」の経済思想家としてゴットルとシュパンがいる。歴史学派の本質がロマン主義的有機体思想にあるとの立場から、しばしば彼らは歴史学派の最後の段階の経済学者と見なされたが、歴史学派の新世代の研究を資本主義の歴史的相対性を意識した理論的・歴史的研究と見れば、彼らは明らかに歴史学派とは異なった存在である。晩年のクニースに学んだ F. v. ゴットル-オットリーリエンフェルト（1868-1958）は、有機体としての「生命」と多様

性としての「生活」とを重ね合わせる「生（Leben）」概念を最も重要な基準として、経済生活を人間の共同生活のひとつの側面であることを強調し、民族・国家・国民経済を統一的に把握しようとする立場から『生としての経済』(1925) を発表した。またウィーン大学教授オットマール・シュパン (1878-1950) は、社会・国家が階層制と多様性からなるとともに、諸部分の集合以上の「全体性」であることをカトリック思想も加味して説き、『真正国家論』(1921) を著わし、自らの体系を「普遍主義（Universalismus）」と称した。彼らのこうした形而上学的な経済思想から提起された民族的な共同経済論や職分国家論は、同じくロマン主義的志向を含んだザリーンと比べても近代的・合理的理論への拒絶がきわめて強かったために（高島 1941: 12-3, 33-5, 110-3)、ナチスを支える有力な経済思想として一世を風靡し、日本の戦前・戦時期においても全体主義的な資本主義超克論を提起した官僚や経済学者・知識人に大きな影響を与えた（柳沢 2008: 102-3, 159, 257-8, 285-6, 330-3)。しかし、ナチス・ドイツのオーストリア侵攻とともにシュパンが逮捕拘束されたり、またナチスに協力したゾンバルトが最終的にナチスと対立したように、ロマン主義的な経済思想家とナチズムとの関係が微妙であったことに注意する必要がある。

歴史学派の新世代がもたらした「資本主義」パラダイムは、第 2 次大戦とともに消滅し、ドイツ経済史において「資本主義」という用語は意識的に回避されるようになった（Lütge 1952: 294）。これはドイツにおける歴史学派の終焉を告知するものであったが、第 2 次大戦後に資本主義の歴史をテーマにした「ゾンバルトの賛美者」フェルナン・ブローデル（Lenger 1994: 226)、大塚久雄、ウォーラーステインなどは歴史学派の後継者と見ることができよう。

文 献
Brentano, L. (1871-72): *Die Arbeitergilden der Gegenwart*, 2 Bde., Leipzig. 島崎晴哉・西岡幸泰訳『現代労働組合論』上・下、上：日本労働協会、下：日本労働研究機構、1985, 2001 年.
――(1888): Die klasische Nationalökonomie (1888), In: ders.: *Der wirtschaftende Mensch in der Geschichte*, Leipzig 1923.

――(1931): *Mein Leben im Kampf um die soziale Entwicklung Deutschlands*, Jena. 石坂昭雄・加来祥男他訳『わが生涯とドイツの社会改革――1844〜1931』ミネルヴァ書房、2007年.
Bücher, K. (1893): *Die Entstehung der Volkswirtschaft*, Leipzig. 権田保之助訳『国民経済の成立』(1922年16版による) 栗田書店、1942年.
Grimmer-Solem, E. (2003): *The Rise of Historical Economics and Social Reform in Germany, 1864-1894*, New York.
羽入辰郎 (2002):『マックス・ヴェーバーの犯罪』ミネルヴァ書房.
原田哲史 (2001):「歴史学派の遺産とその継承――ザリーンとシュピートホフの『直観的理論』」、『思想』第921号.
Hildebrand, B. (1848): *Nationalökonomie der Gegenwart und Zukunft* (1848), Faks-Ausg., Düsseldorf 1998.
――(1863): Die gegenwartige Aufgabe der Wissenschaft und Nationalökonomie, In: *Jahrbücher für Nationalökonomie und Statistik*, Bd. 1.
――(1864): Naturalwirthschaft, Geldwirthschaft und Creditwirthschaft, In: *Jahrbücher für Nationalökonomie und Statistik*, Bd. 2. 橋本昭一訳『実物経済、貨幣経済および信用経済』未来社、1972年.
石田真人 (1986):「カール・ビュヒャーの経済発展段階論」、『甲南論集』第13号.
Jaffé, E. (1917): Das theoretische System der kapitalistischen Wirtschatsordnung, In: *Archiv für Sozialwissenschaft und Sozialpolitik*, Bd. 44, Tübingen.
加来祥男 (1999):「ブレンターノの労働者強制保険論」、『経済学研究』(北海道大学) 第48巻3号.
Knapp, G. F. (1887): *Die Bauern=Befreiung und der Ursprung der Landarbeiter in den älteren preußens*, Leipzig, 2 Bde.
――(1905): *Staatliche Theorie des Geldes*, Leipzig.
Knies, K. (1853): *Die politische Oekonomie vom Standpunkte der geschichtlichen Methode* (1853), 2. Aufl. (*Die politische Oekonomie von geschichtlichen Standpuncte*), Braunschweig 1883.
小林純 (1999):「クニース経済学における『アナロギー』と『ジッテ』の位置価」、『立教経済学研究』第53巻1号.
――(2002):「マックス・ヴェーバーのGdS編纂」、『立教経済学研究』第56巻1号.
Lenger, F. (1994): *Werner Sombart 1863-1941: Eine Biographie*, München.
Lindenlaub, D. (1967): *Richtungskämpfe im Verein für Sozialpolitik* (=*Vierteljahrschrift für Sozial- und Wirtschaftsgeschichte, Beiheft 52-53*), Wiesbaden.
Lütge, F. (1952): *Deutsche Sozial- und Wirtschaftsgeschichte*, Berlin.
牧野雅彦 (2000):『責任倫理の系譜学』日本評論社.
――(2003):『歴史主義の再建――ヴェーバーにおける歴史と社会科学』日本評論社.
丸岡高司 (2005):「ロッシャーの『歴史的方法』の再検討――初期論考を中心に」、『経済科学』(名古屋大学) 第53巻第3号.
Menger, C. (1883): *Untersuchungen über die Methode der Socialwissenschaften, und der Politischen Oekonomie insbesondere*, Leipzig. 福井孝治・吉田昇三訳『経済学の

方法』日本経済評論社、1986年.
—— (1884): *Die Irrthümer des Historismus in der deutschen Nationalökonomie*, Wien. 吉田昇三訳「ドイツ経済学における歴史主義の誤謬」、福井・吉田訳『経済学の方法』.
村上文司 (2005):『近代ドイツ社会調査史研究』ミネルヴァ書房.
Nau, H. H. (1996): Einleitung, In: Nau (Hg.): *Der Werturteilsstreit: Die Äußerungen zur Werturteilsdiskussion im Ausschuß des Vereins für Sozialpolitik (1913)*, Marburg.
西沢保 (2007):『マーシャルと歴史学派の経済思想』岩波書店.
野崎敏郎 (2004-07):「マックス・ヴェーバーとハイデルベルク大学」(1)-(7)、『佛教大学社会学部論集』第39-45号.
及川順 (2007):『ドイツ農業革命の研究』上・下、新制作社.
奥山誠 (2005):「ヴェルナー・ゾンバルトの企業家論」、『経済学史研究』第47巻第1号.
小野清美 (2004):『保守革命とナチズム』名古屋大学出版会.
大野忠男 (1994):『自由・公正・市場——経済思想史論考』創文社.
Priddat, B. P. (1995): *Die andere Ökonomie*, Marburg.
Roscher, W. (1843): *Grundriß zu Vorlesungen über die Staatswirthschaft: Nach geschichtlicher Methode*, Göttingen. 山田雄三訳『歴史的方法に據る国家経済学講義要綱』岩波文庫、1938年.
—— (1854): *System der Volkswirtschaft*, 1. Bd. (=*Die Grundlagen der Nationalökonomie*) (1854), 3. Aufl., Stuttgart, Augsburg 1858.
Salin, E. (1923): *Geschichte der Volkswirtschaftslehre* (1923), 2. Aufl., Berlin 1929. 高島善哉訳『経済学史の基礎理論』(第2版の訳) 三省堂、1944年.
Schmoller, G. (1870): *Zur Geschichte der deutschen Kleingewerbe im 19. Jahrhundert*, Halle.
—— (1872): Rede zur Eröffnung der Besprechung über die sociale Frage in Eisenach den 6. Oktober 1872, In: *Zur Social- und Gewerbepolitik der Gegenwart*, Leipzig 1890.
—— (1874): Ueber einige Grundfragen des Rechts und der Volkswirtschaft (1874), In: *Über einige Grundfragen der Sozialpolitik und der Volkswirtschaftslehre*, 2. Aufl., Leipzig 1904. 戸田武雄訳『法及国民経済の根本問題』有斐閣、1939年.
—— (1882): [Rezension] Handbuch der Politichen Oekonomie, In: *Schmollers Jahrbuch*, 6. Jg.
—— (1883): Zur Methodologie der Staats- und Sozialwissenschaften, In: *Schmollers Jahrbuch*, 7. Jg. 田村信一訳「国家科学・社会科学の方法論のために」、田村訳『国民経済、国民経済学および方法』日本経済評論社、2002年.
—— (1911): Volkswirtschaft, Volkswirtschaftslehre und -methode, In: *Handwörterbuch der Staatswissenschaften*, 3. Aufl., Bd. 8., Jena. 田村訳『国民経済、国民経済学および方法』.
Schumpeter, J. A. (1908): *Das Wesen und der Hauptinhalt der theoretischen Nationalökonomie*, Berlin. 大野忠男・木村健康他訳『理論経済学の本質と主要内容』上・下、岩波文庫、1983年.

――(1912): *Theorie der wirtschaftlichen Entwicklung*（1912）, 2. Aufl., Berlin 1926. 塩野谷祐一・中山一郎・東畑精一訳『経済発展の理論』上・下、岩波文庫、1977年.

――(1926): Gustav v. Schmoller und die Probleme von heute, In: *Dogmenhistorische und biographische Aufsätze*, hg. v. E. Schneider, A. Spiethoff, Tübingen 1954. 中村友太郎・島岡光一訳「歴史と理論――シュモラーと今日の諸問題」、玉野井芳郎監修『社会科学の過去と未来』ダイヤモンド社、1972年.

――(1954): *History of Economic Analysis*, New York. 東畑精一訳『経済分析の歴史』5、岩波書店、1955年.

塩野谷祐一（1995）:『シュンペーター的思考』東洋経済新報社.

Sombart, W. (1894): Zur Kritik des ökonomischen Systems von Karl Marx, In: *Archiv für soziale Gesetzgebung und Statistik*, Bd. 7. 知念英行訳「カール・マルクスの経済学体系」、知念編訳『マルクスと社会科学』新評論、1976年.

――(1902): *Der moderne Kapitalismus*, 2 Bde., Leipzig.

――(1916-27): *Der moderne Kapitalismus: Historisch-systematische Darstellung des gesamteuropäischen Wirtschatsleben von seinen Anfängen bis zur Gegenwart*, 3 Bde., München.

Spiethoff, A. (1925): Kriesen, In: *Handwörterbuch der Staatswissenschaften*, 4. Aufl., Bd. 6, Jena. 望月敬之訳『シュピートホフ景気理論』三省堂、1936年.

高哲男（2004）:『現代アメリカ経済思想の起源』名古屋大学出版会.

高島善哉（1941）:『経済社会学の根本問題――経済社会学者としてのスミスとリスト』（1941）、『高島善哉著作集』第2巻、こぶし書房、1998年.

Takebayashi, S. (2003): *Die Entstehung der Kapitalismustheorie in der Gründungsphase der deutschen Soziologie: Von der historischen Nationalökonomie zur historischen Soziologie Werner Sombarts und Max Webers*, Berlin.

田中真晴（2001）:『ウェーバー研究の諸論点』未來社.

田村信一（1993a）:「ヴィルヘルム・ロッシャーの歴史的方法」、『経済学史学会年報』第31号.

――(1993b):『グスタフ・シュモラー研究』御茶の水書房.

――(1996-97):「近代資本主義論の生成――ゾンバルト『近代資本主義』（初版1902）の意義について」（一）・（二）、『北星論集』第33, 34号.

――(2006):「G. v. シュモラー」、八木紀一郎編『経済思想のドイツ的伝統』（『経済思想』第7巻）、日本経済評論社.

Weber, M. (1903-06): Roscher und Knies und die logischen Probleme der historischen Nationalökonomie (1903-06), In: *Weber: Gesammelte Aufsätze zur Wissenschaftslehre*, 5. Aufl., Tübingen 1982.

――(1904-05): Die protestantische Ethik und der »Geist« des Kapitalismus (1904-05), In: *Archiv für Sozialwissenschaft und Sozialpolitik*, Bd. 20, 21, Tübingen. 梶山力訳・安藤英治編『プロテスタンティズムの倫理と資本主義の《精神》』未来社、1994年.

――(1909): Agrarverhältnisse im Altertum (1909), In: *Weber: Geammelte Aufsätze zur Sozial- und Wirtschaftsgeschichte*, Tübingen 1924. 渡辺金一・弓削達訳『古代

社会経済史』東洋経済新報社、1959年.
八木紀一郎（2004）:『ウィーンの経済思想——メンガー兄弟から20世紀へ』ミネルヴァ書房.
柳澤治（2008）:『戦前・戦時日本の経済思想とナチズム』岩波書店.
山之内靖（1997）:『マックス・ヴェーバー入門』岩波新書.

（第4章は、平成17-19年度科学研究費補助金・基盤研究(B)「日・独・英における歴史学派の役割とその現代的意義に関する研究」による研究成果の一部である）

第5章

初期社会主義、マルクス主義、社会民主主義

1　初期社会主義の思想

1) 初期社会主義の成立

　19世紀に入ってドイツでも資本主義経済が成立し始めると、すぐにその弊害が認識されるようになった。ヘーゲル (1770-1831) の言葉を借りれば、「市民社会」という「全面的依存のシステム」のなかで、一方で「富の蓄積が増大する」にもかかわらず、他方で「特殊的労働に縛りつけられた階級の依存性と困窮とが増大」し、「市民社会の精神的長所の感得と享受が不可能に」なった労働者階級が「富める者や社会や政府などに対する内面的な反抗」を抱いた「窮民 (Pöbel)」に転落する (Hegel 1821: 389-90)、という事態である。この「窮民」問題は、1830年代には「大衆的貧困 (Pauperismus)」、1840年代には「社会問題」と呼ばれることになる。

　労働者階級の貧困化という社会問題に直面して、ドイツ古典派からリストに至る国民経済学は国民的生産力の増大にその解決を求めた。それに対して、フランスのユートピア思想家フーリエ (1772-1837) の「農業協同組合 (Association agricole)」構想などに影響を受けながら、労働者の立場から資本主義経済における分配の不平等を批判し、社会組織の変革を構想したのが、1830年代に成立するドイツの初期社会主義であった。ここでは、後述する共産主義も含めて、1830年代から40年代にかけて成立した広い意味での社会主義的思想潮流を、資本主義的生産様式の理論的分析に基礎付けられた19世紀後半の社会主義思想と区別する意味で、初期社会主義と呼ぶことにする。

その最も早い例が、ダルムシュタット出身のジャコバン主義者**ヴィルヘルム・シュルツ**（1797-1860）の生産協同組合論である。彼は、ドイツの国民的統一と共和主義的変革を呼びかけた 1832 年の著作のなかで、「農業ならびに人間活動の他のすべての部門に適用される、人間的諸力と物的財産との協同という原理」に基づいて、「全耕区と共同所有地の個々の所有者たち」が「彼らの土地を共同の計画にしたがって経営する」（Schulz 1832: 56）ことを主張した。1837 年には、彼はドイツで初めてフーリエ、オウエン、サン-シモン主義の思想を比較紹介しながら、「あらゆる諸力と諸利害の最も包括的な協同組合」の形成を主張している（Schulz 1837: 18）。1835 年には、モーゼルのワイン業の危機に対処してきたトリーア在住のフーリエ主義者 L. ガル（1791-1863）も、「真に社会化された共同体」（Gall 1835: 262）としての生産協同組合構想を提示している。

　このような生産協同組合論は、フランスでは 1830 年代に「社会主義」と呼ばれるようになるが、それに対抗して、社会体制の全面的変革による「財産共有制」の実現を主張する人々が 1840 年前後に「共産主義者」と自称するようになる。彼らは、貨幣の廃棄と財産共有制に基づく中央集権的な再分配経済体制によって社会的連帯と平等を確保しようと考えた。「各人はその能力に応じて、各人にはその必要に応じて」が合い言葉である。フランスの影響を受けて、1830 年代後半に入るとドイツにも共産主義の思想と運動が成立する。

2）ヘスの貨幣批判

M. ヘス

　ドイツ最初の共産主義者は、ボン出身のヘーゲル左派のジャーナリスト、**モーゼス・ヘス**（1812-75）である。彼は 1837 年の『人類の聖史』において、市民社会における富と貧困の対立の究極的な原因を貨幣の「悪魔的な力」に求め、相続権に支えられた「貨幣貴族制」の下で「社会の一部分における富の増大と、他の部分における貧困の増大」が進み、両者の対立はやがて絶頂に達して、破局的救済としての「新たなるエルサレム」が成立する、という展望を描いた（Hess

1837: 62, 65)。それ以後の彼の市民社会批判の中心は、貨幣貴族制を成立させる根拠としての貨幣そのものの批判に置かれることになる。

　ヘスは、1844年に執筆した論文「貨幣存在について」のなかで、市民社会を「近代のキリスト教的小商人世界」と特徴付け、その世界で支配的な位置を占める貨幣を、人間の本質である「交流（Verkehr）」の疎外された、個人に外的に対立する媒介物と見なした。貨幣は「人間の外化された能力であり、商品取引される生命活動」であるが、それは、貨幣が人間の能力の質的差異を量的差異に還元することによる。「貨幣はその本性からして、非有機的で、組織的構成も内的区別ももたず、一つの死せる量、総計ないし数にほかならない。生きている存在、人間および人間の最高の生活と活動、それらの価値がどうして総計とか数とかで表現されることができようか」(Hess 1845: 334, 343)。つまり、貨幣が人間の活動を数値に還元することによって初めてその生産物は商品として交換可能になるのだが、そのこと自体が人間的な相互関係を疎外するものだ、という批判である。

　だから、貨幣は廃棄されなければならない。生産物の交換も、人間の能力の交換も、貨幣という「偶像」から再び引き離され、理性的法則にしたがって規制されなければならない。そのためには、人間が「個別化された諸個体」というあり方を脱し、「同一の有機的全体の一員」として「組織された生産物交換、組織された活動」を通して「彼らの諸力を共同して発揮する」ことができるような社会が実現されなければならない (Hess 1845: 332)。

　では、そのような社会を誰がどのように組織するのか。その構想が明確ではないのだが、中央管理機関が直接に社会的分業の編成と生産物の社会的再分配の担い手となるならば、私的個人間の交換関係そのものが廃止され、したがって、貨幣（交換価値）に基礎を置く生産と交換の全体系そのものが廃止される、とヘスは主張する。この「共産主義社会」の理念が、「疎外」の克服、「理性的」な共同社会の実現、という哲学的言説で表現されるところが、フランス共産主義と異なるドイツ共産主義の思想的個性だということができる。

3）ヴァイトリンクの交換帳簿論

　マグデブルク出身の手工業（婦人服仕立）職人**ヴィルヘルム・ヴァイトリンク**（1808-71）は、遍歴先のパリで共産主義運動に接することによって、ヘスと並ぶ最初のドイツ人共産主義者となった。彼もまた、1839年の『人類、その現状と未来』において、近代社会においては「貨幣を保持するということと、不平等な享受、不平等な労働配分とは切り離せない」と論じ、「貨幣制度なき財産共同体」の実現を主張した（Weitling 1839: 151, 156）。

　彼は1842年の『調和と自由の保障』のなかで、実現された財産共同体の内部では、中央管理機関が労働時間の平等な割り当てと必需品の平等な配分を行うことを想定しているが、さらにそれに加えて「個人の自由の原則」を生かすために、各人が定められた労働時間を超えて労働することを認めている。この自発的労働の時間は「交易時間（Kommerzstunden）」と呼ばれるが、それはその時間が生産物交換の単位となるからである。

　各人は、社会的に必要な労働を終えた後、自由に剰余労働に従事することができ、そこでは「すべての加工生産物の価値は労働時間によって規定され」、それに対して各人は「交易時間を記入する帳簿」を受け取る。この帳簿に記された時間残高を単位として使うことで、各人は他人の労働の生産物を等価交換によって受け取ることができる（Weitling 1842: 162-71）。社会的必要労働の領域では「平等」の原則が優先されるのに対して、その後の自発的労働の領域では「個人的自由」の原則が優先される。そして、平等な労働割り当ての領域では「貨幣の廃棄」と「財産の共同」が実現されているのだが、自由な自発的労働の領域では、労働に応じた報酬を保障するために「交易時間帳簿」が導入されるのである。

　「交易時間帳簿」に記された時間残高が「貨幣」でないのかどうか、ここで本当に「貨幣の廃棄」が実現されているのかどうかは、ある意味で定義の問題である。しかし、紙幣や金属貨幣が他人の手に渡って蓄積されるのとは違って、この「交易時間帳簿」は他人に譲渡

W. ヴァイトリンク

されえないものであり、あくまでも自分の労働に応じた個人的所有を保障するものとして構想されている。いずれにしても、ヴァイトリンクにとってはこの経済の二重構造こそが、「平等」と「自由」の折衷策であり、「調和と自由の保障」なのであった。

4）シュルツの共産主義批判

このような共産主義者の「財産共同体」論に対して、近代社会についての経済学的認識が欠如していることを指摘して批判したのが、先に名前を挙げたヴィルヘルム・シュルツである。1843年の『生産の運動』で、彼は、「労働の編成」と「生産的人間諸力と非知性的自然諸力との関係」に着目し、人間の「労働有機体」の発展を「手労働・手工業・マニュファクチュア・機械制」の4段階において把握するとともに、物質的生産諸力の発展が社会組織を規定するという唯物論的な歴史認識を提示した（Schulz 1843: 9-19）。

このような生産諸力の発展は「より大きな量の自由時間」を実現するはずであるにもかかわらず、近代社会の現状はこの展望とは矛盾しており、「機械制の完成による時間の節約にもかかわらず、多数の住民にとって工場での奴隷労働の継続時間は増大するばかりである」。その根底にあるのは、資本家と労働者との間の「労働と所有の悪しき分配」であり、それはまさに「自然に反した分配」なのである。ここから、労働時間の短縮と「自由時間」のより平等な分配、および自己の労働に基づく「国民所得の調和的で相応的な分配」こそが、労働者の正当な自然の権利なのだ、という主張が出てくる。そしてシュルツは、機械制工場そのものが、一方での「奴隷制的搾取」にもかかわらず、結果的に労働者の「利害と労働の共同性」を成立させることによって「労働者の協同組合（Assoziation）」を準備すると考えるのである（Schulz 1843: 60, 68, 73-4）。

このような経済的社会認識に基づいて、シュルツは1846年の論文「共産主義」で財産共同体論を全面的に批判している。彼によれば、ヘスやヴァイトリンクの考える中央集権的な生産物交換の組織化は、時間・輸送・労働の最も明白な浪費だという意味で反経済的であり、ヴァイトリンクの「交易時間帳簿」も結局は「不適切な紙幣」にすぎない。多様な消費欲求は多様な生産を刺激し、

社会的分業と生産物交換を必然化するのであって、貨幣の廃棄は、生産と欲求の多様性を暴力的に狭め、制限するものでしかない、というのが批判の中心的論点である (Schulz 1846: 327-9)。

このように、シュルツは社会的分業と機械制とに基づく近代的生産諸力の構造を明確に認識し、その国民的成果に対する労働者の「正当な」権利を要求することによって、ドイツ共産主義とリストの国民的生産力論とを媒介する位置に立っている。彼が構想した社会は、自主管理的な労働者の協同組合を生産単位としつつ、市場の自動調節機構と国家による所得再分配とを組み合わせた、一種の混合経済だということができる。

5）エンゲルスの私的所有批判

初期の共産主義者が主としてフランスの共産主義運動から影響を受けたのに対して、資本主義経済の中心であるイギリスの状況を踏まえながら思想形成したより若い世代の共産主義者が、**フリードリヒ・エンゲルス**（1820-95）である。彼は、バルメン（現ヴッパータール）の裕福な実業家の長男として生まれ、1842年以後は父が共同出資したマンチェスターの綿業会社で仕事をしながら、イギリス経済の批判的考察を開始する。彼はまた1844年にパリでカール・マルクスと知り合い、生涯にわたる盟友となるが、経済学批判に関してはエンゲルスの方が先導者であった。彼の1844年の論文「国民経済学批判大綱」はマルクスが編集する雑誌『ドイツ・フランス年誌』に寄稿されたものであり、この論文が、マルクスにとって経済学の研究を開始するきっかけとなったからである。

エンゲルスはこの論文で、「国民経済学」（イギリス古典経済学）を「単純で非科学的な暴利商業に代わる、公然と許された詐欺の完成した体系、完結した致富学」と特徴付けている。国民経済学は「政治経済学」を自称してはいるが、実際には「私的経済学」にすぎず、その最大の問題点は「私的所有の正当性」を疑わないことにある。生産物が私的に所有されているから

F. エンゲルス

「商業、すなわち相互の必要物の交換」が不可欠となるのだが、商業は「できるだけ高く売って、できるだけ安く買う」という「合法的な詐欺」であり、「共食いする猛獣」同士の競争なのであって、商品交換が当事者全員の利益になる等価交換だというスミスの説明は「プロテスタント的偽善」にほかならない (Engels 1844: 467-74)。

　私的所有を前提とする限り、土地・資本・労働という生産の3要素も相互に分裂したものとして現われ、それらの間での収益の分配も、「まったく外的で、それらにとって偶然的な尺度、すなわち競争または強者の老獪な権利がことを決する」以外にはなくなる。「物の効用の大小についてある程度客観的で、外見上一般的な決定に達するただ一つの可能な方法は、私的所有の支配の下では、競争関係」だからである。そもそも「私的所有が存立しているかぎり、結局いっさいが競争に帰着する」のであり、その結果は、「窮乏、貧困、犯罪」、「一方の人口過剰と他方の富の過剰との対立」であった (Engels 1844: 477-89)。

　そうだとすれば、社会問題を解決するためには私的所有を廃棄する以外に方法はない。「私的所有を一掃するならば、これら生産の諸要素間の不自然な分裂はすべてなくなるであろう」し、そのうえで、「生産者自身が、消費者はどれだけのものを必要としていたかを知り、生産を組織し、生産を彼らの間に配分するならば、競争の動揺とその恐慌への傾向はありえなくなるであろう」。なぜなら、競争と恐慌は「関与者の無意識に立脚する自然法則にほかならない」からである。「人間として意識的に生産せよ」、そうすれば、「道徳的基礎に立脚する交換の可能性」が現われる (Engels 1844: 485)。

　以上から分かるように、エンゲルスの「経済学批判」は、「不道徳」な経済社会に対する道徳的批判であり、その社会を正当化する「経済学者の偽善」に対する道徳的批判であった。彼もまた財産共同体論者であるが、問題はそれを国民的規模で実現することにある。そのための具体的方法は、「国家が自ら総体的所有者であることを宣言し、公共財産を公共の福祉のために管理すること」であった。そうなれば、「共産主義社会では……生産はもはや個々の私的経営者の手にはなくて、共同体とその管理当局の手にあるから、欲求に応じて生産を調節することは、なんでもないことである。……共産主義社会では、管理当

局は社会生活の個々の側面を管理するだけでなく、社会生活の全体を、そのあらゆる個々の活動にわたって、そのすべての面について管理するようになる」(Engels 1845: 548)。

エンゲルスは、1846年頃からマルクスとともに共産主義運動に参加し、ヴァイトリンクたちと合流して共産主義者同盟を創設、1847年には同盟の綱領草案として『共産主義の原理』を執筆している。そこでも彼は、「新しい社会秩序」を「あらゆる生産用具を共同で利用し、共同の合意に従ってあらゆる生産物を分配する、いわゆる財産共同体」(Engels 1847: 370-1) と規定している。これが、いわば初期社会主義の最後のマニフェストである。

それに対して、同じ共産主義者同盟のメンバーでありながら、1844年以降20年間にわたる経済学批判を通して「資本主義的生産様式」という概念を獲得し、その批判的認識に基づいて社会変革の構想を大きく転換させたのが、マルクスであった。

2 マルクスの経済学批判

1) 諸個人の自由な発展

カール・マルクス（1818-83）はトリーアの出身で、ボンとベルリンで法学と哲学を学び、1842年以降は新聞雑誌の編集者として社会問題に接しながら、1844年に経済学の批判的解読を開始する。彼の思想が初期社会主義と大きく異なるのは、スミスやリカードウなどの古典経済学の文献に内在してそれと格闘したことによる。理想的な社会変革のデザインを描いてみせることではなく、むしろ目の前の資本主義経済の運動法則を把握することによって、その変革の可能性を探ることが優先されたのである。ロンドン亡命後の1850年頃からは大英博物館の図書室で経済学文献を読破しながら膨大な抜き書きノートを作成し始め、1857-58年には『経済学批判要綱』、1861-63年には『経済学批判』と題された

K. マルクス

草稿を書きつづっていく。その成果が主著『資本論——経済学批判』（第1巻、1867）であった。

マルクスの経済学批判の根本的な問題意識は、すでに1844年の『経済学・哲学草稿』に現われている。「生命活動の様式のうちには、一種属の全性格が、その類的性格が横たわっている。そして自由な意識的活動が、人間の類的性格である」。しかしながら現在の国民経済的状態のなかでは、労働者の労働は「自由な意志的活動」という人間的性格を失っている。資本家に雇用されて働く労働者にとって、労働の目的も労働の生産物も、自分自身のものではない。だから、「労働者の活動は他人に属しており、それは労働者自身の喪失なのである」（Marx 1844: 238-40）。これが解かれるべき問題であった。

それに対して彼が目指すのは、人間が労働者という「疎外された」境遇を脱し、他人に従属して自分自身を喪失することなく、「諸個人の完全な、自由な発展」（Marx 1845-46: 118）を保障されることである。そのための物質的な根拠が、「自由に使える時間の創出」（Marx 1857-58: 305）であった。社会的に必要な労働が最小限に縮減されれば、「すべての個人のために自由になった時間と創造された手段とによる、諸個人の芸術的、科学的、等々の発展開花が対応する」はずであり、「労働時間の節約は、自由な時間の増大、つまり個人の完全な発展のための時間の増大に等しく、またこの発展はそれ自身がこれまた最大の生産力として、労働の生産力に反作用を及ぼす」（Marx 1857-58: 582, 589）。

しかしながら、これまで存在した社会は奴隷制や封建制に基づく階級社会であり、そこでは「人格的自由は、支配階級の諸関係のうちで育成された諸個人にとってしか、それも彼らが支配階級の諸個人であるかぎりでしか、実存しなかった」（Marx 1845-46: 120）。「自由な時間」もまた、自らは額に汗することなしに他人の労働の成果を享受する支配階級（奴隷所有者や封建領主）だけに保障されたものであり、それに対して、日々の生活に追われる被支配階級の人間にとっては、日々の生産労働は、自分を支配する他人によって強制された、他人のための長時間労働でしかなかった。

資本主義社会においても事情はまったく変わらない。しかし、資本主義がそれまでの奴隷制や封建制と違うのは、その歴史的役割である。マルクスによれ

ば、資本とは、労働者階級の自由を横領し阻害すると同時に、より大きな自由の実現の物質的基礎を準備するという、矛盾に満ちた過渡的存在なのである。「剰余労働すなわち自由に使える時間をつくりだすことが、資本の法則である。資本は、必要労働を働かせることによってだけ、すなわち労働者との交換を行うことによってだけ、このことをすることができるのである。したがって、できるだけ多くの労働をつくりだすことが資本の傾向であり、また必要労働を最小限に切り詰めることも、同じく資本の傾向である」(Marx 1857-58: 306)。

それでは、このような「資本の法則」「資本の傾向」が作用する資本主義社会とは、どのような仕組みの経済社会なのか。

2) 資本主義的生産様式の批判的認識

『資本論』は次の文章で始まる。「資本主義的生産様式が支配的に行われている社会の富は、一つの『巨大な商品の集まり』として現われ、一つ一つの商品は、その富の基本形態として現われる。それゆえ、われわれの研究は商品の分析からはじまる」(Marx 1867: 17)。

この商品の世界においては、表面的に見る限り、人々は「商品所持者」という資格において自分の商品を誰に売ろうと自由であり、同額の貨幣をもつ限りで購買力は生まれや育ちに関わりなく平等である。しかし、資本主義的生産様式の歴史的独自性は、人間の「労働力」が商品として売買されるところにある。市場においては、「労働力」の「買い手も売り手もただ彼らの自由な意志によって規定されているだけ」で、「彼らは、自由な、法的に対等な人として契約する」(Marx 1867: 128) ように見える。問題はその後にある。

そもそも労働力が商品となったのは、封建制の下での自営農民層が解体し、自給自足的な生活を営んできた農民たちが土地や道具などの生産手段を失って、自分の労働力を商品として売る以外には生活の道がなくなった、という歴史の結果である。自分の労働力を自分の商品として処分できる自由と、すべての生産手段から解き放たれたという意味での自由の、「二重の意味で自由な労働者」(Marx 1867: 122) が出現したからである。

他方、資本家が労働者を雇うのは、労働力の価値と、それの消費の結果とし

て創造される価値との差異のためである。購入された労働力は、資本家によって工場で使用され消費される。労働力の価値は、労働者の「生活維持のために必要な生活手段の価値」であるが、この「独特な商品」の使用価値は、自分自身の価値以上の価値を創造しうることにある。この商品の消費過程、つまり労働過程は、同時に「価値増殖過程」である。増殖した部分が「剰余価値」であるが、それは、労働日（1日の総労働時間）のうち「必要労働時間」を超える「剰余労働時間」に形成された価値である。この必要労働時間に対する剰余労働時間の割合、つまり労働者に支払われる部分と支払われずに資本家に領有される部分との割合が「剰余価値率」であり、これが資本家の労働者に対する「搾取」の度合いを表現する。労働市場での自由で対等な契約に基づく工場内部での「専制支配」、等価交換に基づく「搾取」。この二重構造こそが資本主義的生産様式の歴史的特徴であり、奴隷制や封建制の下での剰余労働や剰余生産物の強制的収奪から、資本主義社会を区別するものである。

　資本主義的生産様式のもう1つの特徴は、それが「労働の生産力の発展」を実現することにある。個々の資本家の直接の目的は、自分自身の生き残りを賭けた競争のなかで、他の資本家を出し抜いて「特別利潤」（自分の工場の生産物の個別的価値と社会的価値との違いから生ずる差額としての特別剰余価値）を獲得することにある。そのために彼は、生産方法の改良や技術革新によって、生産物1個当たりの生産に要する時間（個別的価値）を引き下げようとする。しかし、その意図せざる結果として、彼の工場の生産力上昇が部門全体の生産力の増大をもたらし、商品の社会的価値そのものを低落させていく。

　このような生産力の発展が消費財生産部門に波及すれば、労働者の生活資料の生産に必要な労働時間（労働力の価値）も低下し、たとえ1日の総労働時間は変わらないとしても、必要労働時間の短縮の分だけ剰余労働時間を「相対的に」延長することが可能になる（「相対的剰余価値の生産」）。こうして、労働の社会的生産力の発展によって、一方ではより安くより豊富な生産物が生み出されていくが、他方では剰余価値率（＝搾取率）の強化がもたらされることになる。歴史的には、労働時間の短縮を求める労働者の運動や工場法の制定による労働時間の強制的制限などによって、「相対的剰余価値の生産」が資本家の死活を賭

けた競争の前提となり、資本主義的大工業の発展の原動力となるのである。

　大工業が発展すると、機械装置に従属する分業という労働様式に包摂された労働者は、もはや工場に働きに出かける以外に生きるすべをもたない「資本の付属物」になる。彼の生活様式や生活意識の全体が資本主義に取り込まれてしまう。つまり、資本主義的生産過程は、商品や価値だけでなく、「資本関係そのものを、一方には資本家、他方には賃金労働者を、生産し再生産するのである」。この過程のなかで、剰余価値の一部は資本に繰り込まれ、新たな労働力や生産手段が購入されて「累進的に増大する規模での資本の再生産」が行われる。生産力の不断の発展だけでなく、「資本の蓄積」による不平等と搾取の拡大再生産こそ、資本主義的生産様式のもう1つの必然的結果なのである（Marx 1867: 468-72）。

　このようにして、社会的な生産力の発展によって創出された「自由な時間」を支配階級が独占的に享受し、他方で被支配階級には長時間労働を強制する、という時間の不公正な分配も拡大再生産される。それは、「文明の横領」である。「自由な時間とは、すべて、自由な発展のための時間であるから、資本家は、労働者によって創りだされた、社会のための自由な時間、すなわち文明を、横領するのである」（Marx 1857-58: 519）。それでは、横領されたものを取り戻し、「労働者大衆自身が自分たちの剰余労働を取得する」（Marx 1857-58: 583）ことは、どのようにしたら実現するのだろうか。

3）新しい生産様式の構想

　『資本論』第1巻末尾近くで、マルクスは「資本主義的蓄積の歴史的傾向」を次のように描いている。資本の蓄積過程は、同時に諸資本間の競争であり、諸資本の集中による資本家同士の収奪の過程でもある。独占が進み、大資本家の数が絶えず減っていく。そして最後に、「生産手段の集中も労働の社会化も、それがその資本主義的な外皮とは調和できなくなる一点に到達する。そこで外皮は爆破される。……資本主義的生産様式から生まれる資本主義的取得様式は、したがってまた資本主義的私的所有も、自分の労働に基づく個人的な私的所有の第一の否定である。しかし、資本主義的生産は、一つの自然過程の必然性を

もって、それ自身の否定を生み出す。それは否定の否定である。それは、資本主義時代の成果を基礎として、個人的所有を再建する。すなわち、自由な労働者の協業と、土地の共有と、労働そのものによって生産される生産手段の共有とを基礎として、個人的所有を再建するのである」(Marx 1867: 609-10)。

　この「否定の否定」によって生み出される生産様式を、マルクスは、「共同的生産手段でもって労働し、そして彼らの多数の個人的労働力を自分で意識して一つの社会的労働力として支出する、自由な人間の協同組織(Verein)」(Marx 1867: 45) と表現している。この"Verein"という言葉は、フランス語の"Association"の訳語だと見てよいだろう。

　マルクスはすでに『共産党宣言』において、「古い市民社会およびその諸階級と階級対立の代わりに、一つの協同組合 (Association) が現れるのであり、そこにおいては、各人の自由な発展が、すべての者の自由な発展の条件なのである」(Marx 1848: 482) と宣言していた。1863-65年の『資本論』第3部草稿でも、「労働者自身の協同組合工場 (Cooperativfabriken)」を「資本主義的生産様式から協同的 (associert) 生産様式への過渡形態」と位置付け、「社会の資本主義的形態が廃棄され、社会が協同組合 (Association) となる」過程について述べている (Marx 1863-65: 504, 772)。さらに1871年の『フランスの内乱』では、「諸協同組合の連合体が一つの共同的計画に基づいて全国の生産を調整し、こうしてそれを自分の統制の下におき、資本主義的生産の宿命である不断の無政府状態と周期的痙攣とを終わらせるべき」(Marx 1871: 142-3) だと主張している。

　したがって、マルクスにとっては、ヴァイトリンクやエンゲルスとは違い、そしてシュルツと同様に、「財産共同体」ではなく「協同組合」こそ、「個人の全面的で自由な発展」を実現するはずの来たるべき生産様式なのである。そして、この協同組合的生産様式が歴史的にさらに発展した結果として、初めて想定されるのが「共産主義社会」であった。

　「共産主義社会のより高度の段階で、すなわち諸個人が分業に奴隷的に従属することがなくなり、それとともに精神労働と肉体労働との対立がなくなったのち、労働がたんに生活のための手段であるだけでなく、労働そのものが第一の生命欲求となったのち、諸個人の全面的な発展にともなって、またその生産

諸力も増大し、協同組合的（genossenschaftlich）富のあらゆる泉がいっそう豊かに湧き出るようになったのち、そのときはじめて市民的権利の狭い視界を完全に踏み越えることができ、社会はその旗にこう書くことができる。各人はその能力に応じて、各人にはその必要に応じて！」(Marx 1875: 15)

　これが、マルクスにとって「諸個人の自由な発展」を実現する社会の究極の姿であった。これは一種のユートピア的理念であるが、この共産主義社会のユートピア性は、ある意味で二乗化されている。というのは、初期の共産主義者たちが「いま・ここ」において即時の貨幣の廃棄と財産共同体の実現を企てたのに対して、マルクスは共産主義の実現を、時間的にも空間的にも「いま・ここ」を超えた広がりにおいて展望していたからである。

　　資本は一方では、交通すなわち交換のあらゆる場所的制限を取り払って、地球全体を自己の市場として獲得しようと努めないではいられず、他方では、時間によって空間を絶滅しようと、すなわちある場所から他の場所への移動に要する時間を最小限に引き下げようと努める。……資本は、それ自体はその本性からして局限されたものではあるが、生産諸力の普遍的な発展に努めるのであり、こうして新しい生産様式の前提となる。……この傾向は、資本をそれに先行するいっさいの生産様式から区別すると同時に、資本はたんなる通過点として措定されているのだ、ということをうちに含んでいるのである。(Marx 1857-58: 438)

　資本主義が地球規模の経済システムである以上、労働者の階級的利害も世界的に普遍的となる。だからこそ彼は、「労働者は祖国をもたない」、「全世界のプロレタリア、団結せよ」(Marx 1848: 479, 493) と宣言した。「諸個人の自由な発展」は、そのようなグローバルな「新しい生産様式」の下で初めて実現可能となるのである。しかし、場所と時間の制約を取り払って世界的規模で展開しつつある資本主義が、そのための必然的な「通過点」をなしている。「いま・ここ」ではないが、「いつか必ず」。壮大な展望、しかし延期された期待。これこそが、初期社会主義に対するマルクスの思想の独自性であった。

3　ドイツにおけるマルクス主義の受容

1）ラサール派とアイゼナッハ派

　19世紀はドイツにおいても、1830年の関税同盟の結成以後、ラインラントを中心に工業化が進んだ。それとともに、労働運動も芽生えてきたが、それに大きな影響を及ぼしたのは、ラサールとマルクスであった。**フェルディナント・ラサール**（1825-64）は、ヘーゲルの影響を受け、現実の国家を自由の実現という国家の理念に近づけることを目指した。ドイツ労働者の境遇に同情し、労働運動の組織化に努め、このため、マルクスに協力しようとした。ラサールは、1863年に、ドイツ労働者総同盟という最初の社会主義団体を組織した。彼はドイツの自由主義ブルジョワジーに失望し、彼らへの支持を断念し、ユンカー・主農派であるドイツ帝国宰相ビスマルクと交渉することによって、その目的を達成しようとした。その目的というのは、国家の民主化のために普通・平等選挙権を獲得すること、社会の変革に積極的に関与し、労働者の協同組合に信用を提供するものに国家を変えることであった。こうして、ビスマルクが1871年に成立したドイツ帝国の憲法に成人男子による普通選挙に基づく帝国議会の規定を盛り込んだとき、ラサールはその実現を妨げなかった。

　1875年にゴータの会議において、ラサール派がヴィルヘルム・リープクネヒト（1826-1900）とアウグスト・ベーベル（1840-1913）の指導するアイゼナッハ派（マルクス派）と合同し、ドイツ社会主義労働者党を結成したとき、その綱領は、国家死滅を謳うマルクスの理念よりは自由な人民国家の実現というラサールの理念に近いものであった。

　マルクスは亡命地ロンドンにおいて主に理論活動に従事したが、ラサールはドイツにおいて労働運動を指導したので、ドイツ国内の労働者指導者の間では、ラサールの影響が非常に大きく、また、長期にわたって存続した。F. メーリンク（1846-1926）、C. E. ショースケなどの著名なドイツ社会民主主義研究者は、ドイツ労働運動におけるラサールの影響力の大きさを指摘している。ラサールの思想は、現実の帝国議会を足掛かりに、ドイツ社会の改良と労働者の地位の

向上を図るものであり、国家を通じて社会主義を実現しようとする点で国家社会主義とも呼ばれたが、西欧諸国に広く見られた社会改良主義・社会民主主義に繋がっていく内容を持っていた。彼らは、ドイツ第二帝国（1871-1918）の実情のなかで、労働者の社会的境遇改善をもたらす道を探ったのである。

2) エアフルト綱領（1891）と修正主義論争

1890年に宰相**オットー・フォン・ビスマルク**（1815-98）の辞任によりビスマルクの社会主義者に対する弾圧が終わったのち、ドイツ社会主義労働者党は党名をドイツ社会民主党と変更し、エアフルト綱領を採択した。これは最初のマルクス主義的綱領といわれ、それは特に第1部の資本主義発展の見通しに示されていた。

エアフルト綱領は、その第1部でカウツキーの筆になる資本主義発展の展望が述べられ、第2部でベルンシュタインの筆になる国民の民主化要求と労働者の社会的・経済的・政治的地位の改善要求が出されている。前者においては、資本主義発展は資本主義崩壊に至るという社会革命の必然性が唱えられ、後者においては、現体制を前提とした国民と労働者の境遇の改良が唱えられているので、両者の整合性が問題となる。W. アーベントロートのように、両者の乖離を結び付けるものは、労働者の実践だと見るものもいる。しかし、修正主義論争を経た今日、この綱領の両部分の間の矛盾と対立を指摘する論者は多い。とはいえ、第1部の資本主義発展＝崩壊論は、社会民主党によるマルクス主義の受容の象徴として、マルクス主義を信奉するカウツキーやベーベルにとっては不可欠なものであった。

3) カウツキーの資本主義発展＝崩壊論

カール・カウツキー（1854-1938）は、「エアフルト綱領」の第1部、『エアフルト綱領解説』（1892）、『社会革命論』（1902）、『権力への道』（1909）などの著作において、資本主義の発展傾向とその結果として資本主義崩壊と社会革命の不回避性について論じた。その論点

K. カウツキー

は、マルクス『資本論』の第1巻第7編に示された、資本制的蓄積の一般的法則の叙述に基づくものであった。すなわち、資本の集積・集中法則により、中小経営（中間層）が分解し、少数の大資本・大地主と多数の労働者層への階層分解が進むこと、また、生産の無政府性のために生産の拡大が進むとともに、労働者の消費の限界などによる需要の制限のために、周期的に過剰生産恐慌が生じうること、などであった。カウツキーは、この階級分解の進展による階級対立の激化と過剰生産恐慌の激化という両要因によって、資本主義は崩壊の必然性の下にあると論ずる。カウツキーによると、社会革命は主体的に切り開かれるものではなく、資本主義が必然的に崩壊することによって、労働者階級は受動的に権力を引き受けざるをえなくなるのである。こうして労働者階級による政治権力の掌握は主張されながらも、実質的には資本主義の崩壊を待つ、待機主義的で静観主義的な運動論に陥る。

　マルクスとエンゲルスの社会革命論にあっては、宿命論的な待機主義的立場は考えられず、労働者階級の政治的および経済的な階級闘争の展開が基調をなしている。ところが、カウツキーとドイツ社会民主党の路線においては、資本主義崩壊の客観的必然性を確信することにより、党の活動そのものはかえって受動的・静観的になるという特徴が見られた。

4) ベルンシュタインの資本主義進化論

　これに対して、**エドゥアルト・ベルンシュタイン**（1850-1932）は、連続論文「社会主義の諸問題」（1896-98）や、主著『社会主義の諸前提と社会民主主義の任務』（1899）において、カウツキーの資本主義崩壊論の論拠に反論した。すなわち、カルテル、トラストなどの企業家組織の発展は生産の調整を可能にし、銀行制度と株式会社制度などの信用制度の発展は信用恐慌の勃発を限定すること、また、他方では、社会統計に示される根強い旧中間階級の存続と新中間階級の出現、および株式会社制度による多数の株主の出現を有産者の増加と評価できること

E. ベルンシュタイン

などにより、資本主義の危機に対する適応能力が増大していると見る。かくして、ベルンシュタインによれば、資本主義は崩壊するのではなく、進化し、変貌していく。とすれば、社会改革の路線も、資本主義崩壊と社会革命の日を受動的に待機するのではなく、積極的に社会改良を積み重ねていくべきだということになる。労働組合や協同組合による労働者の経済状態の改善、および議会での社会立法を通じての労働者と国民の経済的・政治的境遇の改善などが、重視されることになる。

　ベルンシュタインがこうした立場を取るに至ったのは、ベルンシュタインそのひとが社会主義者鎮圧法によりイギリス亡命中にフェビアン主義の漸進主義・改良主義の影響を受けたこと、ラサールとラサール派の議会を重視する運動論が社会民主党に強い影響を与えていたこと、ドイツ第二帝政期の社会民主党の地方支部の活動家や自由労働組合の幹部は改良主義的活動を正当化する理論を求めていたこと、などの事情による。

　カウツキーとベルンシュタインとの資本主義観の相違は、前者が資本主義の発展は恐慌と階級対立の激化による資本主義崩壊を不可避的にもたらすと見るのに対して、後者が資本主義発展はそうした崩壊をもたらすものではなく、企業家組織や信用制度の発展により危機への適応能力を増加させながら制度的に進化していくものだと見ることにあった。ちなみに、カウツキーとベルンシュタインは、それぞれ景気循環の別の局面を資本主義の永続的な特徴と捉えていたと解釈することもできる。すなわち、カウツキーは1873年から1895年まで続いた「大不況」期の停滞した経済事情に強く影響されたので、資本主義崩壊の必然性を強調したが、ベルンシュタインは1895年以降1907年まで続いた好景気に印象付けられ、独占段階の資本主義の経済的躍進を資本主義発展の基調と見るに至った。こうした資本主義観の相違が、政治路線においては、資本主義崩壊を待ち、それまでに労働者の組織を強化するというベーベルなどの社会民主党の党中央派の路線と、積極的に社会改良を推し進めるというベルンシュタイン修正派の改良主義路線の対立となって現われた。後者は、自由労働組合の幹部や社会民主党の地方の活動家の一部により支持され、社会民主党のなかで影響力を強めた。しかし、同党のドレスデン党大会（1903年）において、修

正主義否認の決議がなされ、公式には、前者の資本主義崩壊論が堅持されたのであった。

ベルンシュタインの問題提起をめぐる論争は、マルクス主義の窮乏化論・恐慌論の妥当性とその政治的帰結（革命）をめぐる論争であり、ベルンシュタインの見解に対しては、アレクサンドル・パルヴス（1867-1924）、ローザ・ルクセンブルクなどの党内左派のみならずレーニン（1870-1924）などの第二インターナショナルの左派からも批判が向けられ、国際的な修正主義論争が繰り広げられた。この論争は帝国主義論争に引き継がれ、このなかで、社会民主主義の左派と右派との路線論争が遂行されたのである。

5）帝国主義論争の展開と帝国主義論の成立

第１次大戦前のドイツ社会民主党および第二インターナショナル内の論争としては、通商政策論争および植民地政策論争などの帝国主義政策をめぐる論争が見落とせない。これらの論争においても、左派と修正派（および改良派）との間に、見解の対立点があった。

通商政策論争においては、ベルンシュタイン、E. ダーフィト（1863-1930）、R. カルヴァー（1868-1927）などは、ドイツ政府の提出した1902年の新関税法に関して、その高率の穀物関税には反対するものの、その鉄鋼関税については、ドイツ工業がイギリス工業に比べて未成熟であることを理由に、また生産者としての労働者の利害のため、それを容認する態度をとった。これに対して、カウツキー、ベーベル、ヒルファディングなどのマルクス派は、鉄鋼関税がカルテルに組織された鉄鋼生産者の鉄の独占価格を維持するための保護関税であるとして、その撤廃を要求する。その背後には、ドイツ資本主義をイギリス資本主義に比べて未成熟な資本主義と捉え、ドイツの幼稚工業のための育成関税を提唱したF. リストに由来する国民経済的資本主義観と、ドイツ資本主義がイギリスに対抗するほどに成熟した資本主義であり、重工業においては独占的資本組織を形成するに至っていると見るマルクス派の資本主義観との相違がある。また、マルクス派の見解には、この独占資本主義は、資本主義発展の最高段階かつ最終段階であり、社会主義の直接の前段階であるという、終末論的な見解

も見られた。

　他方、植民地政策をめぐる論争においては、ベルンシュタイン、オランダの社会主義者ファン・コール（1851-1925）などは、先進工業国による植民地政策は発展途上国に文明を普及させ、その生産力を開発する傾向があるので、暴力的な植民政策は避けねばならないにしても、平和的な植民政策は容認すべきだとした。これに対して、ベーベル、カウツキー、ヒルファディング、およびレーニンなどは、植民地政策が、先進国の金融資本による、発展途上国の資源の獲得と自国の過剰な商品および資本の輸出先の確保のために行われる、途上国に対する政治的支配であると捉えた。資本と労働の階級差別を克服しようとする社会民主主義は、宗主国と植民地との、また支配民族と被支配民族との対立を克服すべきだと見たのである。

　19世紀末から20世紀中頃までの時期には、先進国の金融資本により帝国主義政策が実施され、それにともない、植民地の再分割をめぐる帝国主義戦争が繰り広げられた。そうした帝国主義については、J. A. ホブスン（1858-1940）、M. ヴェーバー、J. A. シュンペーターなどの自由主義的経済学者によって、また、R. ヒルファディング、R. ルクセンブルク、およびレーニンなどのマルクス主義者によって、理論的な説明が試みられた。自由主義的経済学者によると、概して、近代の産業資本家階級は平和主義的で合理的な経済活動を好み、暴力的略奪的な帝国主義政策を好まないのであり、帝国主義政策を好むのは、冒険的商業資本とか封建社会以来の地主層のような前近代的な階層であるとされる。これに対して、マルクス主義的な帝国主義観にあっては、帝国主義は資本主義経済そのものから必然的に生ずると捉えられる。その際、金融資本の資本蓄積様式の特徴から帝国主義を説明する資本蓄積論的帝国主義論と、世界市場の構造変化から帝国主義発生を説く世界市場論的帝国主義論という2つのタイプがあった。帝国主義論は、第二インターナショナルに参加する社会主義政党の戦争を準備する国家権力との対決において、またレーニンのロシア革命戦略において基礎的な理論となった。

　ルドルフ・ヒルファディング（1877-1941）は『金融資本論』（1910）において、金融資本とは銀行資本（独占）が所有し産業資本（独占）が利用する貨幣形態の

資本だと定義し、その資本蓄積様式は銀行制度と株式会社制度を利用した資本集中に基づく蓄積だと特徴付け、さらに、カルテル保護関税・資本輸出・植民地政策などの帝国主義政策は金融資本の必然的な経済政策だと捉えた。他方、レーニンは『帝国主義論』(1917)において、金融資本を支配的資本と捉えるものの、それは資本蓄積にともなう生産の集積の結果として成立したと捉え、帝国主義については先進国の過剰資本の資本輸出、資本家団体による世界の分割、列強による

R. ルクセンブルク

世界の分割などによって成立した体制であると捉える。そして、植民地を持たない列強による既存列強の植民地の再分割への闘争から、帝国主義戦争が必然的に勃発すると主張する。ヒルファディングやレーニンは、このように金融資本の蓄積様式と関連付けて帝国主義を捉えた。

ローザ・ルクセンブルク(1871-1919)は、これに反して、世界市場の構造変化から帝国主義が成立すると見る。『資本蓄積論』(1913)において彼女は、資本主義的蓄積は資本主義的領域と非資本主義的領域との間の物質代謝として行われ、資本主義生産はその剰余価値を含む生産物を非資本主義領域において販売することによって剰余価値を実現しうると見る。このため、各先進国はその資本主義生産の製品の販路としての非資本主義領域を確保するために争うようになり、これが帝国主義の原因であると見る。ちなみに、R. ルクセンブルクは、フランツ・メーリンク(1846-1919)、クララ・ツェトキン(1857-1933)とともに、1910年以来、党中央機関を掌握していたベーベルやカウツキーなどの従来の左派の静観主義的態度を批判し、積極的に革命的活動を強めるべきだとする政治路線を取る急進左派を形成したのであった。

4　ドイツ革命からワイマール共和国期の社会民主主義

1) ドイツ革命期──3つの政治路線と資本主義認識

第1次大戦の末期に勃発したロシアの10月革命(1917)とドイツ11月革命

第1次大戦後(ワイマール共和国)

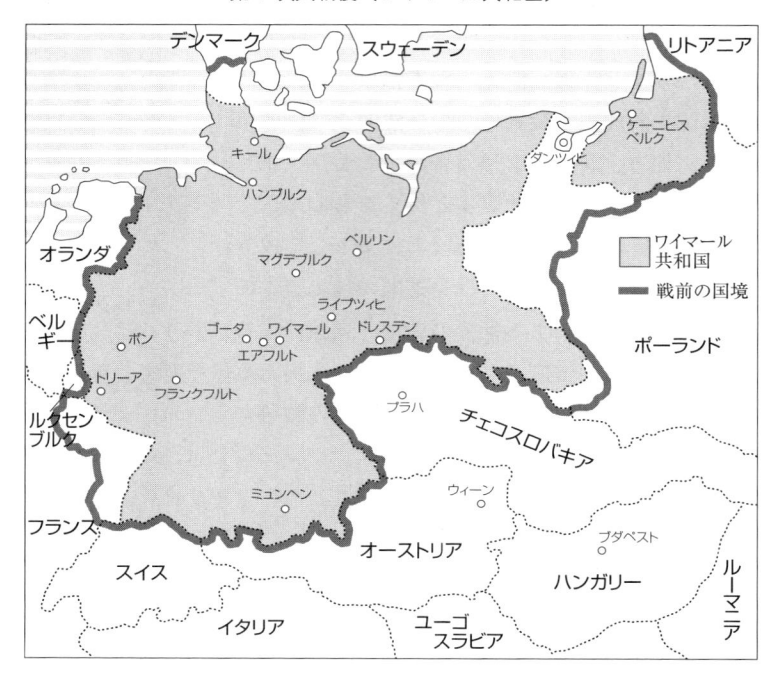

地図中の地名：デンマーク、スウェーデン、リトアニア、ケーニヒスベルク、キール、ダンツィヒ、ハンブルク、オランダ、ベルリン、マグデブルク、ベルギー、ボン、ゴータ、ライプツィヒ、ワイマール、ドレスデン、トリーア、エアフルト、ポーランド、フランクフルト、ルクセンブルク、プラハ、チェコスロバキア、ミュンヘン、ウィーン、フランス、スイス、オーストリア、ブダペスト、ハンガリー、イタリア、ユーゴスラビア、ルーマニア

凡例：ワイマール共和国／戦前の国境

(1918)は、20世紀の世界史の画期をなすものである。それは、16世紀以来の商業経済の発展のなかで成立してきた資本主義生産に代わる社会主義生産（国有企業を基礎とした計画経済の実施）を実現しようとした試みであった。しかし、広範な農業部門とわずかな都市の工業部門をともなうロシアにおいて革命が成功し、少数者である労働者を代表するロシア共産党がプロレタリア独裁を実施し、社会主義生産の建設を志向したこと、他方、資本主義生産が高度に発展し、労働者階級が多数を占めたドイツを初めとする西欧先進国において、プロレタリア革命が成功しなかったことは、マルクスの唯物史観の図式に反する事態であった（グラムシのいう「資本論に反する革命」）。さらに、この頃、ロシア共産党の主導の下にコミンテルン（共産主義インターナショナル）が成立し、他方で、第1次大戦前の社会主義インターナショナルが戦後西欧諸国の労働者政党によ

って再建されたことによって、国際労働運動が共産主義運動と社会主義運動とに分裂するに至った。

　もちろん、この分裂はすでに第1次大戦前の第2インターナショナルおよびその傘下のドイツ社会民主党などの各国政党に潜在的に存在し、前述の修正主義論争および帝国主義論争において露呈していた。ロシアにおいては、ボリシェヴィキ派（レーニン派）とメンシェヴィキ派との路線の相違として、また、ドイツでは、スパルタクス・ブント（のちドイツ共産党）とドイツ社会民主党との路線の相違として現われた。ドイツ革命期には、それらの中間的政党として、ドイツ独立社会民主党があった。政治路線上の対立から述べると、ドイツ共産党は、ロシア革命にならって、革命期に成立した労働者・兵士協議会（レーテ）によるプロレタリア独裁の樹立と社会主義の導入を志向し、他方、ドイツ社会民主党は、共和国議会を通じて政権を獲得し、労働者、農民の政治的経済的地位の改善を目指した。独立社会民主党は、第1次大戦末期に反戦運動を行うなかで社会民主党から分離し、ドイツ革命当初には社会民主党とともに人民委員政府を構成した。独立社会民主党は、議会での活動を中心としつつもレーテも存続させ、炭鉱業・鉄鋼業などの重要産業の社会化を進め、生産者・消費者および政府代表からなる自主管理団体によってこれらの産業を運営するという路線をとった。いわゆる基幹産業の社会化という路線である。

　しかし、1922年には、コミンテルンの働きかけによって、独立社会民主党は解党し、その3分の2の成員は、ドイツ共産党に加入し、残りのものは1年後、社会民主党と再合同した。こうして、ワイマール共和国の議会主義体制に潜在的に敵対的な共産党と、議会主義体制のなかで政権に参加することによって労働者の政治的経済的利益を図ろうとする社会民主党の対立が発生し、固定化されることとなった。この国際労働運動の分裂は、その後の反ファシズム運動、第2次大戦後の革命運動、および社会運動の展開に大きな影響を及ぼした。

　ちなみに、共産主義の理論家たちの資本主義認識と社会民主主義の理論家たちのそれとの決定的な違いは、前者がいつも資本主義経済の発展のなかで矛盾が蓄積され、過剰生産恐慌ないしは帝国主義戦争が準備されるという認識に立つのに対して、後者は資本主義が景気循環をともないつつも、長期的には安定

的に経済成長しているという認識に立っていた。このことは、世界恐慌を予想したE. S. ヴァルガ（1879-1964）の資本主義論とヒルファディング、F. ナフタリ（1888-1961）の組織資本主義論との相違に、典型的に、見られたのである。

　ドイツ革命期には、また既成の左翼政党を批判する急進的な知識人も出現した。たとえば、ハンガリー革命に参加した**ジェルジ・ルカーチ**（1885-1971）は、『歴史と階級意識』（1923）において、歴史発展の法則性に依拠した客観主義的なマルクス主義を批判し、プロレタリアートの階級意識に社会革命の担い手を求めた。さらに、社会民主党左派の**カール・コルシュ**（1886-1961）は、合同社会民主党の議会主義路線や共産党のレーニン主義にあきたらず、社会化を目指す労働者の自発的な運動としてのレーテ運動のなかに、社会変革の可能性を見出した。

2）ヒルファディングの組織資本主義・経済民主主義論

　1924年春に、ヒルファディングは論文「この時代の諸問題」において、1914年から1924年にいたる10年間の社会発展を分析し、「経済における変化」と「国家と国民との基礎的関係の変化」などについて論じた。彼の指摘した経済の変化とは、金融資本の成立によって自由競争の時代が終わりつつあり、その結果「たしかに組織されてはいるが、敵対的な形態で階層制的に組織された経済」（Hilferding 1924a: 2）が成立するだろうということだった。「敵対的な形態で階層制的に組織された」とは、いかなる事態を意味するのか。組織された資本主義とは、資本主義のもつ生産の無政府性が独占的資本組織（カルテル、トラストなど）によって制限された点では自由競争的な本来の資本主義ではなくなっているが、使用者と被用者との敵意に満ちた対立が存続する階層制的体制である点では、平等と協同性を原理とする社会主義ではない、そうした体制である。

　このような資本対賃労働の対立を温存したまま、少数者の利益のために経済を意識的に規制するという組織資本主義を、多数者のために経済を規制し、長期的

R. ヒルファディング

には社会主義に転化しようとするのが、ヒルファディングの提唱する「経済民主主義」である。これによって「少数者によるその権力目的のための経済の意識的社会的な規制は、生産者大衆による規制へと転化する」(Hilferding 1924a: 3)という。つまり、経済民主主義とは、少数者による経済の規制を生産者多数による経済の規制へと転化させていく運動であり、組織された資本主義を社会主義へと転化させていく梃子である。そして、経済民主主義が可能になるためには、生産者大衆が「生産管理に参加する資格」を得るための「心理的な変革」が必要であり、そのためには闘争のもたらす訓練と、「適切な意識的教育活動を必要とする」とされ、啓蒙主義的な教育の重視が見られる。政治革命から社会革命へという革命による社会主義の実現ではなく、経済民主主義の実践による社会主義の実現である。ちなみに、社会主義は彼にとって、「階級も支配もなく、連帯と自由にもとづく共同体」(Hilferding 1924a: 6) であった。

　彼は、第1次大戦後には、帝国主義戦争による社会革命の可能性よりは、国際連盟という「超帝国主義」の組織による平和の可能性を認めた。また、外交政策として軍縮問題を挙げ、敗戦国だけの軍縮ではなく、すべての主要国の軍縮を主張した。こうして「世界における民主主義の進展と社会主義の進展は、ドイツの最重要の外交政策の関心事であり、国民的関心事である」(Hilferding 1924b: 10) と述べている。ドイツ社会民主党と社会主義インターナショナルは、民主主義と結び付いた社会主義を提唱する点では、コミンテルンとは異なっていたのである。

3）世界恐慌と社会主義運動

　1929年ニューヨークのウォール街の株式の暴落に始まったアメリカの恐慌は、世界恐慌に転化した。第1次大戦後のハイパーインフレーションを脱した後のドイツの経済発展は、アメリカからの資金の流入によって可能になっていた。ドイツの相対的安定期の経済発展は、ベルサイユ条約とワシントン海軍軍縮条約の締結によって可能になった第1次大戦後の世界体制の下での順調な経済循環の現われであった。しかし、大戦後、世界経済の覇権国がイギリスからアメリカへ転換し、ポンドを基軸通貨とした金本位制が崩壊し、金為替本位制度と

して再建されるという不安定な世界経済体制にあったために、アメリカの急激な経済発展は恐慌による調整を余儀なくされることになった。第1次大戦後、アメリカに対する債務国となったイギリスとフランス、および、アメリカからの外資導入によって経済復興を遂げつつあったドイツ、オーストリアは、このアメリカの恐慌の影響を受けざるをえなかった。アメリカの資金引き上げによって資金繰りを悪化させたドイツ企業は倒産し、大量の失業者が発生するという事態になった。ワイマール連合による最後の政府で、社会民主党党首ヘルマン・ミュラーを首班とする政府が、「職業紹介および失業保険法」(1927) に基づく失業保険金の支払のために、保険料の引き上げを図ったとき、連立与党のうちに、企業家の意向を受けて保険料の引き上げでなく給付する保険金の引き下げを主張する政党が現われたので、連立政府は崩壊した。こうして、世界恐慌はドイツの政治情勢を一変させた。経済的悪化とともに、政情不安定が始まり、それは遂にはナチスの政権掌握に至る。

　この時期におけるドイツ社会民主党の置かれた状況、その思想と政策はどうであったのか。1931年の職員自由労働組合大会ライプツィヒ大会におけるヒルファディングの報告「経済に関する社会権力か私的権力か」には、彼の大恐慌に対する見方とそれに対する政策が示されている。彼はこの報告においても、金融資本による資本主義の組織化という事実認識から出発する。金融資本の私的権力と国家権力の関係が緊密化すると、第1次大戦前には金融資本が国家権力を用いて帝国主義の政策を取り戦争に至ったが、大戦後は、「勤労者大衆が国家権力に対する影響力を増大させた」ために、企業家団体は、「国家が経済に干渉する必要はない」(Hilferding 1931: 9) と経済的自由主義を語るようになった。これに対して、社会民主主義者と労働者階級は、世界恐慌の混乱のなかで、「生産の統制強化、資本主義的経済機構全体の統制強化のために闘争し」なければならない。労働組合は、「資本の私的権力を制限し、民主主義によって指揮された、すなわち広範な大衆によってますます影響され、遂には支配された国家権力を、全体の利益のために用いるべく、いつでも全力を尽くさねばならない」(Hilferding 1931: 36) と主張する。つまり、労働者が国家権力に影響を及ぼすことによって、私的権力である資本主義的経済機構を全体の利益に役

立つように指揮し、支配していくことを主張している。ちなみに、1929年に始まる世界恐慌については、それが周期性の恐慌でもなければ、資本主義崩壊を意味する最終的恐慌でもなく、第1次大戦とその後の経済事情がもたらした不均衡を調整するもの、「実際上〔第1次世界〕戦争の根本的清算である」と見なした。

　だが、社会民主党と労働組合によって国家権力を用いて私的な経済権力を制限するという修正資本主義論的な立場を獲得しながら、世界恐慌のもたらした失業問題を解決すべく、ケインズ主義的な雇用創出策のような具体的な政策を打ち出せなかったところに、ヒルファディングと社会民主党の限界があった。当時、自由労働組合執行部から雇用創出策を取るように提案されたが、ミュラー政府の財務大臣ヒルファディングはそれを採用しなかった。というのも、そうした政策が第1次大戦後のハイパーインフレーションを再発させることを恐れたためであった。

4）オットー・バウアーの民族理論と社会主義への民主主義の道

　オットー・バウアー（1881-1938）は、マックス・アドラー（1873-1937）、カール・レンナー（1870-1950）などとともに、オーストリア・マルクス主義者のひとりである。かれは、1906年にウィーン大学の法学部卒業後まもなく、『民族問題と社会民主主義』（1907）を公表し、民族問題の専門家と見なされるようになった。第一次大戦前のオーストリア-ハンガリー帝国は、ドイツ人、ハンガリー人、チェコ人、南スラブの諸民族からなる多民族国家であり、民族問題が重要な問題であった。カウツキーが民族を共同の民族語をもつ「言語共同体」と捉え、レンナーが民族を「文化共同体」と捉えたのに対して、バウアーは民族を「運命共同体によって一つの性格共同体へと結びつけられた人々の社会集団である」と捉えた。その際、性格共同体は、民族の自然共同体と文化共同体との統一と捉えられ、それらは共通の生存闘争を行う運命共同体から発生すると見た。また、オーストリア-ハンガリー帝国の民族問題については、少数民族が民族自決をもつ民族国家になるのではなく、帝国の中で各民族が固有の文化を保持する文化的民族自治を認めるべきだとした。この民族的自治において

は、人々をその居住する地域に分ける属地主義を主要原理とし、各個人の文化的な民族への帰属に基づく属人主義を補完原理として、対処すべきだとした。1899年のブリュン民族綱領は、この立場に立っていた（これに対し、レンナーは、属人的民族自治を提唱した）。このバウアーの処女作には、経済問題への言及も見られ、オーストリアのカルテル保護関税の問題や経済領域の意義など、当時顕著になりつつあった帝国主義の政策にも言及しており、ヒルファディングの『金融資本論』の金融資本の政策論にその影響が見られる。

　第1次大戦中にロシア軍の捕虜となり、ロシア革命の現実を見たのち、バウアーはウィーンに帰り、社会民主党の活動に参加する。1918年11月、旧ハプスブルク（オーストリア-ハンガリー帝国）帝国が解体され、ドイツ系オーストリア共和国が成立した。バウアーはこの共和国の外務大臣となり、ドイツとの合邦（アンシュルス）のために努力したが、フランスの反対で失敗した。社会主義革命の運動の高まりのなかで、バウアーはロシア革命のようなソヴィエト（レーテ）独裁を否定し、議会を通じての「社会主義への民主主義の道」を主張した。また、重要産業の社会化による社会主義経済の導入を主張し、このため、1919年初めには「国家、労働者、職員、消費者の代表が共同管理する企業であるところの共同経済企業に関する法律」を制定した。この構想は、ドイツ革命におけるヒルファディングの社会化構想と一致しており、ともにイギリスのギルド社会主義の影響を受けている。もっとも、いずれの国においても、政治状況は重要産業の社会化を許さなかった。しかし、彼らは、ボリシェヴィズムの「プロレタリア独裁」による重要産業の国有化に基づく中央集権的な計画経済の導入という路線とは異なった社会主義化の道を示した。オーストリア共和国における社会民主党の指導者として、バウアーは議会における多数派の獲得によって、労働者の権力を獲得し、ブルジョアジーが蜂起するときは戒厳令によってこれに対処しながら、社会主義政策の実施に進むべきだとした。しかし、彼は暴力の使用により内戦を引き起こすことには、反対した。こうして、1934年にファシストのドルフース政府が、憲法を破棄し、武力でもって社会民主党を壊滅させたとき、彼もまたチェコへ亡命せざるをえなかった。

5 ナチズム期と戦後の社会民主主義

1）ヒルファディングの「全体的国家経済」の概念——ナチス経済論(1)

　ナチス期の社会民主主義の思想としては、ドイツ国内およびヨーロッパ諸国に亡命して抵抗運動を行った社会民主主義者のそれが、まず取り上げられるべきだろう。ドイツ国内には、国会議員を中心とした社会民主党指導者の一部が留まり、また、自由労働組合の幹部も留まっていたが、やがて、ナチスの手によって拘束された。しかし、それに先立ち、同党はチェコスロバキアのプラハに在外指導部「ソパーデ」を設置していた。同指導部は、新情勢に対応すべく、「プラハ宣言」（1934年1月28日）という文書を発表し、ドイツ国内での非合法闘争によって、ナチスの全体国家を打倒し民主主義を回復し、さらに社会主義を実現する全体革命を主張した。そして、1933年党機関紙『ノイアー・フォーヴェルツ（Neuer Vorwärts）』を刊行し、さらに、同年ヒルファディングを編集者とする理論機関誌『社会主義雑誌（Zeitschrift für Sozialismus）』を刊行した。これらの文書は、さまざまのルートを経てドイツ国内に持ち込まれた。

　ドイツにおける「国民社会主義ドイツ労働者党（Nationalsozialistische Deutsche Arbeiterpartei）」すなわちナチス党の政権獲得（1933）とそれによって作られた体制は、どのように捉えられていたのか。前掲機関誌の創刊号に発表された論文「時代と課題」において、ヒルファディングは、1929年恐慌によって損害を受けた農民層と都市中間層が資本主義に反抗し始め、これに負債を抱えた大農業家層、国有化を恐れる重工業家、国家の管理に置かれた銀行などが合流して、民族主義と領土拡張主義を旗印とするナチス党を、政権につかせたと見る。こうして成立した「全体国家」の下では、「労働者は非政治化と団結の自由の破壊によって資本主義国家の奴隷に転化しているが、企業家には、経営の支配だけでなく、経済政策、社会政策も独壇場として任される。反資本主義政策は労働者に対する大資本の圧倒的な勝利に終わる」（Hilferding 1933: 7）と評価した。社会民主党や共産党に対抗する反資本主義政党として台頭し、国会選挙によって合法的に政権についたナチス党は、政権獲得後は、議会制度を破壊し、独裁

を強め、大資本家を復興させ、民族主義の煽動を強めた。これに対して、社会民主党は、「ドイツにおける非合法活動を組織するという課題」を立て、全体国家に対する全体革命を目指すとしている。

　彼は、社会民主党の在外指導部の綱領（プラハ宣言）を論評した論文「革命的社会主義」において、社会主義と自由について注目すべき見解を述べている。つまり、重要なのは自由であり、社会主義はそれを実現するための手段であるという。「資本主義のもとでは自由がないか、『形式的』自由、法の前での平等しかないのであり、内容的に充実した自由、生活条件と昇進可能性の平等は存在しない」。これに対して、社会主義は、「目的ではなく、全国民が自由に文化のもたらす財にますます多く関与することを可能にする手段である」（Hilferding 1934: 146）。このように、自由、平等、連帯という西洋民主主義の理念を重視し、ナチズムとの戦いにおいては、社会主義の実現よりもまず民主主義の回復が課題だとした。

　ナチス支配下で、まず、団結権回復と労働者の闘争組織の創出という要求が出されねばならない。しかし、そのためには、集会の自由、結社の自由、および出版の自由が必要だ。そこで、勤労階層の不可避の要求として、政治的権利への要求が出てくる。こうして民主主義的な運動が成立すると、それは当然にもナチスの支配の打倒、つまり国家権力の奪取に拡大するだろう。ナチスを倒すことによってのみ、民主主義は勝利しうる。ナチスを打倒し、内乱のなかから成立した革命政府の課題は、「敵国家権力の破壊、革命裁判所による国事犯の断罪、官僚・司法・軍隊の粛清、政府の信頼しうる人物による全ての重要なポストの充足、反動の社会的活動分子に対して革命を保障すること、大地主と重工業の賠償なき没収、ライヒスバンクと大銀行をライヒの所有と管理に移すこと」（Hilferding 1934: 151）などである。

　最後に、ナチス期の経済を全体としてどう特徴付けるのかという問題がある。ヒルファディングは、論文「国家資本主義か全体的国家経済か」（1940）において、ソヴィエト連邦を「官僚の支配する国家資本主義」と規定するイギリス人ヴォラルに対して、ソ連、イタリア、ドイツをいずれも「全体的国家経済」という概念の下に捉えようとした。ヒルファディングによると、資本主義はひと

つの市場経済として、資本主義企業の間の競争によって成立する価格が、各生産物の生産される割合、資本と収益の投資の方向を決定するのだが、国家が全生産手段を所有すると、企業の競争はなくなるので、価格はそうした機能を持たなくなる。したがって、国家資本主義という概念は、形容矛盾であり、成り立たない。これに対して、国家経済は「経済法則の自立性を除去する」のであり、「市場経済ではなく、消費経済である」。価格ではなく、国家の計画委員会が「何をどう生産するか」を決定する。「外面的には、価格も賃金も存在しているが、それらの機能はまったく変化」し、「分配のための手段にすぎない」ものとなる（Hilferding 1940: 18）。市場経済メカニズムが国家の中央権力によって規制されるのである。

　では、ヒルファディングのいう「全体的経済（Totalitäre Wirtschaft）」あるいは「全体的国家経済（Totalitäre Staatswirtschaft）」とは、どのような概念か。全体経済の本質は、国家が経済をその目的に従わせることであり、経済はいまや操舵される。この結果、経済は市場経済から、国家が欲望の性格と程度を規定する「消費経済」へ転化する。ドイツ、イタリア、ロシアのいずれにも見られるように、全体国家の経済システムは互いに接近してくる。ヒルファディングはソヴィエト連邦の経済システムは、「全体的国家経済（eine totalitäre Staatswirtschaft）」であり、ドイツやイタリアの経済もますますこのシステムに接近していると結論付けている（Hilferding 1940: 22）。

2）F. ポロックの「国家資本主義」の概念──ナチス経済論(2)

　国家資本主義の概念を否定したヒルファディングに対して、この概念を用いて、ナチス経済およびニューディール期のアメリカ経済を分析したのが、フランクフルト学派の経済理論家で戦時中ニューヨークに滞在した**フリードリヒ・ポロック**（1894-1970）であった。彼は論文「国家資本主義」（Pollock 1941）において、国家資本主義を当時の経済を分析するための理念型として構成しようとし、そのため、ナチス経済とニューディール経済を念頭におきつつ、市場経済（競争的資本主義）との比較で、その概念の特徴を明らかにした。ポロックによれば、国家資本主義は、競争的資本主義でも独占資本主義でもなく、また社会

主義でもない新しい体制であり、その特徴は国家による一般的計画に基づく、経済に対する干渉という点にある。

　ポロックの国家資本主義概念は、資本主義分析の理念型として提出されたが、同時にまた、独占資本主義に続く資本主義の新段階とも捉えられている。というのも、1930年代の資本主義に見られた、政府の民間経済への干渉の増大、完全雇用を目指す経済政策の実施、管理通貨制度の萌芽などを、国家資本主義の特徴付けに用いているが、それらの現象は19世紀末葉から20世紀初頭の独占資本主義とは異なる新しい現象であるからだ。

　さらに、国家資本主義に続く社会については、ポロックは社会主義的計画経済を想定している。彼は、資本主義的計画経済と社会主義的計画経済とを比較し、全般的な計画経済を意味する社会主義的計画経済の優越性を主張している。ポロックは1930年代の資本主義を、全体主義的ないしは民主主義的国家資本主義という概念によって把握しようとした。

　ポロックは、1930年代の資本主義のうちナチス経済を、全体主義的国家資本主義と捉えた。そこでは、私的資本主義の下で重要な役割を果たしていた価格、利潤、賃金というような範疇が機能しなくなり、経済が国民共同体や労働戦線における指導者と追従者という関係の下に運営されるようになり、経済が政治を規定するのではなく政治が経済を規定するという、唯物史観の公式に反する事態が現われている。市場経済の価格メカニズムによって、需給の調節や資源と労働力の効率的な配分が事後的に図られるのではなく、国家の一般的計画に基づき、政府が生産、消費、貯蓄、投資などに関する指令を出し、個別企業や企業グループの利害関心も、この一般的計画に従属させられるので、無計画な生産の代わりに科学的管理が支配するようになる。利潤や賃金が存続する限りでは、国家資本主義は私的資本主義を継承しているが、それらの範疇の機能は変化している。また、ナチスの全体国家においては、近代的な法治国家の下で支配者と被支配者をともに縛っていた法の支配が消滅し、独裁的な指導者とその政府の出す指令によって、人治的に経済が運営される。新体制を存続させるメカニズムとして、アウトバーン（自動車道路）の建設などの投資政策を用いた完全雇用政策がとられた。さらに、ナチスの体制の下では、個人の役割や

家族の地位が以前とは一変したので、それが新体制を作り出したと評価している。

これに対して、民主主義的タイプの国家資本主義は、ニューディール期のアメリカ資本主義である。2つのタイプの相違は、経済を操舵する政府が、どのようにして選出され、どのような性格を持つかによる。ニューディール経済においては、政府は民主主義的に選出され、民衆によって制約されているが、ナチス経済はナチスの独裁政権の下にあった。

ポロックの国家資本主義論の特徴をまとめると、そこでは市場経済の法則が国家の計画経済による経済への干渉によって取って代わられたと見なしたこと、市場経済に対する計画経済の優越性を主張すること、国家資本主義を独占資本主義に続く新しい段階と捉えること、国家資本主義を全体主義的国家資本主義と民主主義的国家資本主義とに類型化し、前者を自由の欠如した体制だと批判し、後者を前者よりも相対的に良いものと見なしたことなどである。

では、ヒルファディングとポロックとの見解には、どのような異同があるのだろうか。両者は、いずれも資本主義生産の無政府性にこの生産様式の矛盾の根源を見出し、これを制限する金融資本の経済の組織化あるいは国家による経済の組織化が、私的資本主義の矛盾を部分的にせよ解決しうると見る。ヒルファディングの組織資本主義論においては、金融資本による資本主義の組織化によって、生産の無政府性が部分的にせよ克服され、資本主義が安定化するという傾向が強調される。さらに、ナチス期については、金融資本だけでなく、全体主義的な政府による経済に対する干渉と規制が強められ、体制の安定性は増大すると見なされる。

同じことは、ナチス経済を全体主義的な国家資本主義と規定したポロックにも見られた。ポロックは、市場メカニズムの欠陥は国家の計画によって解決されうると見なし、資本主義的計画経済よりは社会主義的計画経済が優れているので、国家資本主義はいずれ社会主義に取って代わられると見た。しかし、資本主義の社会主義への変革のためには、労働者階級の影響力が決定的に重要であるが、その条件がナチス期のドイツにはないと見るので、ナチスの新体制は長期にわたり存続すると予想した。このように亡命地から抵抗運動を続けたヒ

ルファディングも、アメリカにおいてナチス国家を観察し、アメリカ政府の反ナチ戦略に協力したポロックも、全体主義国家の内部からの崩壊の可能性については悲観的であった。

ヒルファディングがナチス経済を国家資本主義という概念ではなく全体的国家経済という概念を用いて捉えたのは、ナチス国家が生産や分配の方針を決定し、私的な資本家の自由な活動の余地が少なくなるので、資本主義という表現が不適切と見たことによる。これに対して、ポロックはナチス経済を全体主義的国家資本主義という概念をもって捉えたが、それは国家による計画経済と経済への干渉が強まるにしても、資本家の私的所有、利潤などの資本主義的特徴が残るためであった。両者の間には、国家の経済への干渉と計画の強化という面を重視するか、私的資本主義の特徴が残るという面を重視するかの相違がある。

3）第2次大戦後の社会民主主義の再出発

第2次大戦後、東ドイツには、ソヴィエト連邦の影響のもとに、ドイツ民主共和国が成立した（1949年）。社会主義統一党が、独裁を敷き、ソ連の社会主義に範をとった社会主義化を目指した。すなわち、重要産業の国有化に基づく中央集権的な計画経済を志向した。東ドイツにおいては、レーニンの第1次大戦中の国家独占資本主義論とスターリンの『ソ連邦における社会主義の経済問題』(1952)における資本主義論（統一した世界経済の崩壊による資本主義の全般的危機の深化、独占は最大限利潤を目指し投資すること、資本主義諸国間の戦争は不可避、独占の下への国家の従属）を継承した、国家独占資本主義論が発展した。とりわけ、K. ツィーシャンクは、国家が再生産過程に組み込まれることによって、資本主義体制の矛盾の深化と、その崩壊を一時的に安定化させるメカニズムとが結び付けられている点に、国家独占資本主義の特徴があると見た。彼以外にも国家独占資本主義に関する多くの理論が出された。これに対して、西ドイツのドイツ連邦共和国（同じく1949年成立）においては、社会民主党、キリスト教民主同盟＝社会同盟などによる社会国家の建設が目指された。

第2次大戦後のドイツ社会民主党は、ヨーロッパ大陸に留まったマルクス主

義的な指導者がほとんどナチス期に死亡したので、ロンドンに存在した亡命者を中心に再建された。彼らは、戦後の社会民主党を再建するに際して、合法的な手段により社会主義を実現するという、ヘルマン・ヘラー（1891-1933）の路線を継承した。また、彼らの目指したドイツ連邦共和国（旧西ドイツ）の体制は、いわゆる社会国家であり、民主主義的制度のうえで社会政策を実現しようとするものであった。そうした社会国家を目指す点では、キリスト教民主同盟（CDU＝CSU）とも一致していたので、戦後の高度成長期に、社会保障制度が充実した。しかし、1970年代に、欧米諸国を襲ったオイルショックを契機とするスタグフレーションと失業率の上昇のなかで、社会国家の見直しが語られるようになった。

　第2次大戦後の社会民主主義は、マルクス主義的な資本主義崩壊論を放棄し、自由・公正・連帯という倫理的な要請に立つ社会改良運動として出発した。ドイツ社会民主党の「ゴーデスベルク綱領」（1959年）には、「自由、公正、および共に精神的に結び付いていることから生まれる相互の義務としての連帯は、社会主義理念の基本価値である」と述べられている。この基本価値から、平和、諸国民の連帯、民主主義、教育における特権の廃止などの、人間的な社会の基本的要求が生ずる。また、国家は社会国家として市民の生活を配慮し、文化国家として、議会制度と地方自治、メディアの公共性、裁判官の独立性を保護するように要求する。国防は「非戦闘員の保護」を目的とする。経済政策としては、通貨の安定に基づく完全雇用の確保と全般的な福祉の向上を目的とするように要求する。大企業の勢力を制御し、消費者の利益を図る。もっとも、生産手段の私的所有は、「公正な社会秩序の建設を妨げない限り」保護され、奨励されるべきだとされる。私有と競争に基づく市場経済のメカニズムは、経済社会の構造として認められている。

　他面では、政府の所得政策や財産政策は、市場経済のもたらす所得配分や財産配分の不公正を是正することを目指すべきだという、社会的市場経済の構想（第7章参照）に近い見解をとっている。農業における協同組合制度の促進と、労働者・職員・官吏が労働組合へ結集し、労働の成果の配分に関与し、経営や労働条件に関して共同決定に参加することを要求している。さらに、社会生活、

文化生活、国際関係に関しても、基本価値の観点から政策が立てられている。

　資本主義崩壊論を放棄し、基本価値という倫理的要請に基づいて政策提案していることに見られるように、伝統的マルクス主義が要求してきた生産手段の社会化に基づく計画経済の導入は、要求されない。むしろ市場経済を基本的には是認しつつ、大企業の抑圧や分配の不公平が発生した場合に、社会国家の経済的および社会的干渉政策によって、それらの弊害を是正することが、提唱されたのである。

　さらに、1990年の東西ドイツの再統一以後、東ドイツへのインフラストラクチャー構築のための投資や、国営企業の民営化にともなう失業者への失業給付の増加などによりドイツ連邦共和国の財政が悪化するなかで、また、グローバリゼーションによる国際競争の激化のなかで、社会国家の縮小ないしは自由主義的な改造が目指されるようになった。社会民主党のG. シュレーダー（1944- ）首相が設置したハルツ委員会による社会保障制度の改革はこの方向を目指している。しかし、同党の元党首で左派のO. ラフォンテーヌ（1943- ）が脱党し左翼党を形成したことにより、社会民主党のなかにも新自由主義を批判する勢力がリードするという事態も生じている。グローバル化の波とヨーロッパ連合の発展する不透明な世界資本主義のなか、ドイツ社会民主主義は大きな試練に立たされているといえる。

文　献

Bauer, O. (1907): *Die Nationalitätenfrage und die Sozialdemokratie*, Wien. 丸山敬一・倉田稔他訳『民族問題と社会民主主義』御茶の水書房、2001年.

Bernstein, E. (1899): *Die Voraussetzungen des Sozialismus und die Aufgaben der Sozialdemokratie*, Stuttgart. 戸原四郎訳『社会主義の前提と社会民主党の任務』河出書房新社、1960年. 佐瀬昌盛訳『社会主義の諸前提と社会民主主義の任務』ダイヤモンド社、1974年.

Engels, F. (1844): Umrisse zu einer Kritik der Nationalökonomie (1844), In: Karl Marx und Friedrich Engels: *Gesamtausgabe* （以下MEGAと略）, I/3, Berlin 1985. 平木恭三郎訳「国民経済学批判大綱」、大内兵衛・細川嘉六監訳『マルクス＝エンゲルス全集』（以下『全集』と略）第1巻、大月書店、1959年.

——(1845): Zwei Reden in Elberfeld (1845), In: Karl Marx und Friedrich Engels: *Werke* （以下*MEW*と略）, Bd. 2, Berlin 1957. 村田陽一訳「エルバーフェルトにおける二つの演説」、『全集』第2巻、1960年.

――(1847): Grundsätze des Kommunismus（1847）, In: *MEW*, Bd. 4, Berlin 1959. 山辺健太郎訳「共産主義の原理」、『全集』第 4 巻、1960 年.
Gall, L.（1835）: *Mein Wollen und mein Wirken*(1835), Nachdr., als Anhang zu: Gall: *Was könnte helfen?*, Glashütten im Taunus 1974.
Hardach, G. u. Karras, D. （1975）: *Sozialistische Wirtschaftstheorie*, Darmstadt.
Hegel, G. W. F. （1821）: *Grundlinien der Philosophie des Rechts* （1821）, In: G. W. F. Hegel: *Werke in zwanzig Bänden*, Bd. 7, Frankfurt a. M. 1970. 上妻精・佐藤康邦他訳『法の哲学』上・下、岩波書店、2000-01 年.
Hess, M. （1837）: *Die heilige Geschichte der Menschheit* （1837）, In: M. Hess, *Philosophische und sozialistische Schriften, 1837-1850: Eine Auswahl*, hg. v. W. Mönke, 2. Aufl., Vaduz 1980. 針谷寛・前田庸介訳「人類の聖史」、良知力・廣松渉編『ヘーゲル左派論叢』第 2 巻（『行為の哲学』）御茶の水書房、2006 年.
――（1845）: Über das Geldwesen(1845), In: *Philosophische und sozialistische Schriften*. 山中隆次・畑孝一訳「貨幣体論」、山中・畑訳『初期社会主義論集』未来社、1970 年.
Hilferding, R. （1910）: *Das Finazkapital: Eine Studie über die jüngste Entwicklung des Kapitalismus*, Wien. 林要訳『金融資本論』大月書店、1952 年. 岡崎次郎訳『金融資本論』岩波書店、1955-56 年.
――（1924a）: Probleme der Zeit, In: *Die Gesellschaft*, 1. Jg., Bd. 1. 上條勇訳「現代の問題」、倉田稔・上條勇編訳『現代資本主義論』新評論、1983 年.
――（1924b）: *Für die soziale Republik*, Referat auf der Berliner Parteitag, Berlin.
――（1931）: *Gesellschaftsmacht oder Privatmacht ueber die Wirtschaft: Referat gehalten auf dem 4. AfA-Gewerkschaftskongreß*, Leipzig, Berlin 1931. 上條勇訳「経済における社会権力か私的権力か」、倉田・上條編訳『現代資本主義論』.
――（1933）: Die Zeit und die Aufgabe, In: *Zeitschrift für Sozialismus*, Jg. 1, Nr. 1.
――（1934）: Revolutionärer Sozialismus, In: *Zeitschrift für Sozialismus*, Jg. 1, Nr. 1.
――（1940）: Staatskapitalismus oder totalitäre Staatswirtschaft?（1940）, In: A. Hetzer (Hg.): *Dokumente der Arbeiterbewegung*, Bremen 1977.
Kautsky, K. （1899）: *Bernstein und das sozialdemokratische Programm*, Stuttgart. 山川均訳『マルキシズム修正の駁論』春秋社、1928 年.
Korsch, K. （1922）: *Arbeitsrecht für Betriebsräte*, Berlin. 木村靖二・山本秀行訳『労働者評議会の思想的展開――レーテ運動と過渡期社会』批評社、1970 年.
Lukács, G. （1923）: *Geschichite und Klassenbewußtsein*, Berlin. 平井俊彦訳『歴史と階級意識』未来社、1962-65 年. 城塚登・古田光訳『歴史と階級意識』白水社、1991 年.
Luxemburg, R. （1913）: *Die Akkumulation des Kapitals: Ein Beitrag zur ökonomischen Erklärung des Imperialismus*, Berlin. 長谷部文雄訳『資本蓄積論』上・中・下、青木書店．1970 年. 太田哲男訳『資本蓄積論』同時代社、2001 年.
Marx, K. （1844）: Ökonomisch-philosophische Manuskripte （1844）, In: *MEGA*, I/2, Berlin 1982. 城塚登他訳『経済学・哲学草稿』岩波文庫、1964 年.
――（1845-46）: *Die deutsche Ideologie* （1845-46）, Bd. 1, hg. v. W. Hiromatsu, Tokio

1974. 廣松渉編訳『ドイツ・イデオロギー』河出書房新社、1974年.
―― (1848): *Manifest der Kommunistischen Partei* (1848), In: *MEW*, Bd. 4, Berlin 1959. 金塚貞文訳『共産主義者宣言』太田出版、1993年.
―― (1857-58): Grundrisse der Kritik der politischen Ökonomie (1857-58), In: *MEGA*, II/1, Berlin 1976/81. 資本論草稿集翻訳委員会訳『マルクス資本論草稿集』1・2、大月書店、1978/93年.
―― (1863-65): Das Kapital (Ökonomisches Manuskript 1863-65), In: *MEGA*, II/4, Berlin 1988/92.
―― (1867): *Das Kapital* (1867), Bd. 1, In: *MEGA*, II/5, Berlin 1983. 岡崎次郎訳「資本論」、『全集』第23巻、1965年.
―― (1871): *The Civil War in France: Address of the General Council of the International Working Men's Association* (1871), In: *MEGA*, I/22, Berlin 1978. 村田陽一訳「フランスにおける内乱」、『全集』第17巻、1966年.
―― (1875): Randglossen zum Programm der deutschen Arbeiterpartei (1875), In: *MEGA*, I/25, Berlin 1985. 望月清司訳『ゴータ綱領批判』岩波文庫、1975年.
Pollock, F. (1941): State Capitalism: Its Possibilities and Limitations, In: *Studies in Philosophy and Social Science*, Vol. IX. 保住敏彦訳「国家資本主義――その可能性と限界」、愛知大学経済学会『愛知大学経済論集』第137号、1885年.
Schulz, W. (1832): *Deutchlands Einheit durch Nationalrepräsentation*, Stuttgart.
―― (1837): Fourier's Theorie der Gesellschaft, verglichen mit den Lehren von Owen und den St.-Simonisten, In: *Das Staats-Lexikon: Encyklopädie der sämmtlichen Staatswissenschaften für alle Stände*, hg. v. C. Welcker, C. v. Rotteck, Bd. 5, Altona 1837, abgedr. mit Nachtrag, In: *Staats-Lexikon*, 2. Aufl., Bd. 5, Altona 1847.
―― (1843): *Die Bewegung der Production: Eine geschichtlich-statistische Abhandlung zur Grundlegung einer neuen Wissenschaft des Staats und der Gesellschaft*, Zürich, Winterthur.
―― (1846): Communismus, In: *Staats-Lexikon*, 2. Aufl., Bd. 3, Altona.
Sozialdemokratische Partei Deutschlands, auf dem Erfurter parteitag beschlossenes Programm (1891), In: Bundessekretariat der Jungsozialisten (Hg.): *Programme der deutscher Sozialdemokratie*, Hannover 1963.
Stephan, C. (Hg.) (1982): *Zwischen den Stühlen oder über die Unvereinbarkeit von Theorie und Praxis: Schriften Rudolf Hilferdings 1904 bis 1940*, Berlin.
Weitling, W. (1839): *Die Menschheit, wie sie ist und wie sie sein sollte* (1839), zus. mit: *Das Evangelium des armen Sünders*, Neudr. hg. v. W. Schäfer, Reinbeck bei Hamburg 1971. 宮野悦義訳「人類、その現状と未来像」、良知力編『資料ドイツ初期社会主義――義人同盟とヘーゲル左派』平凡社、1974年.
―― (1842): *Garantien der Harmonie und Freiheit* (1842), Neudr. Stuttgart 1974.

(第5章の第3〜5節は、平成20年度科学研究費補助金・基盤研究(C)「グローバル化時代におけるドイツ社会国家の思想と現状」による研究成果の一部である)

第6章

オーストリア学派

1 歴史のなかのオーストリア学派

　19世紀の後半から20世紀の前半にかけてのドイツ語圏の経済学の世界では、歴史学派、マルクス経済学、そしてオーストリア学派という3つの学派が対抗し合った。第4章で論じているように、歴史学派は、歴史資料と統計に基づいた実証研究を基礎とし、実践面では社会政策を唱えてドイツ語圏のアカデミズム経済学の主流を形成した。マルクス経済学は、労働運動および社会主義運動に結び付いて在野で影響力をもったが、大学の講壇からは遠ざけられていた。アカデミズムにおける歴史学派の覇権に挑戦したのは、第3のオーストリア学派である。

　カール・メンガーが1871年に公刊した『国民経済学原理』（以下『原理』と略）に始まる経済学におけるオーストリア学派は、一般には現代のアカデミズム主流の新古典派経済学の源流の1つとして位置付けられている。アダム・スミスからJ. S. ミルに至るイギリス古典派の経済学は、供給側の視点から財の生産費を基礎に価格を説明していた。それに対してメンガーは、財の個人に対する限界効用に基づいて人々の交換行動を説明し、それを基礎にした価格形成の理論を提出した。ここで限界効用というのは、特定の種類の財の全体からそれを消費する個人が得る効用（全体効用）ではなく、財1単位を追加的に獲得、あるいは喪失する場合の効用の増加分ないし減少分のことである。同時期にイギリスのウィリアム・スタンレー・ジェヴォンズ（1835-82）とスイスはローザンヌのレオン・ワルラス（1834-1910）が同様の考えを公表していた。彼らの理論

179

的革新は、それに少し遅れて出現した、企業行動に関する「限界生産力」の理論（企業が利潤を最大化しているときには、労働などの生産要素を追加的に投入した際の生産量の増加分が賃金などの要素報酬に等しくなるという理論）とともに、「近代経済分析の基礎」、あるいは、近年の経済学史上の用語では「経済学における限界革命」と呼ばれている。

　しかし、このような理解は、現在の新古典派主流の立場から過去の業績を位置付けたものにすぎない。とくに、数理分析に消極的で、主観的に合理主義的な個人の行動を重視したオーストリア学派の独自性が無視されている。オーストリア学派の経済学者の著作の中心部分に、現代の新古典派につながる合理的な経済行動の理論が存在していることは事実であり、その理論史的な意義を筆者も否定しない。しかし、その内部でも特質があり（Endres 1997）、とくにワルラス経済学の枠組みとの差異は著しい。経済理論をも歴史的・社会的な文脈の下に理解する思想史的な視角からすれば、それがどのような思想的背景の下で生み出され、どのように現実の説明や政策の根拠付けに用いられたか、その際彼らが他の学派、他の経済思想の潮流とどう対立したか、もまた知るに値することである。とりわけ20世紀に入ってからの新展開が示しているように、オーストリア学派においては、方法論や思想が分析ツールに匹敵する意味を有しているのである。

　ドイツ語圏の経済学史である本書の一章として、本章ではオーストリア学派をドイツ語圏の経済思想の一潮流として歴史的な知的環境のなかに位置付け、この学派の経済理論と経済思想を概観する。時代としては、知的環境の連続性がある両大戦間期までに限定する。第2次大戦後のフリードリヒ・ハイエクの社会思想や、アメリカで1970年代に成立した現代オーストリア学派には、最後にごく簡単に言及するにとどめる（なお初期オーストリア学派の議論の詳細についてはKauder 1962を参照）。

2 カール・メンガー

1) ジャーナリズムから経済学へ

カール・メンガー (1840-1921) は1840年に、当時オーストリア領であった西ガリチアの小都市ノイ・ザンデツ（現在はノビ・ションツ）で生まれた。父は法律家であったが、メンガーが8歳のときに亡くなっている。兄弟にはオーストリア議会でドイツ人自由派の代議士として活躍したマックス（兄）と、ウィーン大学法・国家学部の同僚であった社会主義の法学者アントン（弟）がいるが、3人とも聖職者と大地主の保守的同盟に反対する平民的自由主義の思想を共有している（メンガーの生涯については Hayek 1968; Ikeda 1997; 八木 2004 を参照されたい）。

メンガーは経済学者になる前は敏腕のジャーナリストであった。メンガーが青年期を過ごした1860年代の前半のオーストリアでは、1848年の三月革命が挫折して以降支配していた新絶対主義がようやく衰え、立憲主義への移行が模索されていて、政党活動とともにジャーナリズム活動がにわかに活発化していた。メンガーは、まだドイツ語で授業が行われていたプラハのカール大学で学んだ後、1863年にレンベルク（現在のウクライナ領リュボフ）で発行されていたドイツ語紙で働き、翌年には首都ウィーンのジャーナリズムに身を投じた。

メンガーが経済学の本格的な研究を開始したのは、1867年の9月である。前年の普墺戦争でオーストリアは敗北し、政権の交代によってウィーンのジャーナリズムに再編が起きていた。メンガーはこの時期にジャーナリズム活動を一時中断して博士号取得のための勉学に沈潜した。1867年春に口頭試問を経て博士号（法学）を取得した後、将来の進路を考えていた時期であった。そのようなときに、メンガーは経済学に出会い、カール・ハインリヒ・ラウやヴィルヘルム・ロッシャーの経済学教科書（それぞれ第2章第3節の3）および第4章第2節の1）参照）によって思考を触発されながら、その欄外に、また研究ノートにその思索

C. メンガー

の結果を書き留め始めた。1867-68年の日付をもったこれらの草稿群は、一橋大学のメンガー文庫とデューク大学（米国）のメンガー文書にいまも残されている。

　メンガーは後の回想で、ジャーナリストとして市況欄を担当していたときに「市場を知り尽くした専門家が価格に決定的な影響を与えるとみるものが、学問として教えられている価格理論とまったく合致していない」ことに気付いたことによって新理論に導かれたと語ったといわれる（Hayek 1968: XII）。もし、この回想が真実だとすれば、メンガーのジャーナリズムの経験と彼の経済理論の革新は無関係ではないことになる。

　実務家の認識と経済理論の齟齬としてメンガーが何を念頭に置いていたかについての説明はない。おそらく、市場で取引される商品の価格が、供給側の生産費ではなく、商人が市場にもち出す供給量に対応する需要価格によって決まること、したがって、実務家の主要な関心が供給量の変動についての情報や予測に向けられることではなかったろうか。商品の供給量が小さければ、その商品で満足させる欲望を高く評価する人しかそれを購買できない。供給量が大きくなれば、欲望満足の評価の度合いがより低い人でもそれを購買できるようになる。いいかえれば、商品の需要価格を規定しているのは、限界的な購買者の評価である。先ほど言及したメンガー文書に残されている1867-68年のメンガーの経済学ノートを見ると、彼は財数量と欲望満足評価の間の上記のような関係が、個人の財支配量と個々の欲望満足行為との関係においても成り立つと考えていた。個人が財の追加的1単位によって得る欲望満足の主観的評価（限界効用）は、財の支配量に依存して変動する。これが価格決定の基礎にあるというのが、限界効用価値論である。

　1867-68年の探求の初期の段階で、メンガーは「価値は一財の使用に関するわれわれの依存性である」と定義し、さらに「われわれの支配可能数量に関する依存関係は、存在量と欲望の関係につれてつねに変動している」と記した。これをいいかえれば、「限界効用は財の所持数量によって変わる」ということである。彼は初期の草稿群で、しばしば、欲望の強度（限界効用）を横軸に、財の支配数量を縦軸にとった逆三角形の図を描いている（八木2004: 第3章）。

182

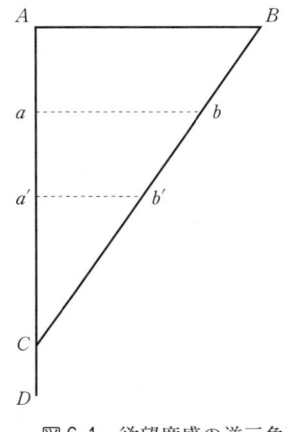

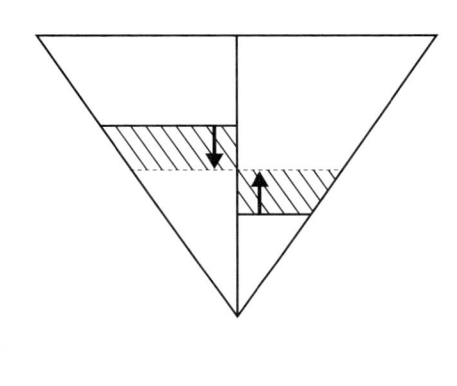

図6-1　欲望度盛の逆三角形　　　図6-2　欲望満足の均等化

　図6-1では、A点が財の支配数量がゼロの点で、ABがそのときの「欲望度盛」（限界効用）である。財の支配数量がAaになると「欲望度盛」はab、支配数量がAa'になると「欲望度盛」は$a'b'$、最後に財の支配数量がAC以上になると「欲望度盛」はゼロになる。これは「限界効用の逓減法則」の図解にほかならない。この図で台形、あるいは三角形の面積は、その部分の財の支配数量がもたらす効用の全体である。したがって、垂直軸の下の部分にある$a'C$が上の部分にあるAaよりも大きいとしても、そのもたらす（全体）効用は後者の方が大きいことも起こりうる。

　初期草稿群のメンガーは、このような認識から、この逆三角形の図解をさらに、生産や交換の行動の説明に用いている。もし2種の財の支配数量を共通の垂直軸にとって左右の両方に「欲望度盛」を描くならば、生産や交換の前には、与えられた支配数量の下での財の「欲望度盛」は大きかったり小さかったりまちまちであろう（図6-2、ただし斜線、矢印は八木が付加した）。この場合、支配数量が相対的に多い（与えられた支配数量の下での「欲望度盛」が相対的に小さい）財の支配数量の一部を犠牲にして、支配数量が相対的に少ない（「欲望度盛」が相対的に大きい）財の支配数量を増やすことができれば、全体としての満足（効用）は増大している。生産、あるいは交換の行動によって、こうした調整が行われてす

第6章　オーストリア学派　　183

べての財について「欲望度盛」が等しくなるときが、最大の欲望満足が実現される状態である。これは、「限界効用均等の法則」にほかならない。

　経済学に向かったメンガーが取り組んだのは、イギリス古典派の経済学書ではなく、ドイツの経済学者たちの著作であった。彼が数多くの書き込みを残したラウの『国民経済学原理』にせよ、ロッシャーの『経済学体系』にせよ、経済学で取り扱う「価値」は「使用価値」と区別された「交換価値」であるというアダム・スミス以来のイギリス古典派の考えにしたがっていない。市場経済を前提として、すぐに労働と交易から議論を開始するイギリス経済学と異なって、19世紀前半のドイツの経済学者は人間と財、そして財がもたらす欲望満足についての総論（財論）が必要であると考えていた。そのため、「使用価値」が「価格」（交換価値）と区別されて、欲望満足との関係で人間の意識に上る意義として捉えられた（第2章第2節参照）。

　メンガー自身が『原理』の序言で表明したように、彼の理論的革新はドイツの経済学者たちの先行した探求を前提にしている。メンガーと、ラウ、ロッシャーを分けるのは次の2点の認識である。その第1は、財の支配量全体からもたらされる効用と個々の限界的増減量によってもたらされる効用の増減分（限界効用）の区別であり、第2には社会全体にとっての効用と個人の効用の厳密な区別である。この2点すらも、先行者にそれに近い認識を見出せないわけではない。しかし、財の支配数量の増加にしたがって効用の意義が低下することを知っていても、この知識が経済理論にとってもつ意義を認識しなければ、単なる経験知に留まる。限界効用逓減法則の意義を理解して初めて、交換行動にそれが適用され、価格の理論に進むことができるのである。一般のドイツの経済学者にとっては、第2の区分の方がより困難であったかもしれない。旧歴史学派のロッシャーにとっては、価値は個人の意識に現われると同時に社会的な共通性をもつ人倫的な存在であった。おそらく、メンガーに最も近づいているのはラウであり、彼は実際に右下がりの需要曲線を描いているうえ、それに対応した効用の逓減も理解している。しかし、「種類価値」（人々に共通に抱かれる特定種財の価値）の概念を保持しつづけたために、個人の行動を基礎に価格理論を構想することができなかった。

2)『国民経済学原理』

　メンガーの『国民経済学原理』を、当時のドイツ語圏の他の経済学書に対して際立たせているのは、その明解な方法的視点である。彼は、「序言」において、「われわれは人間の経済の複雑な諸現象を、そのもっとも単純で、なおかつ確実に観察しうる諸要素に還元し、この諸要素にそれにふさわしい尺度をあて、またこの尺度を確保しながら、これらの要素から複雑な経済現象がどのようにして合法則的に生じてくるか」(Menger 1871: Ⅶ)を研究することが自分の方法であると書いた。それは経済学の方法として具体化される場合には、以下のような順序になる。

　　ある物は私にとって有用であるのか否か、それが有用になるのはどのような条件の下でか。それは財であるのかどうか、それが財になるのはどのような条件の下でか［第1章　財の一般理論］。それは経済財であるのか否か、それが経済財になるのはどのような条件の下でか［第2章　経済と経済財］。それは私にとって価値をもつのか否か、価値をもつのはどのような条件の下でか。さらに、私に対するこの価値の尺度はどれほどの大きさであるのか［第3章　価値の理論］。2人の経済主体のあいだで財の経済的交換が行われるのか否か、行われるとすればどのような条件の下でか［第4章　交換の理論］。その際価格形成はどのような限界内で起こりうるか［第5章　価格の理論］(Menger 1871: Ⅸ)。

　自分の著作の主要部分に対するこの説明のなかで、「私」という語がくりかえし使われていることに注意されたい。これを「人間」と書けば、人間性についての客観的規定になるが、「私」と書くならば主観的な主体になる。背後には客観的な因果連関が存在するにせよ、「財」の「有用性」もその「経済財」としての性質も個人の主観的認識に依存する。「価値」になると、以下の定義から分かるようにその存在自体が主観的である。後にヴィーザーが「アルキメデスの点」という表現を用いたように、個人の意識でもって経済的世界の全体

第6章　オーストリア学派　　185

に対質していることがメンガーの価値論の特質である。

> 価値とは、具体的な財または具体的な財数量が、自分の欲望を満足させることがこれらの支配に依存していることをわれわれに意識させることによって、それらがわれわれに対して獲得する意義である（Menger 1871: 78）。

　主観主義と並ぶ今ひとつの特質は、欲望の満足という最終結果にたどりつくまでの経済活動を時間的な視野において捉えていることである。経済活動は欲望満足のための先行的な配慮の活動であり、それは一方では欲望の出現についての予想と、他方では欲望満足を実現しうる財の支配についての予想から成り立っている。そして、後者はさらにまた、そのような財（低次財）を生産するための財（高次財）の支配について、時間をさかのぼった予想を必要としている。このような時間的視野のなかでは、認識の間違いも予想不可能な事態も起こりうる。

　『原理』の価値論・交換論の説明は、初期草稿における逆三角形が姿を変えた効用の「度盛表」（表6-1）を用いて行われる。逆三角形を数値の表に換えたのは、おそらく多種の欲望、多種の財、多数の人々に関する数値を同時に表示できるようにするためであろう。まず、この「度盛表」は、個人の有する多種の欲望についての、それらを満足させる場合の限界効用を表わすために用いられる（表6-1）。たとえば、食欲を満足させる際の限界効用は、10、9、8、7、6、5、4、3、2、1、0というように逓減していくが、飲酒の欲望を満足させる限界効用は6から始まって、5、4、3、2、1、0となるというようになる。もし、この人が農業者であるならば、収穫した穀物をすべての種類の欲望について同一の限界効用が得られるように配分することが、最大の欲望満足を実現することになる。

　次に、交換にこの「度盛表」を用いるならば、各経済主体は（交換比率を固定すれば）交換の際に受け取る財の限界効用が与える財の限界効用を上回る限り交換に応じることになる。最後に、この「度盛表」は、特定種の財Aの1単位（たとえば農耕用の馬1頭）を追加的に受け取る場合に彼らが提供する用意のあ

表6-1　効用の度盛表

I	II	III	IV	V	VI	VII	VIII	IX	X
10	9	8	7	6	5	4	3	2	1
9	8	7	6	5	4	3	2	1	0
8	7	6	5	4	3	2	1	0	
7	6	5	4	3	2	1	0		
6	5	4	3	2	1	0			
5	4	3	2	1	0				
4	3	2	1	0					
3	2	1	0						
2	1	0							
1	0								
0									

表6-2　価格形成の穀物度盛表

		I	II	III	IV	V	VI	VII	VIII	メッツェンの穀物
B^1 にとって	新たに彼の所有下に入る第1、第2…の馬の価値は右のものに等しい。	80	70	60	50	40	30	20	10	〃
B^2 〃		70	60	50	40	30	20	10		〃
B^3 〃		60	50	40	30	20	10			〃
B^4 〃		50	40	30	20	10				〃
B^5 〃		40	30	20	10					〃
B^6 〃		30	20	10						〃
B^7 〃		20	10							〃
B^8 〃		10								〃

る財量（たとえば穀物）の数列を表わす表になる。多数の経済主体（馬の需要者）についてのそのような数値を並べた表（表6-2）が得られるならば、市場に供給されるA財の量（馬の頭数）が与えられれば、その財量が市場ですべて引き取られる際の交換比率（穀物で表わされた価格）が明らかになる。交換される財が馬のように単位量を分割できない財であれば、価格決定の幅が残る。しかし、供給者・需要者の数が増していくならば、そうした非決定の幅はせばまって無視できるものになる。つまり、この「度盛表」は、現在の経済学の「需要曲線」の役割も果たしている。

第1の「効用の度盛表」（表6-1）で限界効用が数値で表わされているため、メンガーは基数的な効用を想定していたと解釈する人もいる。しかし、彼は効用を直接足し合わせるようなことはしていないので、数値は比較して順序付け

を行うための便宜にすぎない（序数的効用）と解釈することもできる。加算的な量として扱われているのは、表6-2のように財数量の場合だけである。また、メンガーが価格決定を説明する表6-2では供給側の事情が説明されていないことも問題にされうる。これについても、メンガーを弁護すれば、マイナスの需要が供給であると考えて、供給側でも同様な数値表が構成されると考えればよい。欲望とその満足の合理的達成を軸とするメンガーの経済理論においては、供給者と需要者の区別は本来的に存在しないからである。

先に紹介した「序言」のなかの議論の順序の説明では、『原理』の第6章「使用価値と交換価値」、第7章「商品の理論」、第8章「貨幣の理論」についての言及が欠けている。第6章は、メンガーの価値論の視点からすれば「交換価値」と「使用価値」の区別は解消するという概念の説明であるから、ここでは無視してよい。しかし、「商品論」と「貨幣論」における議論が先行する章から直接に発展してくるものであるかどうかについては、議論の余地があるだろう。というのは、それまでの章が錯誤はありうるにせよ、理想的には完全知識を前提して財の価値や価格を決定していたのに対して、第7章以下では不完全な市場が想定されているからである。第7章では、商品に関する人々の知識や享受能力、普及の度合いに関する差異が存在することを前提にして、商品ごとに「販売力」（受け取り手である顧客を見つけられる確率）の差異が存在すると論じられ、第8章ではそれを受けて、「販売力」が比較的高い財が交換のための手段として利用されることによって貨幣が発生すると論じている。直接的な交換が成立するには、双方の経済主体が相手の保有する財に自己の保有する財以上に高い価値評価を行わなければならないが、そのような組み合わせは非常にまれである。しかし、自分の財を多くの人が喜んで受け取る財にいったん交換しておくならば、それと引き換えに自分の求める財を得られる見込みが増大するかもしれない。そのような間接的交換が、経験と見聞によって普及するならば、その財の「販売力」が一層高まり、最後にはその財が習慣的に定着した「排他的な交換手段」となるであろう。

商品の「販売力」の議論は、現代の経済学者からも「完全知識」「完全市場」を前提しないノンワルラシアンの市場経済理論として注目されている（根

岸 1997: 第7章)。また、国家を前提しない貨幣成立論は 10 年後の方法論争において再説された。ハイエクの制度の自生的形成の理論（第5節参照）は、明らかにメンガーの貨幣成立論を想源のひとつとしている。

3) 経済学方法論の探求

『国民経済学原理』には「第 1 部総論」という副題があり、メンガーはその後に、所得や信用・通貨、生産・商業の実際、さらに国民経済の現状と改革を論ずる第 2 部、第 3 部、第 4 部を続けて執筆することを考えていた。しかし、メンガーは 1876 年に皇太子ルドルフの教師に任じられ、そのために多大な精力を注ぐことを余儀なくされる。メンガーは感傷的な社会主義的傾向のあったルドルフに自由主義を基調にした政策論を教え込み、個人教授を終えた後もルドルフの調査研究や匿名の文筆活動を支え続けた。しかし、メンガーが皇太子に託していた期待は、1889 年の皇太子の心中自殺であえなく打ち砕かれた。

『原理』公刊後十余年を経たあとの 1833 年の第 2 作は、経済理論の各論ではなく方法論の領域での論争的な著作『社会科学、とりわけ経済学の研究に関する方法』（以下『経済学の方法』と略）になった。そのきっかけは、歴史学派の書評者による『原理』に対する全否定に近い書評にあった。G. Sch. というイニシアルの評者（明らかにシュモラーである）は、このように書いた。

> 経済生活の心理学的基礎なるものは、国民ごと時代ごとに変化するものではないか。著者は、それにより、抽象的平均的人間の基本性向を絶対的に確実明白な量と見なして、そこから経済生活を正確に導出できるというイギリス人の古ぼけて間違った虚構を打ち立てているのではないか。自然科学が精密な探求を行ってきたのは秤や顕微鏡を用いてであるが、経済学においてそれに対応するのは、歴史的・統計的等の研究方針なのである（G. Sch. 1873）。

メンガーも歴史的研究や統計的研究の意義を認めないわけではない。理論研究のなかにも、経験的規則性を探求する現実主義的な研究方針があり、そのた

めには歴史的研究、統計的研究は有益である。しかし、『原理』でメンガーが探求していたのは、先に『原理』を概観したときに紹介したような、最も確実な基礎的要素に還元して、そこから論理的な必然性をもって再構成されていく経済理論であった。基礎になる要素とそれらが組み合わされていくプロセスは孤立化と抽象化の操作を経たものであるので、そのまま「経験的現実」に対応するわけではない。しかし、それは経済的事象の間の必然的な関連を示すことのできる「精密的な研究方針」である。現実の人間は、利他的な行動をとったり、美的な理想のために自己を犠牲にしたりするかもしれない。しかし、欲望満足の達成に志向した活動とその物質的条件という経済的側面だけを取り出せば、欲望満足の効率的達成という単一の論理によって、財の価値評価と交換行動のあり方が導出され、市場の働きと価格の形成を説明できるのである。メンガーの見るところでは、歴史学派は、理論の構築にとっての不可欠な手続きを理解しないために、「利己のドグマ」「原子論」として非難することによって、経済学における「精密的」理論の探求の道をふさいでいる。イギリス古典派が批判されるべきなのは、「利己のドグマ」を採用したこと自体ではなく、それを人間の行動に関わる限界効用の理論にまで抽象化できなかったことである。

　メンガーによれば、「精密的方針」に立った経済理論に対して、それが現実に人間の行動や経済現象と合致しないことをもって前者を否定するのは、精密的な理論に対する根本的な誤解である。精密的な理論は、「利己のドグマ」だけでなく「完全知識」「強制の非存在」などの仮定が加わることによって一義的な結果を導いているが、現実においてそのような条件が満たされていないのは当然である。このような考えにしたがえば、経済学が説く「法則」は現実の人間の経済行動・経済現象の動きと一致しないのはあたりまえである。それでも、経済学は事象の経済的側面が純粋に発現した場合にどのようなことが起こるかを教える。『経済学の方法』のメンガーはこれを、「精密的経済学」が教えるものは、現実の経済現象の「法則」ではなく、「経済性の法則」であると述べている（Menger 1883: 59）。このような議論は、20年後にマックス・ヴェーバーが展開する「理念型（Idealtypus）」の議論を先取りしている（Weber 1904）。

　『経済学の方法』の前半は、以上に述べたような、経済学の理論研究におけ

る「現実主義的・経験的方針」と「精密的方針」の対比と、後者に対する歴史学派の無理解への批判にあてられていた。だが、後半では一転、歴史学派の得意とする「歴史的研究」の方法に転じる。メンガーはそこでも、「精密的方針」が有意義であることを力説するが、その際彼が示しているのは、交換の便宜を求めた個人の行動の累積が貨幣を成立させるという『原理』の貨幣起源論であった。個々人は与えられた条件の下で自分の利益のみを追求しようとして経済的行為（交換）を行うが、その累積の「思わざる結果」として、貨幣という普遍的に役立つ制度が生まれる。メンガーはこれを社会現象の「有機的起源」の「精密的理解」と呼んでいる。19世紀前半にF. K. v. サヴィニーを筆頭とした歴史法学派が出現して以来、法は民族という集合体のなかから「有機的」に成立したという思想が成立していた。しかし、メンガーは、そのような神秘的な集合的主体を想定しなくても、利己的個人の行動の累積結果から、貨幣や市場制度の成立を説明できると論じたのである。制度には、国家や団体、立法者によって意図的に創り出された制度と非意図的に成立した制度がある。メンガーは、前者を「実用主義的な起源」、後者を「有機的起源」と呼んでいるが、実践的な政策関心の勝った経済学における歴史学派は、前者の方に関心を集中させていた。メンガーは、後者の方により関心をいだくことで、非介入的で保守的な歴史法学派の方に共感していた。メンガーによれば、経済学における歴史学派は、その先行者である法学における歴史学派の思想の誤解のうえに成り立っているのであった（Menger 1883: 200）。

　メンガーは、『経済学の方法』を『ドイツ帝国立法行政経済年報』（通称『シュモラー年報』）で書評させるためにシュモラーのもとに送った。シュモラーはW. ディルタイの『精神科学序論』（1883）とあわせた書評論文（Schmoller 1883）でそれに答えた。シュモラーがメンガーの『経済学の方法』をディルタイと並べて取り上げたのは、人間の行動を倫理観・世界観も含めて理解しようとするディルタイの方法がシュモラーの経済観に合致していたためであろう。それに対して、メンガーの『経済学の方法』には、仮定から出発して仮説的な命題を引き出すことに「精密的方針」という名前を与えている「世間知らずの無邪気さ」しか認めなかった。歴史研究に対する批判にもとりあわなかった。さらに、

メンガーには歴史学派の成立を理解するための「器官」が欠けていると断じた。また、「有機的起源」に関心を示したメンガーを逆に神秘主義者と決めつけ、統計と歴史研究による現実主義的な研究の立場を固持した。

　シュモラーが、メンガーの限界効用理論に対してと同様に、『経済学の方法』の「精密的方針」についても十分な理解をもたなかったことは確かである。歴史学派は、ロッシャー、ヒルデブラント、クニースらの旧歴史学派以来、先に説明したような主観的価値論をもっていたので、平均分析と限界分析の差異を理解しない限りはメンガー理論の独自性を認識できなかったのである。また、社会と個人を区別しないあいまいな倫理観を有していたので、個人の意識に視点を定めた「精密的方針」と社会一般の倫理的意識の区別を付けることができなかった。この点、歴史学派がメンガーの主張に対して多少とも正確な理解をもつようになるには、マックス・ヴェーバーの登場を待たなければならない。

　憤激したメンガーは翌年に書簡体の論難書『ドイツ経済学における歴史学派の誤謬』（Menger 1884）を刊行して、再度シュモラーに送った。シュモラーはそれに答えず、書評用に送られた献本をすぐに返送したので書評できないという断りを彼の『年報』で公表し、それによってメンガーとシュモラーの直接のやりとりは後味の悪さを残して終結した。メンガーはシュモラーを説得することができなかったが、歴史学派に対抗する理論的な方針を示すことができたのは大きな成功であった。メンガーの周囲の学者が「オーストリア学派」として結集したのも、この論争によって理論研究の領域を確保できたからである。また、歴史学派、オーストリア学派の双方の学者による論争がその後も散発的に続いた。また、この応酬は、ドイツ語圏を越えて「方法論争」として知られるようになった。

3　ベーム-バヴェルクとヴィーザー

1) 学派の形成

　オイゲン・フォン・ベーム-バヴェルク（1851-1914）と**フリードリヒ・フォン・ヴィーザー**（1851-1926）はウィーン大学の卒業生であるが、メンガーの授業を

受けたのではなく、『原理』を2人で読んでメンガーに続くことを決心した学究である（ベームの伝記的事項については Tomo 1994 を、ヴィーザーについては Hayek 1929a を参照せよ）。2人は1851年の同年生まれで、生地が違うとはいえ、どちらも政府の官吏を父としている。2人はウィーンのショッテン・ギムナジウム以来の親友で、のちにベームはヴィーザーの妹を娶っている。2人は法学の学位取得後、大蔵省に勤めていたが、政府が大学教員養成のための学位取得者の外国派遣の予算を設けると、メンガーの推薦を得てドイツに向かった。最初の留学先は歴史学派の泰斗カール・クニースがいるハイデルベルク大学であった。2人はクニースのセミナーで1876年の2月に、彼らの最初の学問的なレポートを行った。ベームのそれは無題であるが、時間選好に基づく利子論の最初のアイデアを含む草稿（Yagi (Ed.) 1983）であり、またヴィーザーのそれは「価値に対する費用の関係」と題されていた。

E. v. ベーム-バヴェルク

F. v. ヴィーザー

彼らは帰国後、官庁勤務に戻りながら講義資格請求（ハビリタツィオン）の準備をした。まず、ベームが財論をテーマとして1880年に講義資格請求論文を提出し、それをもとに『国民経済学の財論の観点からの権利と関係』（Böhm-Bawerk 1881. 以下『権利と関係』と略）を公刊した。ベームはインスブルック大学に赴任し、そこで主著『資本および資本利子』の完成に没頭し、1884年に主著第1部『資本利子学説の歴史と批判』（Böhm-Bawerk 1884. 以下『歴史と批判』と略）、1889年に主著第2部『資本の積極理論』（Böhm-Bawerk 1889）を公刊した。なお、両著刊行の間の1886年に「経済的財価値の綱要」（Böhm-Bawerk 1886）と題する雑誌論文を書いているが、これは希少本となったメンガーの『原理』に代わるオーストリア学派価値論の要約と見なされた。ヴィーザーはベームにやや遅れて講義資格を獲得し、プラハ（チェコ語とドイツ語の2大学に分離されたカール大学のドイツ語大学）に赴任し、1884年に『経済価値の

第6章　オーストリア学派　193

起源と主要法則』(Wieser 1884)、1889 年に『自然価値論』(Wieser 1889) を出版した。

1880 年代には、2 人のほかにも、メンガーの直接の教え子たちが多数、その著作を刊行し始め、1880 年代末にはメンガーを中心にした一団の学派が成立した。ヴィクトル・マタヤ (1857-1934)、グスタフ・グロス (1856-1935)、エミール・ザックス (1845-1927)、ロベルト・マイヤー (1855-1914)、ロベルト・ツッカーカンドル (1856-1926)、ヨーハン・フォン・コモルツィンスキー (1843-1911)、H・フォン・シュレルン-シュラッテンホーフェン (1861-1931) などである。

2) オーストリア資本理論

ベーム-バヴェルクが創始したオーストリア資本理論は、資本は迂回生産の生産過程中に存在する中間生産物であるという資本理論と、利子は現在財の将来財に対する主観的なプレミアム（時間選好）であるという2つの要素から成り立つ（その生成過程と理論構造の詳細については、Hennings 1997; 八木 1988; 八木 2004 を参照）。第1の要素の想源はメンガーの高次財の理論であるが、メンガーは利子を、生産に役立つ高次財（生産手段および労働）を支配する資本の用役に対する報酬であると見なしていた。ベームの利子論は、このメンガーの資本用役論を否定することによって成り立っていて、ベームが『歴史と批判』でメンガーの資本用役説を批判したときから、両者の間の論争が密かに始まり、最後は師に先んじて亡くなったベームの追悼の辞におけるメンガーの批判 (Menger 1915) で頂点に達している。

ベームは、先述した 1876 年の利子論草稿と 1881 年の『権利と関係』で、財の本体を財が人に対して与えうる効用給付 (Nutzleistung) の総体と規定していた。たとえば、10 年使える家具は 1 年目から 10 年目までの毎年、その所有者が家具から得られる効用の総体である。家具の購買者は、そのような 10 年にわたる家具の効用給付を予想してそれを購買しているのである。ベームは資本財についても同様の議論が成り立つと考えた。資本財の生産にとっての効用がすべて資本財の価値評価に含まれているとすれば、資本財の価値と区別される

「資本用役の価値」なるものは存在しない。1年後に肥えた豚1頭を提供できる生産財の効用給付の実体は、1年後の豚1頭の与える効用である。しかし、1年後の豚1頭の価値評価が5万円であるからといって、豚の飼育に投じられる現在の生産財に5万円をすでに帰属させてしまえば豚の飼育に投資された資本に利子は生じない（豚の飼育に投資する資本家は利潤を得られない）。もし、利潤や利子が存在するとすれば、それは効用の評価においては時間によって差があり、将来の財（効用給付）はディスカウントされて評価される（同じことだが、現在の財＝効用給付にはプレミアムが付く）という時間選好が存在するしかない。時間選好が存在するために、1年後に肥えた豚になる生産財は現在は4万円にしか評価されず、1年後に豚が5万円で売れてようやく資本家は1万円の利潤（利子）を手にするのである。

　時間選好論によって利子＝利潤を基礎付けることの意味は、それを賃金・利潤関係に適用することで明瞭になる。先の生産財が労働であり、この生産財に対する報酬が賃金であるとすれば、豚を飼育する労働者は現在4万円を得て、1年後にそれを豚の形で5万円にして返しているのである。これは1年あたり20％の価値の割引が行われていることを意味する。資本家にとってみれば、現在の4万円分の消費を行うことを抑制して1年後に5万円分の消費を行うことができるようになっている。利潤率は25％であるが、これは20％の時間割引率と同じことである。両者は同一の時間割引率で合意のうえで交換を行っているのであるから、労働者は搾取されているわけではない。これは、現在でもしばしば目にする洗練されたタイプの搾取説批判である。

　しかし、なぜこのような交換が行われるかを考えるとその背後の社会関係が明らかになる。資本家がこのような交換を提案するのは、現在財（消費財）を潤沢に支配しているので交換前には時間割引率が20％よりも低かったからである。労働者がなぜこの交換に応じるかといえば交換前には現在財（消費財）の支配量が少なかったので、時間割引率が20％よりも高かったからである。いいかえれば、資本家は有産者であるために利潤（利子）を獲得し、労働者は無産者であるために剰余を資本家に与えているのである。

　次に来るのは、時間割引率どおりの交換が現実に実現しうるかという問題で

ある。4万円の現在財を労働者に与えて、1年後に5万円の財を得るには、1年の生産期間の間に1万円分の価値の増加が起きなければならない。資本家が4万円分の財の消費をがまんしたのは、1年後に5万円分の追加消費ができるからであった。したがって、そこには物的な生産の増大もなければならない。これが、迂回生産（生産に中間段階があって時間がかかること）の収益性である。

ベームは『資本の積極理論』で、迂回生産の生産期間が伸びるほど労働の生産性は増大するが、増大の率は逓減する想定の下で、資本の利潤率と賃金率を決定する数値例のモデルを構築した。それが表6-3である（Böhm-Bawerk 1889: 416）。

この表のB欄はA欄の生産期間に応じた労働者1人当たりの生産物（フロリンは旧オーストリアの貨幣呼称）である。C欄は労働者の年賃金を500フロリンとした場合の労働者1人当たりの利潤である。D欄は賃金資本を1万フロリンとした場合の雇用労働者数である。ただし、A欄の生産期間は絶対的生産期間であるが、実際に賃金を払うのは平均的生産期間でよいので、それをAの1/2として計算してある。それに基づいて、資本1万フロリンに対する利潤率を示したのがE欄である。資本家は最高の利潤率をもたらす生産期間を選択するので、この場合は6年の生産期間が選択される。

今度は、社会の賃金資本を一定として、この生産期間による雇用で労働市場

表6-3 生産期間の選択
(年賃金500フロリンの場合)

A生産期間	B労働者当たり生産物	C労働者当たり利潤	D雇用労働者数	E資本1万 fl. 当たり利潤
1年	350 fl.	− 150 fl.	40人	〈損失〉
2年	450	− 50	20	〈〃〉
3年	530	30	13.33	400 fl.
4年	580	80	10	800
5年	620	120	8	960
6年	650	150	6.66	1,000
7年	670	170	5.71	970.7
8年	685	185	5	925
9年	695	195	4.44	866.66
10年	700	200	4	800

が均衡するかどうかである。ベームは賃金資本総額15億フロリン、労働者人口1000万人としているので、この場合ちょうど労働市場は均衡する。しかし、もし当初に想定される年賃金が500フロリンより高ければ、より長期の生産期間が選択されて雇用者数は減少し、その結果賃金は低下するであろう。逆に、年賃金が500フロリンより低ければ、より短期の生産期間が選択され、労働需要が労働供給を上回って、賃金の上昇が起こるだろう。つまり、与えられた迂回生産の収益性、社会全体の賃金資本量、労働者人口数の下で、利潤率10％と年賃金500フロリンがこの数値モデルの均衡値である。

以上、ベームの資本利子論を簡略に説明した。迂回生産の生産性は資本需要者（企業者）がどれだけの利子率を受け入れられるかの条件を示す。他方で、現在財が将来財に対してより選好される率（時間割引率）は、資本の供給者の条件を示している。両者があいまってオーストリア資本理論を構成しているのである。シュンペーターは、ベームを「ブルジョアのマルクス」（Schumpeter 1954: 846）と呼んでいるが、まさにそのとおり、ベームの資本利子論は、利潤の搾取説を否定しながら資本の経済的役割を説明しているのである。

3）主観的価値論の拡張と社会勢力論

ヴィーザーはベームの親友であったが、利潤論・利子論でベームと論じ合った著作は見当たらない。ハイデルベルクのクニースのセミナーでの報告と、それを発展させた1884年の『経済価値の起源と主要法則』は、メンガーの価値論を生産要素への価値の帰属問題として論じ直した著作である。メンガーは生産要素の一部が欠けたときの生産物価値の減少分をその生産要素の価値としていたが、ヴィーザーは積極的な生産への寄与分としてその価値を規定した。「限界効用（Grenznutzen）」という用語を生み出したのはヴィーザーであるが、彼はまた、「費用」について、物的な投入ではなく、用いうる他の用途のうちで最も高い価値のものが費用であるという主観主義に立つ「代替費用」の概念をあみ出している。

第2の著作である1889年の『自然価値論』では、メンガーの主観的価値論を、理想的な共同体における価値の理論にまで拡張した。私有財産も人間の不

完全性も存在しない理想的な共同体においては、人々の限界効用を均等化することが社会全体の効用の極大化を図ることになり、財の価値は純粋に人々の限界効用によって決定される。それが「自然価値」である。現実の交換経済では、私有財産として配分された生産要素の量によって各人の所得に差異が生じているので、実現される限界効用の強度は各人ごとに異なる。現実の市場経済にあるのは、「階層化された限界効用」の原理である。ヴィーザーは限界効用価値が純粋に作用する世界を求めて、理想的な共産主義社会に飛躍したが、効用価値論をこのように理想主義的に拡張することが妥当かどうかについては疑問が残る。ひとつの解釈は、ヴィーザーが論じているのは規範的な「社会的厚生関数」であると見なすことである。「自然価値」は平等が実現している場合の社会的厚生関数に対応しているが、市場経済では私的所得に応じて各人の効用の社会的厚生関数への組み入れのウェイトが異なっているのである。主観的な価値の理論を、個人の理論だけでなく、社会的な団体内の経済関係にまで具体化することは彼の生涯の目標であり、マックス・ヴェーバー編集の『社会経済学綱要』の経済理論の巻に執筆した『社会経済の理論』（Wieser 1914）では、単純経済の理論、交換経済の理論、国家経済の理論、世界経済の理論に分けて、それぞれの制度的枠組みの下での経済関係について論じている。

　ボヘミア、モラヴィアの行政言語をめぐってチェコ人とドイツ人が争った言語紛争の渦中のプラハで教えたヴィーザーは、大衆の行動と社会的勢力の形成について、経済学を離れた考察も開始していた。勢力の形成および作用についてのヴィーザーの社会学的考察はその最大の成果であろう。ヴィーザーはその考察を、「大衆（Masse）の一員としての個人」から出発させた。「大衆」の一員となった個人は、合理的な経済計算によって行動する「経済人」ではない。支配をめぐる呼びかけに情動的に反応し、社会的勢力の形成をめぐる闘争の一分子となる。歴史の変動は、様々な勢力と大衆の相互作用の結果であり、そのなかでは、個々の個人の人格的特性は問題にならない。ヴィーザーはそれを、「匿名の歴史」（Wieser 1929: 339）と呼んだ。

　第1次大戦前のヴィーザーは、このような見解のうえに、自由主義の現代化を図ろうとしていた。彼の見解では、19世紀中葉に最盛期に達したオースト

リア自由主義が没落したのは、その思想の核心に「独立した個人」という、現実にそぐわない虚構を置いていたからであった。現代的な自由主義は、個人の「大衆」としての行動、社会における勢力の作用を認めながら、個人の自由な選択の余地を社会に確保しなければならない。そのためには、ひとつの勢力が圧倒的な影響をもつような事態を排除し、複数の勢力の間に適度な均衡を作り出すことが必要である。これは確かに、現実主義的な自由主義者の見解である。

しかし、勢力間のバランスに依存して自由主義を再生させようとするヴィーザーの試みは、第1次大戦とそれに続く帝国の分裂と革命的情勢によって、あえなく潰える。第1次大戦後の1926年に公刊された大著『勢力の法則』(Wieser 1926a)において、ヴィーザーは階級的利害に代わる全体的結束によって社会の安定の回復を図ろうとするB. ムソリーニのファシズム運動を評価している。ヴィーザーの勢力論にはもともと、そのような素地があった。というのは、ヴィーザーの勢力論の基本命題のひとつは、勢力は少数のリーダーを生むが、民主的にコントロールできないという「少数の法則」であったからである。

4　世紀転換期から20世紀へ

1) ベーム-バヴェルクの死

第1次大戦の直前に没したベーム-バヴェルクは、古典的自由主義者のままその節操を守ることができた。インスブルックを1889年に去って大蔵省に戻り、大蔵大臣を3度務めた財政家としてのベームの活動は、健全財政・健全通貨とそれを可能にする制度改革に捧げられている。その彼に対しても、世紀末の変化が迫っていた。ベームはマルクスの『資本論』の第3巻が刊行されると、その第1巻の労働価値説と第3巻の生産価格論が矛盾するというマルクス批判(Böhm-Bawerk 1896)を公表した。これは純学術的な論文であったが、マルクス主義者は当然これに対して反発し、反批判の闘志を燃やした。大蔵大臣退任後の1905年にベームがウィーン大学で開催したゼミナールには、ルドルフ・ヒルファディングやオットー・バウアーらが参加し、価値論をめぐって毎回激しい議論が続いたといわれる。このゼミナールには、青年マルクス主義者だけで

なく、ルートヴィヒ・ミーゼスも、ヨーゼフ・シュンペーターも参加し、刺激を受けている。

ベームはまた、勢力による価格（賃金も含む）決定が市場による均衡的な価格決定と異なるものになりうるかどうかという問題を取り上げる論文「勢力か経済法則か」(Böhm-Bawerk 1914) を公表している。彼は、この論文で、勢力による一時的な価格決定も結局は経済法則の下におさまると論じた。これは資本量が一定であるという前提に立つ議論で、古典的な自由主義経済論者の見解である。総括していうならば、ベームを代表とする初期オーストリア学派の世代は時代の進展のなかで社会勢力や制度に関心を持ったが、社会学的な理論と経済理論を総合しえたわけではなかった。

民族対立と階級対立は政治面から古典的な自由主義を掘り崩す事態であったが、経済面から古典的な世界を掘り崩す現象は、恐慌と物価変動である。C. ジュグラー (1819-1905) によって周期的な景気循環が発見され、マルクスは恐慌を資本主義の必然的な帰結と考えていたが、セー法則を前提する古典派の経済学者は、部分的な需給のアンバランスが生ずることがあっても全般的な需要不足はありえないと考えていた。物価変動についても、一時的あるいは部分的な価格変動は生ずるとしても、金本位制が確立すれば物価は安定するはずだと考えられた。初期のオーストリア学派の経済学者も、基本的にこうした古典的な経済観をもっている。

貨幣制度について見れば、1892年にオーストリアで金本位制が採用されたとき、それを主導したのはオーストリア学派の経済学者であった。メンガーは、政府の改革への着手に先立って通貨改革の必要を論じ、また幣制調査委員会で指導的な専門家意見を述べた。他方、政府側をとりしきっていたのは大蔵省の幹部となっていたベームであった。それ以前のオーストリアの本位貨幣は銀貨で、銀の国際価格の低下によって紙幣が本位貨幣以上の価値を有するという逆転現象が起きていたが、1892年の通貨改革によってこの異常事態は消失した（八木 1988: 第7章参照）。

しかし、20世紀に入るとオーストリアにおいて物価の緩やかな上昇が現われる。最初にそのことに気付いたのは、オットー・バウアーらのマルクス経済

学者であった。労働の生産性が低下していないのに物価上昇が起こるのは、金価値の下落によるものなのか、それとも財政赤字によるものなのか、あるいは何か他の原因がある事態なのかが、アカデミックな経済学者の間でも議論されるようになった。大蔵大臣を３度も務めた財政家であったベームは、20世紀初頭のオーストリアの財政赤字を憂慮していた。しかし、貨幣現象と結び付いた物価変動と景気変動の理論が、オーストリア学派に近い位置にいたスウェーデンの経済学者**クヌート・ヴィクセル**（1851-1926）によってすでに提供されていた。ヴィクセルは、最初の著作『価値・資本・地代』（Wicksell 1893）では、ベームの資本理論を数理モデル化し、ワルラスの一般均衡理論と結び付けていたが、第２の著作『利子と物価』（Wicksell 1898）では銀行貸付によって投資が行われる場合の経済変動について論じていた。銀行が貸付を行う際の「貨幣利子率」が資本の「自然利子率」（利潤率）よりも低ければ、貸付の増加が需要の増加を生み出して物価と景気の上昇が起こる。反対に「貨幣利子率」が「自然利子率」よりも高ければ、貸付の減少と需要の減少によって物価の下落と景気の後退が生ずる。２つの利子率の違いが残る限り、物価と景気の変動は累積的に進行し、市場によって均衡を回復することはできないであろう。

　ヴィクセルとベームは親しく文通し合う間柄であったので、ベームも貨幣と結び付いて生ずる経済的な不均衡の可能性について知らなかったわけではないだろう。しかし、実体的な経済均衡についての理論が基礎になるということについては、ヴィクセルもベームも同じ見解であった。ベームは、経済学の現時の課題は基礎の確立にあり、貨幣と結び付いた不均衡あるいは変動の理論は、将来的に発展させるべき課題と見なしていたのであろう。

2）新世代の反逆——シュンペーター

　旧世代の権威に挑んだのはマルクス主義を信奉する青年だけではなかった。ベームのゼミナールに参加していた**ヨーゼフ・アロイス・シュンペーター**（1883-1950）が1908年に公刊した『理論経済学の本質と主要内容』（Schumpeter 1908）は、ワルラスが一般均衡理論の体系によって表現した経済活動の全般的相互依存関係の認識を強調するもので、個人の内面的合理性を視点としたオー

ストリア学派の伝統から大きく逸脱していた。シュンペーターは、個人の合理性を視点とした理論の構築を「方法論的個人主義」と名付けたが、それは相互に依存し合って一般的な均衡状態に到達するステップにすぎなかった。経済主体についての合理主義的な理論構成は、政治面にせよ社会面にせよ、何らの実質的な個人主義を意味するものではなく、外生的に与えられる変数（環境および他者の行動）によって内生的な変数（経済主体の行動）が決定される関数的な関係を示している。複数の関数的な関係が連立方程式の体系を構成し、その均衡解として一定の経済状態が記述される。シュンペーターの理解によれば、経済学は、その成立以来、経済的な相互依存関係が安定した状態を理論的に説明することを追求してきたが、それはワルラス体系において完成した姿で総括されたのである。

　理論経済学の範を、メンガーからワルラスへ、ウィーンからローザンヌに移そうとしたシュンペーターの第1作は、彼の周囲の経済学者に衝撃を与えた。ヴィーザーはシュンペーターの著作に詳細な論評を行い、伝統的なオーストリア学派のアプローチを擁護し、経済行動の合理性は経済主体の心理に基づくとした（Wieser 1929: 10-34）。経済関係を数学的な関数関係に置き換えることに反対する同様な批判が、**ハンス・マイヤー**（1879-1955）によっても行われた。

　シュンペーターは、ワルラスの一般均衡理論を賞賛したが、それはワルラス体系についての独特な解釈に基づくものであった。まず、均衡状態における経済主体の合理的行動は、積極的な創造的行動ではまったくなく、定常的な経済循環を構成する受動的でルーチン的な行動にすぎないと解されている。ということは、ルーチン的な行動とは異なる創造的行動が現われるならば、定常的な均衡状態が破壊されるという意味を含んでいる。また、定常状態においては、生産物価値の生産要素への帰属が行きつくし、企業者には何も余剰は残らないので、利潤も利子も存在しないと解されている。そこでは経済循環におけるフローにも変化がないから、特別な流通手段である貨幣も存在する必要がない。いいかえれば、この純静態的な経済は、貨幣・資本・利潤・利子という資本主義的な要素が存在しない経済である。利潤や利子が存在するとすれば、それは均衡を破壊する創造的な行動が出現した結果である。

このようにシュンペーターの第1作を解すると、そのなかには企業者の創造的破壊の行動から資本主義経済の動態を説明しようとした第2作『経済発展の理論』(Schumpeter 1912) の伏線が張られていたことが分かる。この第2作でシュンペーターは、創造的破壊の活動を担当する経済主体を「企業者」と名付け、貨幣・資本を「企業者」が新しい結合を生み出すための手段と見なした。新しい生産方法、新しい生産物については、価値の帰属関係がまだ成立していないから、価格が費用を上回り、価値的な剰余である企業者利潤が成立する。その一部が、資本の提供者に分与されたものが利子であるというのがシュンペーターの利子論であった。この第2作に対しては、ベーム-バヴェルクが批判の筆をとった。ベームは静態的な均衡状態においても時間選好が存在し、迂回生産の生産性がある限り利子率はゼロにはならないとして自説を堅持したが (Böhm-Bawerk 1913)、シュンペーターは時間を超えて価値評価が同時化する経済の下では、時間選好も迂回生産の生産性も無視できると論じた。

　このように、シュンペーターは第1次大戦前に公表した2著によって、旧世代の代表者であるヴィーザーおよびベームと衝突した。大戦後のことになるが、ウィーン大学の教授の候補者としてシュンペーターの名前が挙がったことがある。しかし、シュンペーターは母校に容れられなかった。メンガー以来の経済理論の講座を占めたのは、シュンペーターを批判し「ヴィーザーのお気に入りの弟子」となったハンス・マイヤーであった。

　シュンペーターをオーストリア学派に数えることは、確かに困難である。しかし、ワルラス体系の数学的形式を賞賛しながらも、均衡状態を「循環的な流れ」の経済過程と解し、そこにおける経済主体の行動の特質に注目するのは、見方によっては、オーストリア学派的である。静態における価値の帰属を極端に解釈したのもオーストリアの主観主義に合致している。また、動態における企業者の行動とその影響を時間的な過程の下で位置付け、そこから経済循環を導き出しているのも、経済現象における時間的過程を重視する点で後のオーストリア学派の経済学と共通である。シュンペーターはその第1作からすでにオーストリア学派から離反した経済学者と見なされたが、ウィーンで学んだ多くの若手の経済学者は、経済理論研究の視野を世界的水準に開放したシュンペー

ターに刺激を受けたのである（歴史学派との関連におけるシュンペーターについては第4章第4節の5）を参照）。

3）ミーゼスの流通信用理論

　シュンペーターの『経済発展の理論』と踵を接して刊行されたのが、**ルートヴィヒ・フォン・ミーゼス**（1881-1973）の『貨幣および流通手段の理論』（Mises 1912）である。先にオーストリアの金本位制への移行にメンガーやベームが参画したことを述べたが、一般に流通しているのは紙幣（銀行券）であり、またオーストリア・クローネの国際的価値は金との兌換ではなく外国為替操作によって維持されていた。20世紀に入って物価が上昇基調に転じるなかで、貨幣の価値をどのように説明するかということが経済学者の課題となった。

　メンガーは財の価値を消費者の効用から一般的に説明したが、貨幣の価値、あるいは物価水準を決定する理論を提供していない。消費財でない貨幣に対しては、効用理論を直接に適用できないからである。貨幣を用いた財の間接交換において、貨幣の価値を貨幣によって購買される財に対する人々の効用によって規定しようとすれば、貨幣には独自の効用はないことになり、貨幣の価値は交換において用いられる貨幣量次第で変動することになる。これが「貨幣数量説」である。

　メンガーが、貨幣の起源を交換の便宜を求める人々の行動の累積的な結果として説明したことは、現在でもしばしば経済理論家によって引き合いに出される優れた洞察であるが、これは1871年の『国民経済学原理』にすでに見られる。これが、貨幣は国家が決定し国民に要求する法定支払い手段であるというクナップ流の貨幣国定学説と明らかな対照をなしていることは、いうまでもない。

　1892年にメンガーがJ. コンラート編『国家諸科学辞典』（初版）第3巻に執筆した「貨幣」（Menger 1892）では、より系統的に貨幣の起源と本質（「一般的に通用する交換手段」）、派生的機能と貨幣に対する需要につい

L. v. ミーゼス

て論じられている。貨幣に対する需要の基礎として、メンガーは個々の経済主体が自由にしうる形で保持する「手元貨幣在高」を置いている。もし、この「手元貨幣在高」が取引数量と連動するものでないとすれば、メンガーは「貨幣数量説」からは免れているが、それ以上の議論はなされていない。個々の経済主体の貨幣に対する需要が国民経済全体の貨幣需要を構成することは指摘されているが、それに対応する貨幣の供給に関わる変数が何も与えられていないからである。

この『辞典』が第4版になった際に、「貨幣」の執筆者はヴィーザーに交代した。ヴィーザーは国民経済の次元で貨幣量を考察し、貨幣所得と実質所得の関係によって貨幣の価値が決定されるという「所得数量説」を採用している。その一方で、貨幣の価値は貨幣素材となる財がその使用目的のために求められたときの価値を継承しているという歴史的な連続説をも並存させた（Wieser 1926b）。

『貨幣および流通手段』でミーゼスは、「所得数量説」を拒否して、歴史的な連続説を保存した。ミーゼスはメンガーの「手元貨幣在高」のアイデアを発展させ、経済主体が貨幣を保有するのは、貨幣の素材に価値があるからではなく、それが市場で財を購入できることを過去の経験から知っているからであるとした。歴史的な連続説は、しばしば「貨幣価値の遡及説」と呼ばれ、数百年前の金銀使用に対する効用の評価が現在の不換紙幣にまで及ぶとする学説であるかのように理解されている。しかし、そのような遡及を行わなくても、変化を許容する連続的な過程を論じたものと解釈すればよいだろう。つまり、過去の時点における貨幣使用の経験（購買力その他）によって現在時点での貨幣保有需要が生まれ、現在時点での貨幣供給と合わせて現在時点での貨幣価値（購買力）が定まる、さらに、この結果をもとに、また次の時点の貨幣保有需要が生まれていくのである。

貨幣の供給側を見ると、特徴的な事態は銀行信用という流通手段の発展である。1912年の『貨幣および流通手段』でのミーゼスは銀行信用を完全な貨幣と見なしておらず、貨幣を代理する「流通手段」と呼んでいる。銀行信用は主として企業を相手にして経営および投資の資金として貸し付けられ、銀行シス

テム全体のなかで信用創造が起こりうる。したがって、最終所得者である消費者が銀行に託した預金額を銀行の貸出額が上回る場合、インフレーションを典型的な結果とする貨幣的な攪乱が生ずるだろう。創造された銀行信用によって得られた資金を取引に用いることで企業は蓄積を行うことができるが、それは所得からの自発的な貯蓄に基づいているものではない。それは消費部門から企業部門への所得移転をともなう「強制貯蓄」である。投資の増大に応じた消費の自発的減少は起きていないから、銀行は信用創造をさらに拡大し、インフレーションが昂進する。最後は恐慌である。恐慌を避けようとすれば、銀行に対して100%の預金準備率を課して信用創造を不可能にする以外にはない。

　この理論が、ヴィクセルの貨幣経済論を受け継ぎ、それを恐慌の理論にまで発展させたものであることは明らかである。第1次大戦後のミーゼスは、この景気理論を「流通信用理論」と名付けたが、ハイエクなどの理論と合わせて「ウィーン学派景気理論」と呼ばれることもある。

　銀行による信用創造に対するミーゼスのネガティヴな評価は、シュンペーターのポジティヴな評価と対照的である。シュンペーターも銀行の信用創造が経済に不均衡をもたらすことを承認する。しかし、シュンペーターの見解では、銀行信用は企業者の創造的活動を可能にする手段であり、資本主義にとって不可欠な要素である。企業者の革新活動が大量に起こり、それに対して銀行が資金を提供するならば物価の上昇が起きることは避けられない。しかし、それは経済の全体をとってみれば好況期にあたっていて、企業者の革新活動が成功すれば生産量は増加しているであろうし、また成功した企業者は銀行から借りた資金を返済することができる。一時的な物価上昇も、革新活動が一巡し景気が山を迎える頃に落ち着き、さらに革新活動が低調な不況期には低下するであろう。とくに好況期から不況期への転換が激烈なものであれば、追随的な企業の多くが破綻する恐慌という現象になるが、企業活動を基礎にした景気循環はシュンペーターにとっては、資本主義の生命力そのものであった。したがって、犠牲を避けるために重要なことは、銀行家が成功の見込みのある企業者をしっかりと選別することであり、また彼らの活動の効果を見極めながら貸し出しを行うことであり、信用創造そのものの是非ではなかった（Schumpeter 1926: 295

f.)。信用の生産性を肯定するこのようなシュンペーター的な考えは、銀行家でもあったアルベルト・ハーン（Hahn 1924）によって発展させられている。

5　両大戦間期のオーストリア学派

1) 第1次大戦後の分岐と結集

　第1次大戦後の激動は20世紀初頭に育った経済学者たちの間にも対立をもたらした。大戦後の社会主義者が主導した連立政権の中枢に入ったオットー・バウアーはシュンペーターを大蔵大臣に据えたが、社会主義者の公約である産業社会化にシュンペーターが協力しなかったことから、2人の関係は決裂した。ミーゼスは、バウアーに対してボリシェヴィズムの脅威を警告するとともに、政府に対して破滅的なインフレを停止させるために財政均衡を回復し、銀行券の増発を停止するように要求した。

　おそらく彼の強硬な自由主義が嫌われたため、ミーゼスのウィーン大学との関係は形式的なものにとどまった。ウィーン大学では、1923年にハンス・マイヤーがヴィーザーの講座を継いだが、マイヤーは有機的全体主義の経済観で学生の人気を博したオットマール・シュパン（1878-1950）との張り合いに精力を費やし、見るべき業績を挙げていない。商工会議所の経済顧問であったミーゼスはその執務室で私的なセミナーを開いた。その参加者は、リヒャルト・フォン・シュトリグル、フリードリヒ・ハイエク、フリッツ・マッハルプ、オスカー・モルゲンシュテルン、ゴットフリート・ハーバラー、パウル・ローゼンシュタイン-ロダンなどである。哲学者のフェリクス・カウフマンや社会学者のアルフレート・シュッツも参加し、またライオネル・ロビンズのような海外の学者もしばしば討論に加わった。1920年代におけるオーストリア学派の中心は、このミーゼスの私的セミナーにあった。もちろん、エドワルト・シャムズやレオ・シェーンフェルトのように、ミーゼスのセミナーに参加せずに育った経済学者もいるし、ミーゼスの私的セミナーとマイヤーの公式セミナーの双方に参加していた経済学者もいる。また、両大戦間期の経済理論の進歩の観点からは、メンガーの息子で数学者であったカール・メンガー2世が主催してい

た数学コロキウムを逸することはできない。オスカー・モルゲンシュテルン (1902-77) と J. フォン・ノイマン (1903-57) が開拓したゲーム理論はこのコロキウムで誕生したのである。

　第1次大戦後のミーゼスは、社会主義と国家介入主義を標的と定めて、それに対する批判を倦むことなく生み出し続けた。アカデミックな社会主義批判の最初の著作は、『社会科学・社会政策アルヒーフ』に掲載された「社会主義における経済計算」(Mises 1920) であるが、1922年には、社会主義思想に対する包括的な批判である大冊の『共同経済』(Mises 1922) を刊行した。その基本的な批判は、生産手段が社会化されてその市場がない社会、貨幣も資本も存在しない社会では、発展した経済のすべてが必要としている計算可能性、合理的行動が欠けてしまうというものである。

　ミーゼスは、社会主義と国家介入主義を批判して個人の合理性に基づいた行動を擁護するなかで、経済を支える人間行為についての原理的な認識に到達する。それは、人間の行為はすべて「合理的」であり、「貨幣」「価格」「資本」などの経済学的カテゴリーはすべて、人間の「合理的行為」に適合した計算を可能にするカテゴリーであり、それを誤解することはできても、廃止することはできないという認識である。マックス・ヴェーバーは行為を「目的合理的行為」「価値合理的行為」「情動的行為」「伝統的行為」の4類型に分けた (Weber 1921: 12) が、ミーゼスの「合理的行為」は最初の「目的合理的行為」に対応する。外目には慣習にしたがっているにすぎないと見なされる伝統的農民の行為も、周囲の状況と農民の意識のなかでは合理的に目的と関連付けられた行為である。価格が変動する不確実な市場的環境の下にいる企業家も、自分の予想のなかで経済学的カテゴリーを用いて計算を行って決断するのであるから、その行為は合理的である。問題にされているのは、客観的結果の合理性ではなく、行為自体のなかの合理性である。そのような合理性が見出されない行為は、自分の行為ではないか、そもそも行為とは見なされない単なる生理的反応にすぎない。このように論ずることによって、ミーゼスは経済主体に対するすべての強制的介入を拒否した。彼は人間の行為にこのようなアプリオリな合理性という属性を与え、そこから導き出される議論を「プラクシオロジー」と呼んだ。

彼の主著は、ドイツ語で執筆されていた時期は『国民経済学』(Mises 1940) と題されていたが、アメリカに移住した後の英語版では『ヒューマン・アクション』(Mises 1949) と改題された。

2) 景気理論と社会主義経済計算論争──ハイエク

フリードリヒ・フォン・ハイエク(1899-1992) がミーゼスと協力するようになるのは、ヴィーザーの指導を得て卒業したばかりの 1921 年である。学生時代のハイエクの政治思想は当時の政治事情ではカトリックと社会主義・共産主義の間に位置する中間主義的なものであったが、ミーゼスと親しくなった時期には自由主義者になっていた。当時債務問題の戦後処理の作業をしていたミーゼスは、ハイエクに仕事を与えただけでなくアメリカへ留学する際の便宜もとりはからい、また 1927 年に経済団体や政府役職者を説得して創設した景気研究所の所長にハイエクを据えた。

この新設研究所を拠点にして、ハイエクはアメリカで行われていた景気循環の統計的調査研究とオーストリア学派の経済理論を統合する研究に携わる。理論的な方針の端緒はミーゼスによって示されていたが、ミーゼスの「流通信用理論」の基礎にベーム-バヴェルク以来のオーストリア資本理論を取り入れて景気変動と資本の構造を結び付けたのはハイエクである。

ハイエクによれば、銀行の資金供給が増加し企業が投資を増加させると、「平均的生産期間」が延びる。しかし、好景気になって物価が上昇すると実質賃金が相対的に低下するので、銀行貸付を緩和して利子率を低く維持したとしても、早晩資本を労働に代替する誘因が生まれ、「平均的生産期間」の収縮が起こる。これが急激に生じて投資財の生産を崩壊させるのが恐慌である。恐慌を転機として不況になると、物価が低下し実質賃金の上昇が起こるので、今度は労働を資本に代替する誘因が生まれ、投資が活発化して「平均的生産期間」の長期化(「資本の深化」)が再度開始される (Hayek 1929b; Hayek 1931)。ハイエクは実質賃金の上昇

F. v. ハイエク

によって労働から資本への代替が起こることを「リカードウ効果」と呼んだが、N. カルドア（1908-86）は「平均的生産期間」が伸び縮みすることに着目して「コンティルチェナ（アコーディオン）効果」（Kaldor 1942）と呼び換えている。

　この理論は、恐慌は過小消費によって起こるのではなく、好況期の過剰投資によって起こるという過剰投資説に属する学説であるが、その際資本と労働の完全雇用を前提していることに留意すべきである。実質賃金の増加、消費、投資の増加はいずれも他の要素の減少を引き起こすので、不況対策も含めて経済過程への介入は可能な限り避けることが望ましいという結論になる。ハイエクはロビンズに招聘されてロンドンで講演を行い、その評判によって1932年にLSE（ロンドン・スクール・オブ・エコノミックス）の看板教授となる。イギリスに移住したハイエクを待っていたのは、積極的な不況対策を説くケインズとの対決であった。

　オーストリア学派の資本理論は、ハイエクだけでなく他の両大戦間期のオーストリアンやその他の大陸系の経済学者（G. ハーバラー、R. シュトリグル、J. G. オカーマン、N. カルドアなど）によってしばしば用いられている。そこでは、部門分け、固定資本の扱い、投入・産出の時間的関係などで様々な洗練化が行われた。それは、現在の資本理論の探求に先駆けた努力であった。しかし、様々な素材的異質性をもつ資本の量を「平均的生産期間」というような単一の時間量に還元することが不可能であることは、オーストリア学派の経済学者自身にも認識された。ハイエクが『資本の純粋理論』（Hayek 1941）を最後にして資本理論の探求を打ち切った後もオーストリア資本理論にこだわり続けたのは、第2次大戦後には南アフリカの大学で教えたL. M. ラッハマン（1906-90）だけであろう。彼はその長期にわたる探求を総括して、オーストリア学派の資本理論の長所は、「平均的生産期間」というような単一の尺度に資本の構造を還元するところにはなく、時間的な配置のなかに多様な高次財が配置される関係の複雑さを理解するところにあると述べている（Lachmann 1978: Preface）。妥当な総括と思われる。

　両大戦間期のハイエクがミーゼスとともに追求した、もうひとつのトピックは社会主義における経済計算の問題であった。この問題の起源が大戦後の革命

情勢と社会化にあることは明らかであるが、それが「経済計算」の問題に収斂したのは、論争の発端が、戦時経済の下での物資動員計画に幻惑されたウィーンの哲学者オットー・ノイラート (1882-1945) が価格抜きの実物計算によって経済運営が可能であると主張する著書『戦時経済から実物経済へ』(1919) にあったからである。先に言及したミーゼスの「社会主義共同体における経済計算」はそれに対する論駁であった。論争の背景となる社会主義計画経済はドイツ、オーストリアでは実現しなかったが、ロシア革命後のボリシェヴィキ政権の下では現実のものとなった。ロシアの経済学者ボリス・ブルツクスはいちはやく経済計算不可能論の立場で計画経済を批判したが、イギリスのマルクス主義経済学者モーリス・ドッブは強権的な資源動員によるロシアの工業化計画を現実主義的な政策として支持した。そのほか、カール・ポラニー (1886-1964) のような機能的な折衷主義、エドゥアルト・ハイマンのような社会民主主義者も論争に参加した。

　論争が新しい段階に入ったのは、英語圏の経済学者が論争に参加し、経済分析の現代的ツールがこの問題に利用されるようになってからである。アメリカのF. M. テイラー、イギリスのH. D. ディキンソンが、社会主義の下でも、市場経済の下で価格と生産量が決定されるのと類似の方法で、生産される財の価値と数量を定めることができると論じた。また、ローザンヌ学派の一般均衡理論の体系を社会主義の下での最適な生産決定に適用したエンリコ・バローネの論文「集産主義国家における生産省」(1908) が再評価された。この方向は、ポーランド出身の経済学者オスカー・ランゲ (1904-65) の「社会主義の経済理論」(Lange 1936-37) で完成された。ランゲは、社会主義の下でも、中央計画局が企業管理者に対して仮の価格を提示し、企業管理者がそれに応じて中央計画局に返す計画生産量を集計して、それが必要量に満たなければ価格を上げ、超過すれば価格を下げるという均衡価格の模索法が可能であり、社会主義計画経済はそれを全生産部門で行うことができるだけでなく、市場経済では考慮されない要因をも計算のなかに含めることができるというメリットも有していると論じた。ランゲの議論は、多数の企業管理者の価格への反応を組み込んでいるので「競争的解決法」とも呼ばれていて、第2次大戦後の東欧での社会主義経済の

分権的改革や市場社会主義の構想の出発点となった。

　ハイエクは1935年に『集産主義計画経済の理論』(Hayek (Ed.) 1935) を編集して、ミーゼス、バローネほかの論文とともに自分の見解を公表した。それは、中央計画経済方式に対しては、中央当局への生産に関する微細な知識の集中が不可能なこと、また均衡価格を模索するテイラー・ディキンソン・ランゲ型の方式に対しては、私有財産がないところでは企業管理者の動機および責任が保証されないことを挙げて、ミーゼスの立場を擁護するものであった。のちの著作において、ハイエクは、経済における集中化されない知識、および私有財産制度と結び付いた動機と人格的責任についての洞察を、体系的な社会哲学にまで発展させる。この論争に関心を抱いた人のなかには、ハイエクが計画経済の論理的（数理的）可能性を認めたことを重視して、「計画経済」の不可能論者は原理的レベルの議論では敗北し、実際的な運営レベルでの批判に後退したと論争を概括する傾向があった。これは、ミーゼス・ハイエクの思想を誤解した批評であろう。というのは、ミーゼス・ハイエクにおいては、知識・動機・行動・責任はみな個人のなかで結び付いているので、抽象的な数理的モデルの成立の是非は関心の外にあるからである（経済計算論争の詳細と現時点でのその評価については、Lavoie 1985; 西部1996を参照）。

6　オーストリア学派の国際的伝播

　両大戦間期はそれまで各国ごとに発展していた経済学が、とくに英語圏を基礎にして国際的な融合を開始した時代であった。19世紀末の段階では、ドイツ語圏の経済学は、かなりの自律性を保持していて、それ自体がある程度国際的でもあった。ドイツ語圏自体がドイツ、オーストリア、スイス、さらに周辺の中欧・東欧・北欧諸国に広がっていただけでなく、アメリカや日本をはじめとして多数の国の経済学者がドイツ、オーストリアの大学で学んでいた。メンガー、ベーム、ヴィーザーの著作の多くが翻訳され、方法論争は世界の経済学者の共有財産となった。しかし、第1次大戦における世界の分裂とドイツ・オーストリアの敗北はこうした学術世界におけるドイツ語圏の勢力にも影響を及

ぼした。古典派経済学の母国であるイギリスが、経済学の大学・行政機構との結合を制度化してその中枢的地位を回復し、アメリカが学問的自立を果たしたことと合わせ、英語圏の勢力を確立した。国際連盟その他の国際機関でドイツ系の専門家が働く場合でも、英語ないしフランス語が必須になった。

シュンペーターとハイエクは、英語文化圏へのドイツ人経済学者の適応の顕著な成功例である。両者はともに留学あるいは客員としての米英滞在によって英語をマスターし、1930年代にシュンペーターはハーバードに、ハイエクはLSEに移った。英語圏の経済学者の多くは、シュンペーターとハイエクが英語で執筆した著作によってドイツ語圏の経済学者の理論を知ったのである。

しかし、1931年のドイツでのナチスの政権獲得と1935年のオーストリア併合は、ドイツ語文化圏における多くの経済学者に破滅的な影響をもたらした。ユダヤ人の血統を引く学者や共産主義者・社会主義者だけでなく、自由主義者も生命・財産の危険にさらされた。残留したハンス・マイヤーは、ナチスの人種主義を受け入れ、オーストリア経済学会からユダヤ人会員を排除する措置をとった。ミーゼスはナチスのオーストリア侵攻の前にジュネーブに移住していたが、1940年にはさらにアメリカに移住した。ミーゼスの弟子たちもほとんどが国外に脱出し、その多くがアメリカの大学で教えるようになった。

英語文化圏の諸大学・諸機関に散らばったオーストリア学派の経済学者の多くは、そのオーストリア的特質を薄めて主流派に合流したが、マッハルプの知識産業論やモルゲンシュテルンのゲーム理論のようにオーストリア学派的な発想を残す貢献も多い。1945年に欧州の戦火が鎮まっても、彼らの多くはオーストリアに帰ることはなかった。東西冷戦の谷間にあるオーストリアの安全はなお確保されていなかったし、また国内に残留した人々と国外に脱出した人々との間には深刻な亀裂が生じていたからである。したがって、学派の母国であるオーストリアでオーストリア学派が復活することはありえなかった。

ハイエクは1944年にその政治的著作『隷従への道』で反共産主義・反社会主義の思想家として世界的な名声を得て、講演旅行で世界をかけめぐるようになる。反共自由主義の知識人を世界的に結集したモンペルラン協会を1944年に創設したのもハイエクである。1950年には、個人的問題からロンドンを去

ってシカゴ大学に移るが、提供されたのは経済学ではなく社会思想のポストであった。第2次大戦後もオーストリア学派の伝統を維持していたのは、老ミーゼスがニューヨークで開いたセミナーただひとつであった。このセミナーから、イズラエル・カーズナー（1930-）やマレイ・N・ロスバード（1926-95）らが育ち、1970年代初頭に主流派経済学に不満を抱く若手の経済学者を合流させて成立したのが、モダーン・オーストリアンズ（現代オーストリア学派）である。これに、社会思想・政治思想として体系化されたハイエク思想の再評価が加わり、G. L. S. シャックルやL. M. ラッハマンのようなハイエク思想を独自の経済学に発展させた経済学者も、現代オーストリアンと深い関係にある。

　現代オーストリアンは、その個人主義的自由主義の思想から、集計的な経済変数の意義を認めず、介入主義的政策の実効性を否認するので、マクロ経済学に対してはほとんど全否定に近い態度をとる。また、ミクロ経済学においては、均衡の近傍および結果の分析に関心を集中させることに反対し、主観的な合理性によって行動する経済主体からなる競争的過程という経済観を対置する。この競争的な過程が一定程度の安定性をもつと考えるのが「穏和な主観主義」であり、激変が起こりうる世界であるというのが「急進的な主観主義」である。制度分析においては、経済面については、個々人の活動の累積的結果として制度が発生・成長するという進化的思想を受け入れるが、「法の支配」を実現する強い政府を支持する極と、政府の存在をも問題にする完全自由主義（リバータリアン）の極に分かれている（これらの現代オーストリアンの流れについては、Vaughn 1994; 尾近・橋本編 2003 を参照されたい）。

文　献

Böhm-Bawerk, E. v.(1881): *Rechte und Verhältnisse vom Standpunkte der volkswirtschaftlichen Güterlehre*, Innsbruck.

――(1884): *Kapital und Kapitalzins*, 1. Abt.（=*Geschichte und Kritik der Kapitalzinstheorien*）, Innsbruck.

――(1886): Grundzüge der Theorie des wirtschaftlichen Güterwerts, In: *Jahrbücher für Nationalökonomie und Statistik*, N. F., Bd. 13.　長守善訳『経済的財価値の基礎理論』岩波文庫、1932年.

――(1889): *Kapital und Kapitalzins*, 2. Abt.（=*Positive Theorie des Kapitals*）, Innsbruck.

——(1896): Zum Abschluss des Marxschen Systems, In: *Staatswissenschaftliche Arbeiten: Festgaben für Karl Knies zur fünfundsiebzigsten Wiederkehr seines Geburtstages*, hg. v. O. v. Boenigk, Berlin. 木本幸造訳『マルクス体系の終結』未来社、1969年.

——(1913): Eine "dyanamische" Theorie des Kapitalzinses, In: *Zeitschrift für Volkswirtschaft, Sozialpolitik und Verwaltung*, Jg. 22.

——(1914): Macht oder ökonomisches Gesetz?, In: *Zeitschrift für Volkswirtschaft, Sozialpolitik und Verwaltung*, Jg. 23.

Endres, A. M.(1997): *Neoclassical Microeconomic Theory: The Founding Austrian Version*, London.

Hahn, L. A.(1924): *Geld und Kredit*, Tübingen.

Hayek, F. A.(1929a): Friedrich Freiherr von Wieser, In: *Friedrich Wieser: Gesammelte Abhandlungen*, hg. v. F. A. Hayek, Tübingen.

——(1929b): *Geldtheorie und Konjunkturtheorie*, Wien. 古賀勝次郎・谷口洋志他訳『ハイエク全集』1 (『貨幣理論と景気理論』、『価格と生産』) 春秋社、1998年.

——(1931): *Preise und Produktion*, Wien. 古賀・谷口他訳『ハイエク全集』1.

——(Ed.)(1935): *Collectivist Economic Planning*, London. 迫間眞治郎訳『集産主義計画経済の理論』実業之日本社、1950年.

——(1941): *Pure Theory of Capital*, London. 一谷藤一郎訳『資本の純粋理論』1・2、実業之日本社、1952年.

——(1968): Einleitung, In: Carl Menger: *Gesammelte Werke*, Bd. I, 2. Aufl., hg. v. F. A. Hayek, Tübingen.

Hennings, K. H.(1997): *The Austrian Theory of Value and Capital: Studies in the Life and Work of Eugen v. Böhm-Bawerk*, Aldershot.

Ikeda, Y.(1997): *Die Entstehungsgeschichte der "Grundsätze" Carl Mengers*, St. Katharinen.

Kaldor, N.(1942): Professor Hayek and the Concertina Effect, In: *Economica*, NS. Vol. 9, No. 36.

Kauder, E.(1962): *A History of Marginal Utility Theory*, Princeton, N.J. 斧田好雄訳『限界効用理論の歴史』嵯峨野書院、1979年.

Lachmann, L. M.(1978): *Capital and Its Structure*, 2nd ed., Kansas City.

Lange, O.(1936-37): On the Economic Theory of Socialism, In: *Review of Economic Studies*, Vol. 4. 土屋清訳『計画経済論』中央公論社、1942年.

Lavoie, D.(1985): *Rivalry and Central Planning: The Socialist Calculation Debate Reconsidered*, Cambridge, New York. 吉田靖彦訳『社会主義経済計算論争再考』青山社、1999年.

Menger, C.(1871): *Grundsätze der Volkswirtschaftslehre* (1871), Nachdr., hg. v. F. A. Hayek (=Carl Menger: *Gesammelte Werke*, Bd. 1), Tübingen 1968. 安井琢磨・八木紀一郎訳『国民経済学原理』日本経済評論社、1999年.

——(1883): *Untersuchungen über die Methode der Socialwissenschaften, und der politischen Oekonomie insbesondere* (1883), Neudr. (=*Gesammelte Werke*, Bd. 2), 1969.

福井孝治・吉田昇三訳『経済学の方法』日本経済評論社、1986年.
――(1884): *Die Irrtümer des Historismus in der deutschen Nationalökonomie* (1884), In: *Gesammelte Werke*, Bd. 3, 1970. 吉田昇三訳「ドイツ経済学における歴史主義の誤謬」、福井・吉田訳『経済学の方法』.
――(1892): Geld, In: *Handwörterbuch der Staatswissenschaften*, hg. v. J. Conrad, 1. Aufl., Bd. 3, Jena.
――(1915): Eugen von Böhm-Bawerk (1915), In: *Gesammelte Werke*, Bd. 3.
――(1923): *Grundsätze der Volkswirtschaftslehre*, 2. Aufl., aus dem Nachlass hg. v. Karl Menger, Wien. 八木紀一郎・中村友太郎他訳『一般理論経済学』1・2、みすず書房、1982-84年.
Mises, L. v.(1912): *Theorie des Geldes und der Umlaufsmittel*, München, Leipzig. 東米雄訳『貨幣及び流通手段の理論』日本経済評論社、1980年.
――(1920): Die Wirtschaftsrechnung im sozialistischen Gemeinwesen, In: *Archiv für Sozialwissenschaft und Sozialpolitik*, Bd. 47.
――(1922): *Die Gemeinwirtschaft: Untersuchungen über den Sozialismus*, Jena.
――(1940): *Nationalökonomie*, Genf.
――(1949): *Human Action: A Treatise on Economics*, Chicago. 村田稔雄訳『ヒューマン・アクション』春秋社、1991年.
根岸隆 (1887):『経済学の歴史』(第2版)、東洋経済新報社.
西部忠 (1996):『市場像の系譜学――「経済計算論争」をめぐるヴィジョン』東洋経済新報社.
尾近裕幸・橋本努編 (2003):『オーストリア学派の経済学――体系的序説』日本経済評論社.
Schmoller, G.(1883): Zur Methodologie der Staats- und Sozialwissenschaften, In: *Jahrbuch für Gesetzgebung, Verwaltung und Volkswirtschaft im Deutschen Reich*, N. F., 7. Jg., 1883. 田村信一訳「国家科学・社会科学の方法論のために」、『国民経済、国民経済学および方法』日本経済評論社、2002年.
G. Sch. [Schmoller, G. ?] (1873): Carl Menger, Grundsätze der Volkswirtschaftslehre, In: *Literarisches Centralblatt für Deutschland*, Nr. 5 (1. Feb.).
Schumpeter, J. A.(1908): *Das Wesen und Hauptinhalt der theoretischen Nationalökonomie*, München, Leipzig. 大野忠男・木村健康他訳『理論経済学の本質と主要内容』岩波文庫、1986年.
――(1912): *Theorie der wirtschaftlichen Entwicklung*, 1. Aufl., Leipzig.
――(1926): *Theorie der wirtschaftlichen Entwicklung*, 2. Aufl., Leipzig. 塩野谷祐一・中山伊知郎他訳『経済発展の理論』上・下、岩波文庫、1977年.
――(1954): *History of Economic Analysis*, ed. from manuscript by Elizabeth Boody Schumpeter, New York. 東畑精一・福岡正夫訳『経済分析の歴史』上・中・下、岩波書店、2005年.
Tomo, S.(1994): *Eugen von Böhm-Bawerk: Ein großer österreichischer Nationalökonom zwischen Theorie und Praxis*, Marburg.
Vaughn, K. I.(1994): *Austrian Economics in America: The Migration of a Tradition*,

Cambridge, New York. 渡辺茂・中島正人訳『オーストリア経済学――アメリカにおけるその発展』学文社、2000年.
Weber, M.(1904): Die »Objektivität« sozialwissenschaftlicher und sozialpolitischer Erkenntnis, In: *Archiv für Sozialwissenschaft und Sozialpolitik*, Bd. 19. 富永祐治・立野保男他訳『社会科学と社会政策にかかわる認識の「客観性」』岩波文庫、1998年.
――(1921): Soziologische Grundbegriffe, In: *Grundriß der Sozialökonomik,* III. Abt. (=*Wirtschaft und Gesellschaft*), I. Teil, Tübingen, Kap. I. 阿閉吉男・内藤莞爾訳『社会学の基礎概念』恒星社厚生閣、1987年.
Wicksell, K.(1893): *Über Wert, Kapital und Rente, nach den neueren nationalökonomischen Theorien,* Jena. 北野熊喜男訳『価値・資本及び地代』日本経済評論社、1986年.
――(1898): *Geldzins und Güterpreise,* Jena. 北野熊喜男訳『利子と物価』日本経済評論社、1984年.
Wieser, F.(1884): *Ueber den Ursprung und die Hauptgesetze des wirtschaftlichen Wertes,* Wien.
――(1889): *Der natürliche Wert,* Wien.
――(1914): *Theorie der gesellschaftlichen Wirtschaft,* Tübingen.
――(1926a): *Das Gesetz der Macht,* Wien.
――(1926b): Geld, In: *Handwörterbuch der Staatswissenschaften,* 4. Aufl., Bd. 4, Jena.
――(1929): *Gesammelte Abhandlungen,* hg. v. F. A. Hayek, Tübingen.
Yagi, K. (Ed.)(1983): *Böhm-Bawerk's First Interest Theory: With C. Menger-Böhm-Bawerk Correspondence, 1884-85* (= Study Series, No. 3), Center for Historical Social Science Literature, Hitotsubashi University.
八木紀一郎 (1988):『オーストリア経済思想史研究』名古屋大学出版会.
――(2004):『ウィーンの経済思想』ミネルヴァ書房.

第7章

社会的市場経済の思想——オルド自由主義

1 社会的市場経済

　1948年の通貨改革によって生まれたドイツ連邦共和国（西ドイツ）の経済は、広く、「社会的市場経済（Soziale Marktwirtschaft）」の名によって語られてきた。これに対して、第2次大戦の終戦以前、1933年から1945年までのナチズムの時代は——とりわけ、この概念で規定された戦後市場経済との非連続性を強調する視点から——、（国家によって）「操舵された経済（die gelenkte Wirtschaft）」と呼ばれ、「法的には私的所有であるが、実際には、生産手段を利用する権限をもち、生産するものを決定したのは国家だった」とされてきた（Schneider 1996: 11）。

　最初に指摘しておきたいことは、現在ドイツの学界では、戦後と戦前に関するこうした理解の仕方が大きく揺らいでいるということである。社会的市場経済の概念には、以下で述べるように、この間に意味変化にも相当するような強調点の重要な移動が生じ、またその概念の有効性に対してドイツの歴史家が表明した疑問に遭遇する機会は次第に頻繁になっている。ナチス経済については、それを私的所有の法的衣装をまとった「社会主義ブランド」の一タイプであるとの通説（Temin 1991）は実証的に支えがたくなりつつある。こうした揺らぎは、法制思想史、経済史、社会史、法制史などの社会科学的諸研究がもたらしつつある確実な知見の積み重ねをともなって次第に大きくなっていき、やがて新しい理解の地平へと収束し着地していくのではないかと思われる（雨宮2005; 雨宮2006; Amemiya 2008; Buchheim, Scherner 2006; Abelshauser, Hesse u.a. 2004; Nolte

2002; Gosewinkel 2005; Bähr, Banken 2006; Spoerer, Streb 2008 を参照）。ちなみに本章のテーマであるオルド自由主義についての理解も、後に述べるように、この揺らぎの圏内に——しかもその中心部近くに——ある。

1) 社会的市場経済の創設宣言

　ところで、経済史家ヴェルナー・アーベルスハウザーは、「社会的市場経済について、各人は、各々が望むものを思い描いてよいのであって、『経済の奇跡』の因果的説明［戦後西ドイツ経済の高度成長の開始に関する因果連関の分析］にはあまり役に立たない」と述べたうえで、次のような注目すべき指摘を行っている。「今日では、このコンセプトの政治的価値評価には逆説的な変化が起こっている。すなわち、自由主義者は、ますますそれから離れていくが、それはいっそう急進的でネオリベラルな改革を訴えるためである。それに反して、社会的市場経済は、以前はその敵に属していたドイツ経済政策の、どちらかというとプラグマティックな諸勢力にますます好評を得ている」（Abelshauser 2006: 4）、と。

　彼によれば、1957 年に制定され翌年に発効した反カルテル法である「競争制限禁止法（Gesetz gegen Wettbewerbsbeschränkungen）」が当時の「社会的市場経済の憲章」であって、この時点でのこのコンセプトの理解はそこに象徴されていた。連邦経済省の前身である、米英占領地域経済管理局局長——後の経済相——**ルートヴィヒ・エアハルト**（1897-1977）の学識者諮問委員会（Wissenschaftlicher Beirat）は、彼の「知恵袋」として、社会的市場経済の創設者となるエコノミストたちの蝟集する場となったが、そのメンバーのひとり、**アルフレート・ミュラー-アルマック**（1901-78）が 1946 年に執筆した文書『経済操舵と市場経済』（Müller-Armack 1947）は、それが刊行された 1947 年以来「社会的市場経済の創設宣言」と目されてきた（Spoerer 2007: 31 を参照）。なお、ミュラー-アルマックは当時ミュンスター大学教授で、1950 年ケルン大学に転任後も経済省やヨーロッパ経済共同体（EEC）などで要職を歴任した。主著に『社会的市場経済の系譜』（Müller-Armack 1974）、ファシズムへの接近を示した戦前の著作として『新帝国における国家理念と経済秩序』（Müller-Armack 1933）がある。

さて、上記「創設宣言」のなかで、彼は、市場経済と経済操舵の両極を適切な経済政策によって統合的に結び付けようとした。単なる「自由な市場経済」は、適切な秩序政策の枠組み、とりわけ市場権力の集中に対抗する競争政策によって、市場経済の成功の基礎を固める作業を怠ってきた、と彼は述べ、よく機能する市場経済の社会的性格に関して次のように指摘している。すなわち、競争政策を通じてうまく機能する市場経済は、基本的に、その経済的成果が全階層に益する

A. ミュラー–アルマック

がゆえにすでにして「社会的」であるが、市場競争のメカニズムがはらむ優勝劣敗のような否定的結果を緩和するためには社会政策を必要としている。だが、それは、価格システムを可能な限り妨害しないように、(最低賃金や累進課税による所得再分配のように) できるだけ「市場順応的 (marktkonform)」でなければならない、と (Müller-Armack 1956 をも参照)。

ここで確認しておきたいことは、「基軸としての競争政策＋補完としての市場順応的な社会政策」からなるこの「創設宣言」の規定が、たとえば、1991年に出版され世界的ベストセラーとなったミシェル・アルベールの『資本主義対資本主義』(Albert 1991) が紹介する「社会的市場経済」の理解とはかなり異なっているということである。これはアルベールに限らず、ほかにいくつも同様の事例を挙げることは可能であろうが (たとえば、さくら総合研究所・ifo経済研究所 1997: 75 ff.)、ここでは、フランスとEUのトップ行政官であり大企業経営者でもあった人物の理解が表現されているという意味で、このコンセプトに関する代表的な理解の仕方のひとつを示していると考えられるアルベールの説明を取り上げよう。

さて、アルベールによれば、社会的市場経済は次のような諸要素の複合体であるとされている。(1)福祉国家としての「社会国家 (Sozialstaat)」。ちなみに「社会国家」とは、国民の社会的保護を、職業労働と結び付いた社会保障システムおよび団体の社会的形成の国家による保護を通じて達成する制度である。(2)「共同決定法 (Mitbestimmungsgesetz)」による企業経営への従業員参加。その起源

第7章　社会的市場経済の思想——オルド自由主義　　221

をアルベールは、ワイマール共和国の社会民主主義に求めている。なお、ドイツ企業の意思決定（コーポレートガバナンス）は、取締役会と監査役会の重層的システムによって行われるが、後者のメンバーは企業規模に応じて半分ないし3分の1を従業員・労働組合の代表が占めることが法的に規定されている。(3)健全な市場経済が必要とする機能的な通貨制度の最重要条件としての通貨管理。それを達成するためドイツ連邦銀行の（政府からの）独立性が法的に保証されている。(4)長期融資を通じて産業を支える民間銀行システム。この銀行制度（ユニバーサルバンク制）は、アルベールによれば、ドイツ連邦銀行の自律的で厳格な通貨安定政策を側面から支えている。(5)競争を阻害するような国家介入の排除。

　これらのうち、「創設宣言」の規定に最も妥当するのは、配列された諸要因のなかでも最後に置かれた(5)、および競争的市場の通貨的条件を保証する(3)であり、「社会的市場経済の憲章」とさえいわれた競争制限禁止法やそれと関連した連邦カルテル局の意義は、むしろそれらの背景に退いている。これに対して、冒頭(1)に置かれている事柄は、――「市場順応的な」社会政策や「社会国家」の解釈の仕方次第では――「創設宣言」の趣旨と摩擦や対立さえ引き起こしかねない要因である。「市場順応的」な所得再分配政策の規準は明らかではないし、「社会国家」による団体の保護は、市場アクターの経済権力という視点から見ると、難しい問題をはらんでいる。(4)では、企業のハウスバンクとしてのユニバーサルバンクが、連邦銀行の厳格な通貨政策の経済的圧力を緩和する点に注目して、連邦銀行と民間銀行の相互補完的な関係が強調されているように思われる。しかし、民間銀行と企業の間の長期的な相互依存関係が企業情報を外部に対して閉鎖することによって、（金融）市場の「透明性の欠如」を招いているとの批判がある（さくら総合研究所・ifo経済研究所 1997: 103）。そうであるならば、(4)もまた、市場への競争秩序の積極的な導入を企図する「創設宣言」の趣旨とは明白に対立する要因といわなければならない。最後に(2)についてはどうであろうか。「共同決定」に対する社会的市場経済の創設者たちのスタンスはいかなるものであったか。

　エアハルトの下に組織された先の学識者諮問委員会のメンバーには、ミュラ

ー・アルマックのほかに、ヴァルター・オイケン、フランツ・ベーム、アドルフ・ランペ、レオンハルト・ミクシュらのエコノミストがいた。彼らは、1930年代から、後にオルド自由主義（Ordoliberalismus）と呼ばれることになる独自な経済的自由主義思想を発展させることによって、「社会的市場経済の創設宣言」のコアとなる考え方、すなわち「適切な秩序政策の枠組み」としての「市場権力の集中に対抗する競争政策」というコンセプトを提供した。ちなみに、オルド自由主義の「オルド（Ordo）」とはラテン語で、本来、秩序（Ordnung）、序列（Rang）、指令（Verordnung）を意味し、それ自体独自な神学的・哲学的な歴史的背景を有する。経済学の領域では、オイケン、ベーム、ミクシュらのエコノミスト・グループが主張する経済的自由主義の経済秩序を示す概念として用いられ、このグループ（フライブルク学派と呼ばれる）が依拠する学術雑誌の名前『オルド（ORDO）』にも採用された。なお、学説史的には、オルド自由主義は、ハイエク、（フリードマンを代表者とする）シカゴ学派と並ぶ、ネオ・リベラリズムの主要な学派として位置付けられている（大野 1970: 348）。

　さて、エアハルト自身、共同決定制には消極的な立場をとったが（野田 1998: 180）、このグループの中心メンバーのひとりベームが、戦後、共同決定制に強硬な反対論を展開したことはよく知られている。ドイツ法制史家の村上惇一は「ベームの反独占の主張が——政治的意思決定の優越を背景として——とりわけ労働者に対する自己犠牲の要求と結びついていたことは注目に値しよう」と述べている（村上 1985: 226 ff.）。また、オイケンの弟子で気鋭の理論家であり、エアハルトの最大の「知恵袋」（Hentschel 1996: 60）と目されているミクシュは、後に見るように 1930 年代には競争秩序論により「強い国家」を根拠付けたが、1948 年に創刊されたフライブルク学派の機関誌『オルド——経済と社会の秩序のための年報』創刊号への寄稿において、同じ競争秩序論によって民主主義の根拠付けを試みた。彼はその結論部分で次のように述べている。「常に全体性を招来する権力という現象は、権力の担い手の交代によって、すなわち経済組織を国有化したり、大企業の指導に労働組合を関与させたりすることによって、この世界から排除されうる、という考え方は誤っている。そのような措置にはいかなる変化も期待してはならない。……経済権力の効果的な排除は、競

争秩序によってのみ成功しうるのである」(Miksch 1948: 195)、と。共同決定に否定的なこれらベームとミクシュに対して、ミュラー‒アルマックは同じ雑誌への寄稿で、社会的市場経済の概略を素描し、「脱プロレタリア化という課題」への対応として、「共同決定に基づいて形成される人間的な企業内労使関係を構築したり、産業の分散化や菜園建設や稠密な住宅区を通じて［人間と］土地との新たな結びつきを創り出したりすることは、社会的な政策領域を広げることになる」(Müller-Armack 1948: 153) と述べて、共同決定への支持を示唆している。以上に見たように、社会的市場経済のファクターのなかに占める共同決定の位置は、このコンセプトが出発した時点の状況では、きわめて危うかったことが分かる。

2）社会的市場経済概念の多義性

社会的市場経済という概念には、その創設時点のあり方を基準にすると、今日までに明らかに強調点の本質的な移動が生じた。この融通無碍な概念構成に対して、今日、立場や分野を異にする様々な歴史家が、それへの批判、とりわけその説明能力や分析概念としての有効性に対する懐疑を表明するに至っている。

たとえば、「『社会的市場経済』はとりわけ経済秩序の概念的神秘化であり、それによっては、ドイツと他の経済的社会的先進諸国との目立った区別がかつても今もなされない」とし、その概念の「著しい相対主義と多様な解釈可能性」が指摘されている (Hentschel 1998: 24 ff.)。また、社会的市場経済のコンセプトが実際には「伝統的な経済的自由主義」と密接に結び付いており内容的な新しさを認めがたいとする一方、むしろ、その「秩序政策上のスローガン」としての「重要な政治的統合機能」、「絶大な政治的効果」を指摘し、この概念が歴史的に果たした政治的機能に注目する見方もある (Kleßmann 1982: 147)。最近では、「『社会的市場経済』とは、かつても今も、内容的には空疎な定式であり、その意義はむしろ、一定の歴史的時点でその政治的意味内容が有した統合力にあった」とし、とりわけ占領国アメリカが西ドイツに対して資本主義システムの再建を迫ったときに、市場経済再建のための「天才的なマーケティング手段」

であることを実証した「経済政策上のスローガン」であったとさえいわれている（Spoerer 2007: 28 ff.、また Conrad 1999: 172）。ちなみに、このスローガンは現在でもなお健在であり、最近のグローバリゼーションにおいて経済の収斂化と分岐が問題となる文脈では、ネオリベラルな改革を主張するコンセプトとしてのみならず、それに反対する政治的左派の選択肢を示す名称としても、幅広く用いられている（Cassel 1998; Lafontaine 1999: 293 f.）。

　批判は経済史の実証研究からも出てきている。1960年代前半までの西ドイツの価格政策と生活水準に関する研究によれば、社会的市場経済はドイツ連邦共和国の経済的繁栄と政治的正統性（レジティマシー）の基礎であり、それは価格による需給調整を軸にした競争的市場経済秩序を形成する政策体系であったにもかかわらず、当時の実際の経済では、民間消費を構成する商品の約30％の価格――とりわけ、食糧、家賃、交通料金など国民の基本的需要に関わる価格――は国家によって管理された。「社会的市場経済のコンセプトとは対立する」価格政策が実施されたのである（Zündorf 2006. ドイツ連邦銀行の通貨政策の実際――とりわけクリティカルな局面――については石坂2006）。

　確かに、以上に見たように、社会的市場経済は当初の規定からは逸脱して強調点を変えていく捉えがたいマジックワードであり、したがって常に注釈付きでしか使えない取り扱い要注意のタームであり、経済の現実からは乖離した「政治的スローガン」として解釈しうる側面があった。しかし、それゆえにそれを単なる「空疎な定式」として葬り去ることは性急に過ぎるであろう。この点で本章がとくに注目したいのは、この概念が歴史的に担い、そこに結晶化していった内容やその歴史過程を新たに客観的に再検討しようとする立場からの次のような発言である。

　第1に、アーベルスハウザーは、戦後ドイツ連邦共和国の経済政策の特徴を、とりわけ、「強い国家」が、共同決定や二元的職業教育システムや産業別労働協約やユニバーサルバンクによる長期的な産業金融などを構成要素とする社会的生産システム――それを彼は「団体調整的市場経済（korporative Marktwirtschaft）」と呼んでいる――に対応した制度的基礎条件を市場において保証する点に求めた（Abelshauser 2003: 160 ff.: 三ツ石2008を参照）。さらに、この経済

秩序を形成する政策は、市場経済的競争原理に基づく伝統的な自由主義的秩序思想を克服しているだけでなく、ケインズ的な包括的誘導政策とも異なった選択肢を提供するものだったとしている。彼によれば、ヨーロッパのなかでは確実に例外的であるこれらの諸要素からなる西ドイツの経済政策は、ドイツ経済史からの「長い学習過程の結果」であって、社会的市場経済は、ドイツにおける国家と社会的生産システムとの、歴史的に形成されたこうした独自な関係を象徴するに至ったのである。この観点に立つならば、先に見たアルベールの規定は、まさに、この概念のそうした歴史的結晶化のひとつの結果であると解釈できる。また、社会的市場経済と今日新たに登場してきた「ネオリベラリズム」との接点が、現在、ますます希薄になっている理由も、この観点から明らかになってくるように思われる。

　第2に、政治学者ゲアハルト・レームブルッフは、帝政期ドイツにおける社会改良の様々な論説 (discourses)——カトリック、社会民主主義、およびその他の、ヘーゲルやローレンツ・フォン・シュタイン (1815-90) や講壇社会主義にまで遡る社会改良のディスコース——が、柱状化し断片化してマイノリティーのサブカルチャーのなかに閉じこめられていた初期の状態から、次第に社会的に包摂されていき、最終的にはドイツ連邦共和国の「社会的市場経済」という論説へと統合されたと見ている (Lehmbruch 2001: 56)。この点について、彼は、別の論考のなかで、とりわけ社会カトリックと改良主義的社会民主主義という2つの競合的論説の、ワイマール共和国と初期ドイツ連邦共和国における政治的諸連合への包摂過程を重視した。社会的市場経済とは、彼によれば、これら複数のディスコースを統合する「折衷的な論説連合」なのである (Lehmbruch 2006: 94)。

　戦後ドイツ連邦共和国の発足時における「社会的市場経済の同床異夢性」が指摘されているが (野田 1998: 180. 福澤 2006をも参照)、このことは、次の証言が示すように、1990年代末の時点でも有効である。「自由民主党のレックスロート、キリスト教民主党のブリューム、社会民主党のシャルピング、緑の党のヨシュカ・フィッシャーのような現代のあらゆる立場の政治家が、『社会的市場経済』への賛歌に加わっていることは、せいぜい注目には値するが、驚くべき

ことではない。その際全員が同じ意味でこの概念を使うということはありえない。しかし、誰もが、自分が込めた意味が正しいと信じているのである」(Hentschel 1998: 26)、と。これらの観察は、社会的市場経済が複数のディスコースを統合する「折衷的な論説連合」であったし、そうであり続けていることを反映していよう。経済政策思想という観点から見れば、この連合を構成する各々の論説はそれに固有な経済政策の理念を抱懐している。以下では、社会的市場経済という論説連合の背後に存在するそうした経済政策思想のなかでも、すでに「創設宣言」の経緯に即して見たように、コアとなる理念にほかならなかったオルド自由主義に焦点をあて、この新自由主義経済思想の成立過程をフォローすることにしよう。その直接の出発点は、1930年代初めの世界恐慌期における「ドイツ新自由主義のマニフェスト」にまで遡ることができる。

　ちなみに、従来のドイツ経済学史では、このオルド自由主義の経済思想は、ナチス解体後の西ドイツ社会における「自由主義の復活」のなかで第三帝国期の「長い冬眠」からようやく浮上してきたとされ (Riha 1985: 192)、多くの文献によって彼ら自由主義エコノミストとナチズムとの対立が強調されてきた（たとえば、Blumenberg-Lampe 1973）。しかし、本章が光をあてるのは、むしろ、両者の親和的側面である。なお、ヒットラーの権力掌握とともにドイツを去った重要な新自由主義エコノミストとして**ヴィルヘルム・レプケ**（1892-1966）の名前を忘れることはできない。彼は、経済的自由主義者であるだけでなく断固たる政治的自由主義者でもあって、1920年代から恐慌期を通じて鋭利な賃金論を展開し、当時の貿易政策や通貨政策を批判し続けた。また大恐慌後のドイツとアメリカの景気回復過程に関する鋭い比較分析を展開し（雨宮 2005: 67 ff., 284 f.)、福祉国家についても傾聴に値する批判的考察を行った (Röpke 1944; 藤本 2008)。

2　世界恐慌とオルド自由主義

1）新自由主義のマニフェスト

　世界大恐慌が最も深い谷底にあった1932年、ドイツ社会政策学会ドレスデ

ン大会において、**アレクサンダー・リュストウ**（1885-1963）は、とりわけ第 1 次大戦以来深化し、この時期にその最深部にまで到達した資本主義の危機を克服するために、国家に、ワイマール的、伝統的な介入主義でも、マンチェスター的自由主義でもない「第 3 の立場」を要請した（Rüstow 1932; 雨宮 2005: 100 ff.）。それは、前者よりも、後者の「古い自由主義（der alte Liberalismus）」にいっそう近いものとして位置付けられつつも、経済の「新しい均衡」へのハードランディングを使命とする「強い国家」が「リベラルな国家介入」を実行する点で、「新自由主義（der neue Liberalismus）」と名付けられた。リュストウの発言は、同じ年に公にされた**ヴァルター・オイケン**（1891-1950）の論考（Eucken 1932）とともに、後に「ドイツ新自由主義の最初のマニフェスト」と呼ばれることになる。なお、ドイツ経済省を経てこの時期にドイツ機械工業協会事務局長の職にあったリュストウは、1933 年にトルコに亡命し、戦後はハイデルベルク大学教授を務めた。主著に『現代の位置付け』全 3 巻（Rüstow 1950-57）がある。オイケンは、ノーベル文学賞を受賞した著名な哲学者ルドルフ・オイケンを父とする学者的環境に育ち、テュービンゲン大学教授（1925 年から）を経て 27 年よりフライブルク大学教授を務めた。主著に『経済学の基礎』（Eucken 1940）のほか、連続講義半ばで死去したため未完となったロンドン大学での講演原稿をまとめた『我々の失敗の時代』（Eucken 1951; 雨宮 2005: 273 ff. を参照）がある。

さて、オイケンやフランツ・ベームらが 1936 年に創刊した叢書『経済の秩序』に付した「序文」で宣言したように（Böhm, Eucken u.a. 1936/37）、後にオルド自由主義と名乗ることになるグループは、ドイツの法学と経済学の「王位喪失」を招いた歴史主義と相対主義の克服を自らの課題とした。彼らは、ニーチェやマックス・ヴェーバーを批判しながら、「現実を形成する力」を法学と経済学に取り戻して、これら学問の、ザイン（存在）とゾレン（当為）を結合する強固な橋梁としての復位を主張したのである（雨宮 2005: 300 ff.）。

W. オイケン

リュストウは、新自由主義のマニフェストを公にするよりも以前、ライヒ経済省に勤務していた時期に、報告書「ドイツ国制史の社会学的評注」(1924年6月) を同省に提出したが、その中で、議会主義を帝国主義的高度資本主義の時代に不適合な制度と見なした (Rüstow 1924)。さらに、彼は、それへの「1931年の付記」(Rüstow 1924: 40 f.) において、議会主義に代わる「民主主義的独裁」を、ワイマール憲法第48条 (緊急事態法) によって暫定的に成立した「大統領内閣」の、憲法改正による法的恒久化によって、実現しようと企図したのであった。このようなリュストウの議論はカール・シュミットの政治理論から多大な影響を受けていた (雨宮 2005: 105 ff.)。

　リュストウによれば、第1次大戦による総動員体制は、それまでの国家と市民社会の分離を克服し、エルンスト・ユンガーのいわゆる「全体国家」を実現したかに見えたが、実際にはそうではなかった。労資の動員を企図した1916年の祖国勤労奉仕法とヒンデンブルク計画によって準備されたのは、1932年の社会政策学会ドレスデン大会でのリュストウの発言によれば、ワイマール国家すなわち社会的諸利害によって占拠された「獲物として国家」、「悩める客体」にすぎなかったのである。それをオイケンのようなオルド自由主義エコノミストは、同様にシュミットの言葉を借りて「経済国家」と呼んだ (シュミットのタームとの関連については、雨宮 2005: 105 注31, 150 注18 を参照)。

　1932年にオイケンは、経済危機の根本原因を、資本主義それ自身のうちにではなく、第1に、「資本主義経済秩序」を毀損する国家と社会の相互関係のなかに求めた (Eucken 1932; 雨宮 2005: 121 ff.)。とりわけ、団体形成を通じた市場権力の生成がもたらす「価格形成の政治化」は、「資本主義経済秩序」の核心である「価格システム」を機能不全にすることによって、「資本主義の沼沢化」を招いたと彼は考えた。さらに第2に、ベルサイユ条約による国際的な「勢力均衡原理」の崩壊と「世界の民主化」による外交政策の変質によって、資本主義の発展の枠組みが解体されることになった。イギリスが金本位制から離脱したのも、彼によれば、デフレーション政策の継続を同国に不可能にさせた大衆の政治的影響力の増大によるのである。

2）新自由主義と国家介入

　リュストウによれば、この経済危機の克服は、レッセフェールの「旧い自由主義」でも「多元主義」（シュミット）と呼ばれる組織された諸利害の保護や弱者救済を旨とするワイマール的な「反動的」介入主義でもない「第3の立場」、すなわち「新しい均衡」への人為的な強制着陸を実現する「強い国家」によって初めて可能となるのである（Rüstow 1932）。「新自由主義」とは、「従来の介入とは正反対の方向の介入」、すなわち「市場法則の方向に沿った、旧来の状態の維持のためではなく、新しい状態を促進するための、自然的な進行を遅延させるのではなく、それを迅速化するための介入である」。リュストウは、それを、「リベラルな介入主義」と呼んでいる。ロシア革命は、彼にとって、「多元主義の方程式」における $n=1$ のケース、すなわち「獲物としての国家をめぐる諸利害の闘争の結果、1つの利益集団が国家を単独で占領し、その目標を計画的に追求するようになったケース」である。彼にとって、計画経済は「伝統的な国家介入主義」の極限形態であった。これに対して、「大統領内閣」（緊急時の例外状況の中で、憲法に基づいて、議会を超越した強大な権限を承認された大統領が組織する内閣）の法的恒久化によって実現した「強い国家」による「リベラルな介入主義」は、「多元主義の方程式」の $n=0$ となるケースの追求を排除しないであろう。それは、論理的には、利益集団の解体をその主要な任務としたナチスの「強制的画一化政策（グライヒシャルトゥング Gleichschaltung）」（それは、利益集団とりわけ労働組合の解体と並んで、連邦参議院における全権委任法の確立を目指した州政府の解体、および政党の解体の3つの次元からなる）をひとつの極限形態として承認するであろう。次項で見るように、新自由主義の構想の実現をファシズム体制の中に見出したベッケラートの議論は、その端的な事例である。

　そのマニフェストのなかでビスマルクの政策を「国家理性の介入主義」として例外的に高く評価したオイケンもまた、「経済国家」の解体とベルサイユ条約の廃棄というオルド自由主義の基本的要請を、ビスマルクのようなカリスマをともなう「権威的自由主義」によって実現する方向を原理的に排除する論理を提示しえなかった。グライヒシャルトゥングの履行による「経済国家」の解体と英独海軍協定締結によるベルサイユ条約の廃棄に示されるように、ナチス

体制の確立は、オイケンによるオルド自由主義の基本的要請を、少なくとも十分条件として満たす形で進行したのである (Eucken 1932; 雨宮 2005: 121 ff.)。

3) ファシズムへのアプローチ

ところで、プロイセン社会民主党政府の強制的解体に象徴されるパーペン内閣による「権威的自由主義」(Heller 1933) が発動された 1932 年には、先のマニフェストのほかにも、新自由主義の注目すべき文書が相次いで公にされた。ベッケラートとミュラー–アルマックは、「20 年代末と 30 年代初期に、経済と社会の強力で行動能力ある国家組織のお手本としてイタリア・ファシスト国家の模範的機能を強調し、この国家組織は、リベラルな複数政党国家のなかで収拾がつかなくなった分化した集団利害を規律化し、『国民の健全な発展』と『公益の確保』を保証しうるとした」(Löffler 2002: 48 f.)。

とりわけ**エルヴィン・フォン・ベッケラート**（1889-1964）が 1932 年末に公にした論文「ファシズムの経済憲法」(Beckerath 1932) は、大恐慌期に生成しつつあったドイツの新自由主義とファシズムとの密接な関係を明瞭に示し、この時期の経済的自由主義の新しい方向を端的な形で定式化しているように思われる点で注目に値する。ちなみに、ベッケラートはロストック大学（1920 年から）、キール大学（22 年から）、ケルン大学（24 年から）を経て、39 年よりボン大学教授を務め、ナチス期には政策諮問機関であるドイツ法律アカデミーで経済学研究集団の指導者、戦後は連邦経済省の学識者諮問委員会の議長を務めた。歴史家ヴォルフガング・シーダーによれば、「ベッケラートは、政治活動をオープンには行っていなかったとしても、かなり明白にワイマール共和国の敵であった。彼のファシズムへの関心は、まったく明らかに、未来はヨーロッパの『権威主義国家』に属しているとの期待に由来していた」(Schieder 1995: 271)。

新自由主義のマニフェストと同様に、ベッケラートも、経済と国家の関わり方を決定する規準として、市場均衡の経済理論を自覚的に踏まえ、この規準に即した介入原則の確立を、「経済憲法」の概念によって要請した。彼によれば、これまで国家は経済に様々な方法で介入したが、それは両者を接合する原則を欠落させていた。その結果、とりわけ議会制民主主義では、国家介入は、政党

を経由して権力を行使する利害関係者の意志を反映することになった。したがって、経済への国家介入にも、公法による市民社会への関与と同様に一定の原則が必要となるが、それが「経済憲法」にほかならない。こうした原則に基づく介入によって「経済を『憲法のなかに包摂する』」という重要課題からこれまで国家は免除されてきたが、その根本的な原因をベッケラートは考察して、ヨーロッパに国家形態と経済形態の調和が確実に存在した時代に注目した。それは、リベラルな資本主義自由経済の存在、所有者にのみ政治的権力の行使を許容する選挙法を装備した立憲君主制——これらの条件が満たされていた時代であって、この時代には、「いかなる投票も政治的自由主義の明白で首尾一貫した表現であった」(Beckerath 1932: 361)。しかし、この調和は２つの方向から崩壊する。すなわち経済内部での独占主義的諸組織の台頭、議会主義への移行と議会への大衆の流入である。その結果、経済からは自然発生的な均衡が失われる一方、国家介入を通じて国家の内部へと経済が統合されることによって、国家は利益闘争の舞台となったのである。

　このような分析はオイケンの経済国家論とほぼ同一のロジックを示している。ベッケラートは、しかし、さらに、機能不全に陥った経済に対する新しい国家介入のあり方についていっそう踏み込んでいる。彼は、経済からの「自然的均衡」の消失という事態を踏まえ、自由主義国家の新たな課題として「人為的（意識的）均衡」、すなわち市場均衡の「人為的」方法による回復を要請する。市場における自然発生的均衡の消失の結果、「自由競争の虚構に固執」せずに「現実の市場状況」を踏まえるべきであること、「国家と経済の関係は全く新しい段階」に入っていることを主張して、彼は次のように述べている。「我々の考察を簡単に定式化する。もしも均衡がもはや自然発生的なものではありえず、むしろ人為的なものたらざるをえなくなっているとするならば、何故、このような『人為的な均衡』の形成が民間の手からもぎ取られて国家に委ねられるべきではないのか理解できない。……国家は、この課題を、利害関係者のエゴイズムよりも、いっそううまく遂行することが出来る」、と。ベッケラートは、この任務を遂行する国家形態を問い、国家を利害関係者の闘争の場と化する「複数政党国家」であるワイマール国家を否定する一方で、「全く新しい段階」に

入った「国家と経済の関係」を具現する形態を、イタリアのファシスト国家のなかに見出した。「1927年4月21日の労働憲章の制定以来……イタリアはヨーロッパで唯一の国家として以上に素描した意味における経済憲法を有することになった。まさにイタリアこそがこの進歩を成し遂げた」(Beckerath 1932: 350)と彼は述べている。

「多元主義」批判、均衡への強制着陸という問題意識、これらの課題を克服する主体としての「強い国家」の要請——1930年代ドイツの新自由主義を刻印するこれらの共通項は、ベッケラートの場合いっそう特徴的な表現形態をとった。すなわち複数政党国家の克服と人為的均衡の形成は、「民主主義的独裁」(リュストウ)のような抽象的表現を超えて端的にも真の全体国家としての「ファシズム」の課題とされたのである。

3 ナチスとオルド自由主義

1) 自由経済の反自由主義的根拠付け

ナチス期に入ると新自由主義の経済政策思想は、オイケン、ベーム、グロスマン−デルトの編集による「経済の秩序」叢書において体系的に展開されるとともに、ナチス政策諮問機関である「ドイツ法律アカデミー」での議論を通じていっそう具体的な表現を与えられた。ちなみに、ハイエクは、為替統制のような部分統制が経済の全面統制へと必然的に進行し全体主義へと前進した事例としてナチズムを捉えている (Hayek 1944: 124 ff.)。しかし、こうした決定論的な議論に反して、経済統制の緩和化を実現する経済的条件（貿易収支、通貨準備など）が整ってきた第2次大戦開戦後の1940年1月に、この「ドイツ法律アカデミー」第4部門（国民経済の研究）が設立されたことはもっと注目されてよい（雨宮 2005: 249 ff.）。最近の経済史研究によれば、為替管理、原料管理やアウタルキー政策のような第三帝国の特殊な通商政策や経済政策は、当時、単に一時的なものと見なされており、いずれにしてもノーマルな市場経済への復帰は排除されていなかったのである (Scherner 2002: 434; Buchheim, Scherner 2006: 405. この点に関する当時の証言として、Barthel 1939: 174)。

F. ベーム

さて、**フランツ・ベーム**（1895-1977）の著書『歴史的課題としての、法の創造的成果としての経済秩序』（Böhm 1937）は「この叢書全体の基礎となる文献」（Möller 1939）と目されており、叢書の問題意識と方針を総括的に示す綱領的文書の役割をも担っている（以下、雨宮 2005: 148 ff.）。なお、ベームは、当時イェーナ大学教授、戦後、フライブルク大学を経てフランクフルト大学教授（1946年から）を務め、キリスト教民主同盟（CDU）の政治家としても活躍した。

さて、叢書のキーワードである「経済秩序」は、「政治の優位」と「経済憲法（Wirtschaftsverfassung）」との結合から生成する。その際、後者に関しては、「旧い経済体制」と「計画経済」に対して「自由な市場経済」の優位が主張されている。いずれにせよ、ここでは、自由主義の古典的立場は根本的に修正・改変されており、「自由な市場経済」は、「政治の優位」と「経済憲法」によって構成された政治的・法的秩序へと変容している。ベームは、経済秩序の政治的指導を行う国家の課題について次のように述べている。「国家は、競争の役割と機能を引き受けなければならない。国家は、市場価格と市場条件を、理想的な競争過程という前提のもとでそれらが落ち着くであろうような形に、設定しなければならない」。つまり、「競争経済の自由な市場価格が成立する客観的法則」の把握の上に立って、「そのような価格形成過程を、それが現実には発生せず従って観察もされ得ないようなところで、仮説的に後から構成するために、どのような可能性が成立するのかが、確定されなければならないのである」（Böhm 1937: 162）、と。ベームによって綱領的に表現されたこの課題の経済学的研究は、『経済の秩序』叢書第4巻（Miksch 1937）において、オイケンの弟子、レオンハルト・ミクシュが取り組み、後に「かのようにの経済政策（Die Wirtschaftspolitik des Als-ob）」（Miksch 1949）という概念（不完全競争市場に、国家の競争政策によって完全競争であるかのような競争状態を作り出す経済政策。次項「2）完全競争の仮構」を参照）によって定式化することになるテーマにほかならない。自由競争を国家によって人為的に再構成された純粋に技術的・操作的秩序として捉え

返していくベームの方法を、当時、経済学者メラー――ハインリヒ・フォン・シュタッケルベルクの弟子で後のミュンヘン大学教授――は、端的にも、「自由経済の反自由主義的根拠付け」と呼んでいる（Möller 1939）。

2) 完全競争の仮構

　ベームは、1933年以降のドイツ国民経済を、異なった経済体制からなる複数の領域――「食糧経済」、「労働経済」、「工業経済」――に分けて考察している。その際、とくに「労働経済」および「食糧経済」については、「解決されなければならない」「非常に重大な政治的課題」を抱えているとしている（以下、Böhm 1937: 75 ff.; 雨宮 2005: 154 ff.）。

　「集中した大衆の力と予想されなかった社会的権力の形成」を1920年代ドイツ経済の最大の問題と考えるベームにとって、ナチス「労働経済」は、その課題の解決を可能とした、とくに重要な政策フレームであった。ワイマール時代の「負の遺産」である「階級分裂と市場諸利害の対立」と賃金決定の政治化を克服し適切な水準の賃金を実現するために、1933年以降の労働市場では国家による直接的な市場制御が行われており、それが経済にダイナミズムをもたらしていることをベームは承認した。組織諸利害を解体した後に、ナチス政権は最初は労働市場の完全自由化を構想したが、もしそれが実際に行われていたならば、労働組合が労働市場を占拠していたワイマール期の高賃金とは逆方向の不均衡、すなわち耐えがたい低賃金に帰結していたであろうとベームは考えた。それゆえに協約賃金はナチス政権によっても維持されたが、ナチスは名目賃金を30年代全体を通じて1929年の水準よりもほぼ20％低い水準に固定化した。景気回復にともなう雇用と労働時間の増加、したがってまた週所得の増加にもかかわらず、国民所得に占める賃金の比率は61％（1932年）から55％（1939年）に下がり、逆に、企業の利潤は増加した（Maier 1987: 100; Bry 1960: 233 ff. 関連する新しい研究として、Steiner 2005）。ベームが観察したように、経済にはダイナミズムがもたらされ、労働者の生活は全体として改善したのである。「今日の秩序は、賃金の確定を、それが自由な方法では十分に実現されない限りで、国家機関に、すなわち「労働受託機関（Treuhänder der Arbeit）」に委託した。同機

関は、これに関して公正な調停の実現に努め、とりわけ経済全体の必要性をよく考慮しなければならなかった」とのベームの言葉のなかに、新政権の協約賃金に対する彼の評価が要約されていよう。

「工業経済」においては、職業身分組織はナチスのイデオロギーに反して経済秩序の担い手ではなくなった。団体には市場形成へのあらゆる影響力の行使が禁じられさえもした。本質的に重要な点は、自由競争が基本的に維持されるなかで、同時に、強制カルテルや価格監視に関する法律、およびカルテルや価格決定に関して権限を有する行政機関（政府価格委員、1936年からはライヒ政府価格形成委員）の整備によって、国家による市場制御が行われていることである。その代表的な法令である「強制カルテル法」（1933年7月）について、ベームは、この法律によって「旧い国法においては単に示唆されていただけだった組み合わされた経済体制の思想」が実現したと高く評価した。自由競争と国家による市場制御との「組み合わされた経済体制」のなかに、ベームは、カルテルや独占による「価格形成の政治化」によって機能不全となった価格メカニズムを再生し市場均衡を実現することによって、新しい自由主義の市場経済秩序を形成していく可能性を見ていた。1936年10月29日の「4ヶ年計画実施法（Gesetz zur Durchführung des Vierjahresplans）」によって、1933年以降の「ノーマルな経済体制法（normales Wirtschaftsverfassungsrecht）」は、「例外制度法（Ausnahmeverfassungsrecht）」へと転換したと見たベームは、この「例外状態」のなかに、国家の行政機関に集中した「特別の独裁的な代理権」を活用して、「恒久性をねらったノーマルな経済体制の構築に着手し、ここで、通常の経済状態の時に可能であるよりも遙かに大きな力を持って、その発展を促していく無二の機会」を見出している（Böhm 1937: 88 f., 178 ff.; 雨宮 2005: 170 f., 193）。オルド自由主義者によるナチス体制への積極的関与のひとつの根拠がここには明示されていよう。

ところで、ナチス体制下で実現した価格・競争規制に関する法律や行政機関を駆使して、「競争経済の自由な市場価格の形成過程を、それが現実には発生せず従って観察もされ得ないようなところで」仮構するという政策構想は、**レオンハルト・ミクシュ**（1901-50）によって新たな競争政策論、すなわち、「かのようにの経済政策」のコンセプトへと発展する（以下、Miksch 1937; 雨宮

2005: 214 ff.)。それは現実には存在しない理想的な完全競争市場を仮定し、そこに向かうプロセスを人為的に演出するという考え方である。1930年代に発展した最新の市場理論を踏まえて、ミクシュは、現実の市場を経済学的に分析するための装置として「市場形態」論を構築し、同時にそれら市場形態を法的視点から位置付けるために「市場制度」論を導入した。とりわけ、現実に数多く見出される、寡占のような不完全競争の市場形態がカルテルのような市場制度と組み合わ

L. ミクシュ

さったケースは、「秩序付けられ拘束された競争」政策の適用によって、完全競争である「かのような」市場へと生まれ変わる。経済は「自然的秩序」から国家の「競争秩序」へと転換するのである。なお、ミクシュはオイケンの弟子で、オルド自由主義の競争政策論を経済学的に根拠付けた著書『課題としての競争』(1937) は彼の教授資格論文である。戦前は『フランクフルト新聞』のジャーナリストや労働科学研究所の研究員として活動し、戦後はマンハイム大学教授を経て、フライブルク大学教授（1949年より）を務めた。

3）ミクシュの市場形態論

　ミクシュは、市場形態を市場制度と組み合わせて競争政策の規準となるマトリックス（表7-2）を作成するために、表7-1の16の市場形態を、次の3つに再分類している。すなわち、(1)「完全競争」。需給双方において市場参加者が非常に多いケース。(2)「不完全競争」。需給の一方または双方が「寡占」か「部分独占」であるケース。表7-1の太字の部分がこれである。(3)「独占」。表7-2では、主要な市場形態である「完全競争」と「不完全競争」が検討対象となる。

　市場制度、すなわち法的視点から市場のあり方を見ると、現実の諸市場において支配的な市場制度は、(1)自由競争、(2)カルテルなど民間の市場規制によって拘束された競争、である。ミクシュは、これに、(3)競争政策の選択肢である、国家によって「秩序付けられ拘束された競争」という市場制度の範疇を追加す

表 7-1　ミクシュにおける市場形態の分類（Miksch 1937: 23）

供給＼需要	競　争	寡　占	部分独占	独　占
競争	完全競争	需要寡占	需要部分独占	需要独占
寡占	供給寡占	双方的寡占	寡占的に制限された需要部分独占	寡占的に制限された需要独占
部分独占	供給部分独占	寡占的に制限された供給部分独占	双方的部分独占	部分独占的に制限された需要独占
独占	供給独占	寡占的に制限された供給独占	部分独占的に制限された供給独占	双方的独占

表 7-2　市場形態・市場制度と競争政策（Miksch 1937: 26）

市場形態＼市場制度	自由競争	民間の市場規制	秩序付けられ拘束された競争
完全競争	①そのまま	②自由競争への移行	③自由競争への移行
完全競争創出可能	④完全競争の創出による市場傷害の除去	⑤完全競争の創出、自由競争への移行	⑥完全競争の創出、自由競争への移行
不完全競争	⑦秩序付けられ拘束された競争への移行	⑧秩序付けられ拘束された競争への移行	⑨秩序付けられ拘束された競争への移行

る。こうして市場形態と市場制度の組み合わせによって表 7-2 のマトリックスが作成される。

　表 7-1 の市場形態は、表 7-2 では、上に述べたように「独占」を除いたうえで、3 つのカテゴリー——すなわち、「完全競争」、「完全競争創出可能」、「不完全競争」——に再分類されている。さらに、これら市場諸形態は、その市場の制度的・法的形態の現状——すなわち、「自由競争」、「民間の市場規制（によって拘束された競争）」、「（国家によって）秩序付けられ拘束された競争」——から見て、9 とおりの競争政策的な評価が下されている。

　競争政策を必要とする主要なタイプを挙げると、(1)表 7-2、②のケース：完全競争の条件が存在していても、カルテルのように何らかの形で拘束されている諸市場は、自由競争へと移行させなければならない。(2)「不完全競争の状態にある大部分の市場」について。⑦のケース：市場形態としては不完全競争で

あるにもかかわらず、市場制度が自由競争の場合は、法的措置によって「秩序付けられ拘束された競争」へと移行させなければならない。⑧のケース：不完全競争の市場がカルテルのような民間の市場規制によって拘束されている場合には、国家によって「秩序付けられ拘束された競争」へと市場制度を転換させなければならない。この「秩序付けられ拘束された競争」政策の事例として、カルテル内部への競争の導入を企図してカルテルの機能転化を図った政策（価格カルテルの計算カルテルへの転換）や、国家が複数の企業に、その費用平均に基づいて設定した価格で発注する政策が挙げられている（Miksch 1937: 93 ff.; Miksch 1942; 雨宮 2005: 232 ff.）。

なお、ミクシュの『課題としての競争』の刊行から3年後の1940年にその初版が出版されることになるオイケンの主著『経済学の基礎』（Eucken 1940）の「核心」（K. トライブ）をなすものとされる「5行5列の表」は、ミクシュの市場形態表に「部分寡占」を追加したものにほかならない（Tribe 1995: 215）。オイケンは、1941年11月に、ドイツ法律アカデミー内部の研究集団「価格政策」において、「中央管理経済と自由経済との間の第三の道」について報告を行っているが、その内容は、基本的には、ミクシュの市場形態論と市場制度論のマトリックスとそれに基づく競争政策というコンセプトに尽きているといってよい（Eucken 1942; 雨宮 2005: 268 ff.）。

ちなみに、オイケンの『経済学の基礎』は1940年代前半のドイツに大きな関心と論争を引き起こしたが、この論争への寄稿において、ヘーロ・メラー（1892-1974）は、オイケンの著書の核心である、国家と経済が関係する形態としての経済秩序論において、「前面に押し出されて来るのは、国家が設定する完全競争システムであり、それは最大限の経済実績の保証人として想定されている」と述べている。この経済秩序における「経済政策の課題は、純正な完全競争の状態を断固として創出する」ことにあり、「そのイデオロギー的な背景を構成するのは、もはや経済的理性によって正しく導かれた古典的な企業家ではなく、市場それ自体、その可能な理想状態（der Markt als solcher, dessen mögliche Vollkommenheit）である」。「企業家には憲法としての完全市場（der vollständige Markt als Konstitution）が強制されるといってよい。市場の理念、したが

第7章　社会的市場経済の思想——オルド自由主義　*239*

って均衡の理念は、今や、主権の担い手になる。……企業家はもはや絶対的な主人公ではなくなり、完全市場のメカニズムの最初の下僕となる」、と（Moeller 1945: 452 f.）。これらの評言には、レッセフェールの自由主義ではなく、ネオリベラリズムとしてのオルド自由主義の理論的本質が端的に表現されているように思われる。それは、とりわけ、市場秩序（＝均衡の理念）を、国家の介入原則を規定し、憲法に準じた、法的拘束力ある最高の国家規範の位置（「経済憲法」）にまで昇格させる考え方である（大野 1970 をも参照。関連して、「営業の自由」を「公序として理解」するベームの観点については、村上 1985: 226 ff. いわゆる「自己調整的市場」なるコンセプトそのものの神話的性格に関しては、若森 2006: 344 f. を参照）。

4）市場形態論の理論的基礎

さて、市場形態のマトリックスにおいてとくに問題となるのは、不完全競争の主要な市場形態となった寡占である。当時の最新の市場理論によれば、19世紀のクルノーの学説（Cournot 1838; ドイツ語版 1924）に反して、寡占は、「放置すれば独占という市場形態かカルテルという市場制度に向かわざるをえない」（Miksch 1937: 79 ff.; Stackelberg 1934: 100; 雨宮 2005: 228 ff.）とされ、この命題については、ベッケラートの弟子である数理経済学者**ハインリヒ・フォン・シュタッケルベルク**（1905-46）によって、その著書『市場形態と均衡』（Stackelberg 1934）で非常に精緻な数学的証明が試みられた。そうした寡占のような不完全競争状態にある市場に成立するカルテルに関しては、単なるカルテル解体は問題の解決にはならないのである。

さらに注意すべきは、大経営に関していえば、競争秩序の形成のために、解体の対象となるのは必ずしも経営体それ自体ではないということである。この点について、ミクシュは後に次のように述べている。「私的市場戦略にも企業家の権力政策にもよらずに純粋に経済的・技術的必要性から発生し、それゆえにその解体は重大な国民経済的弊害をともなうような多数の独占が存在する」、と。自然独占、最適の経営規模を実

H. v. シュタッケルベルク

現した大経営、寡占的市場形態等々に関しては、理想的な競争を実現するために解体されなければならないのは、経営それ自体ではなく、市場におけるそれら企業の「権力的地位（die Machtstellungen）」なのである（Miksch 1947a: 211 f.; 雨宮 2005: 244）。オイケンも、1941 年のドイツ法律アカデミーでの報告で同様の論旨を述べている（Eucken 1942; 雨宮 2005: 271）。1935 年のエネルギー産業法によって実現する「国家監視下で行われるエネルギーの供給独占」は、ミクシュによれば、「競争政策的に見て興味深い方法」が考慮されている。すなわち自然独占と「拘束された競争」の組合わせである（Miksch 1937: 105）。「（国家によって）秩序付けられ拘束された競争」という「市場制度」こそは、今日の資本主義において「経済的・技術的必要性」から支配的となったこのような不完全競争市場に競争を導入する手段として創案された競争政策の装置にほかならなかった。

　ちなみに、後に代表的なオルド自由主義エコノミストのひとりと目されることになる**アドルフ・ランペ**（1897-1948）は、1920 年代に、独占企業による価格独占と労働組合による賃金独占とを比較して、後者（労働組合による賃金独占）が失業増大とその慢性化の原因となるのに対して、前者（独占企業による価格独占）は経済的には何らマイナスとはならないばかりか、逆に、生産性上昇の可能性を生み出すとして、独占を強く擁護した。ランペは、独占と雇用との関係では、価格独占による所得配分の変化は投資資金を増加させ、新たな生産迂回路の形成と労働力配置の変化を促すので、総雇用量の減少を招くわけではないとした（Lampe 1927; 雨宮 2005: 62 f.）。こうした 20 年代のランペの独占擁護論は、30 年代のミクシュにおいては、すでに放棄されているといってよい。ミクシュの関心の中心となったのは、完全競争市場における価格と産出量からの、独占価格と独占産出量の乖離であった。独占価格は完全競争のときの価格よりも常に高くなり、産出量はそれに対応して少なくなる。完全競争においては生産は、総費用と総収入が等しくなる地点まで拡張されるが、独占においてはこの産出量は達成され

A. ランペ

ないのである（Miksch 1937: 62 ff.; 雨宮 2005: 228 ff.）。オルド自由主義エコノミストの独占論のメインストリームは、20年代から30年代にかけて大きな方向転換を示していることに十分な注意が払われるべきであろう。

なお、ナチス期におけるドイツ経済学の、数理的手法による「国際化」に貢献したシュタッケルベルクの理論的営為は、自然発生的均衡が不可能になった市場への人為的均衡（とりわけ、ファシズム的団体市場）の導入に関する師ベッケラートの命題に数学的根拠を与える作業にほかならなかった（Stackelberg 1934: 104）。その政策的結論は別にして、シュタッケルベルクの不完全競争論は、チェンバリン、ロビンソン、ハロッド、ヒックス、カルドア、レオンティエフ、コースのような当時の世界のエコノミストの先端的研究との交流の中で発展した（たとえば、Stackelberg 1938 を参照）。ミクシュやオイケンらの市場形態論に影響を与えた、彼の教授資格取得論文で、主著の『市場形態と均衡』（Stackelberg 1934）に関しては、ヒックス、オスカー・ランゲ、カルドア、レオンティエフのような世界の著名なエコノミストが有数の経済学専門誌に書評を寄せた（Möller 1992: 9）。ミクシュも、そうした市場分析の国際的水準をドイツに紹介しつつ、自らの競争政策論を展開したのである（Miksch 1937: 22; 雨宮 2005: 214 f.）。

4　ルッツの自由競争経済論

1930年代のオルド自由主義の思想が、19世紀の、イギリスを軸とした経済システムを参照しつつ構想されていったことは、ベッケラートの「ファシズムの経済憲法」論にもオイケンの「経済国家」論にも明瞭に示されていた。「経済憲法」の課題を国家に免除してきた19世紀経済システムの考察は、30年代のオルド自由主義エコノミストにとって、新しい経済的自由主義思想の構築に際して基本的な出発点となったように思われる。この点をいっそう端的に示すのが、『経済の秩序』叢書の著者のひとり、**フリードリヒ・ルッツ**（1901-75）の通貨制度論（Lutz 1935; Lutz 1936）である。

ルッツは、ミクシュと同様、オイケンの下で博士論文と教授資格論文を書いた後、フライブルク大学私講師を務め、通貨制度の専門家として国際的名声を

得た。1938年まで、ロンドンなど外国滞在を挟んでフライブルクに在住し、その後、プリンストン大学に招聘された。戦後は53年よりチューリヒ大学教授を務めた。1935年に公にした論文「金本位制と経済秩序」(Lutz 1935) で新たな通貨制度の展望をスケッチした。そこで立てられている問題は次の2点である。第1は、金本位制への回帰の是非、第2は、是とした場合、いかなる金本位制が望ましいか。

1) 経済秩序としての金本位制

ルッツは、この問題に答えるためには、通貨制度をめぐる議論を、純粋な通貨技術的議論から、より広い文脈に移して、経済秩序一般の原理に関する議論の一環とすべきであると主張する。この考え方において重要な点は、一定の通貨秩序は一定の経済秩序に属しており、さらにその経済秩序は一定の政治秩序に属しているとの仮定である。この点に関する彼の結論によれば、金本位制のシステムは、自由競争市場の経済秩序ないし自由市場経済システムと対応する。彼は次のように述べる、「通貨システムは……全経済システムの一部」である。「いかなる経済システムにも一定の通貨システムが対応しており、金本位制は自由市場経済の通貨システムである。すなわち、その通貨システムに固有の技術は自由市場経済と同じ思想に依拠するだけでなく、その通貨システムの正常な動作も、自由市場経済の存在に依拠している」(Lutz 1935: 246)、と。

この結論は、第1次大戦前の通貨システムである古典的な金本位制の分析から「金本位制がうまく機能するための条件 (Bedingungen für ein gutes Funktionieren der Goldwährung)」を析出し、それらの条件に「共通する基本理念 (eine gemeinsame Grundidee)」を「取り出して意識化する (herausarbeiten und uns bewußt machen)」ことによって得られたものであった。19世紀の経済はこうした観点からひとつのシステムとして意識的に反省され、大恐慌後の経済社会がそこに回帰すべきモデルとして再設定されることになる。

ところで、この作業から析出された、金本位制がうまく機能するための条件は次の4点である。(1)独立した国内景気政策の断念、(2)保護主義的政策の断念、(3)価格の弾力性、(4)「信頼」（国内政治と外交政策の安定性への信頼、およびそれ

と密接に関わって、通貨の維持への信頼)。これは、いわゆる「国際経済のトリレンマ論」(固定相場制、金融政策の自律性、資本移動の自由——これら3つのうち2つしか同時に実現することはできない)のほとんど先駆的考察といってよい。これら、自由市場経済に服属する通貨システムである金本位制の存立条件は、オルド自由主義エコノミストによる1920年代の位置付けにとって決定的な重要性をもっている。この点についてルッツは次のように述べている。金本位制という「この通貨システムの正常な動作」が、「自由市場経済の存在に依拠している」とするならば、第1次大戦後に再建された1925年から31年までの金本位制は、「最も深い理由において不可能だったのである。なぜなら、この戦後の金本位制は、完全に一致できない異なった2つの理念、すなわち19世紀の自由な経済秩序の理念と、我々の時代の国民的に独立した計画経済的理念との交差点に存在するものだからである。第1次大戦後の金本位制において、これら2つの理念が結婚したことは不幸であった。これらパートナーの各々は、もう一方のパートナーによって、その本質の完全な展開を妨げられたのである。その結婚が6年後には解消されなければならなかったのも驚くべきことではない」(Lutz 1935: 246)、と。

2) 19世紀システムの再構築

　それでは、最初に立てられた問いは、こうした視点からどのように答えられることになるであろうか。まず初めに、以上の考察から答えることが容易な第2の問い、すなわち、金本位制への回帰を是とした場合、いかなる金本位制が望ましいかとの問いに対しては、古典的な金本位制のシステムを原理的に維持し、通貨技術的な改変がその古典的なメカニズムの洗練化を意味するときにのみ、金本位制への回帰は可能となる、と答えられる。第1次大戦後の再建金本位制の問題は、金本位制の根底には自由競争市場経済という経済秩序があることを忘れて、金本位制を、国民的な景気政策を可能とするように再編しようと試みたことであったとされる。オートマチックな国際的通貨システムから一国的な計画経済的通貨システムを作るという思想の下に行われた様々な試み——公開市場操作、金為替本位制、ケインズによる「金現送点 (die Goldpunkte)」

との取り組み、国際中央銀行プランなど——は、こうした視点からことごとく批判的検討の対象になる。

　それでは、第1の問い、すなわち金本位制への回帰の是非についてはどのように答えられるであろうか。19世紀と1920年代を反省することによって意識化された対抗する2つの選択肢、「自由経済と計画経済」のうち、世界が前者、すなわち「自由競争」を経済システムの秩序原理として選択したときにのみ、論理的には、同時に、金本位制への回帰が決定されるのである。これに対して、国民的な計画経済の選択は、異なった新しい通貨システムの導入が前提される。ルッツは、後者を選択する条件として、そのシステムが「長期的に持続可能」であることの証明を要求しているが、以上のルッツの論理展開が、1940年に公にされるオイケンの著作『国民経済の基礎』の中核的コンセプトのひとつである「与件」理論の実践であることは注意しておいてよい（Eucken 1940: 187; Eucken: 1952: 278）。経済秩序と通貨システムの関係は、経済理論家にとっては彼の分析が到達しそこで立ち止まるべき事実である一方で、経済政策家にとっては、その目的を達成するために、それに働きかけて変化させるべき対象、すなわち政策上の最適な出発点なのである。その意味で、通貨制度という「与件」を軸にした理論から政策への転換は、ここでは、明らかに、「反省された19世紀」から「回帰すべき19世紀」、すなわち、再構築されたシステムとしての19世紀への転換であった。

5　戦後の再出発

1）過去からの訣別

　1930年代に、資本主義の危機とファシズムの台頭のなかで、その構想の具体的内容を明らかにした新自由主義は、第2次大戦後の新たな文脈のなかで、どのような形で再出発したであろうか。

　この「新たな文脈」という点で、この学派の30年代の問題意識と関わって、とりわけ考慮しておきたい点は、第2次大戦後の、社会主義の影響力が冷戦を通じていっそう強まった政治世界において、30年代のオルド自由主義者が恐

第 2 次大戦後（東西ドイツ）

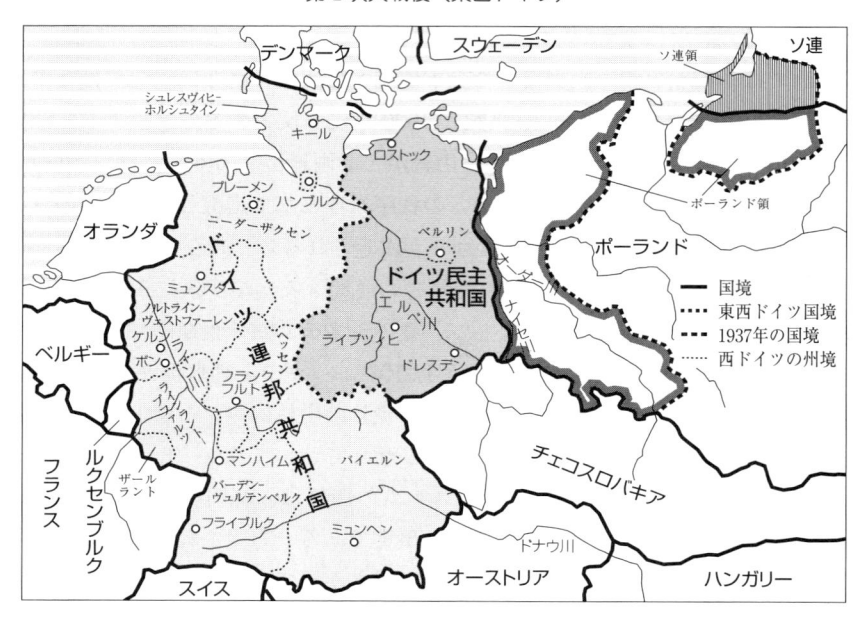

れてきた「大衆の政治的影響力の増大」や「集中した大衆の力と社会的権力」がいっそう強まったということである。最初に述べたように、戦後ベームは共同決定法に対して強硬な反対論を展開したが、それも石炭・鉄鋼分野に限定してではあるが 1951 年に成立した。固定相場制に調整可能性の余地を組み込んだ戦後通貨制度に示されるように、終戦後の経済的自由主義は、30 年代オルド自由主義の構想、すなわち「独立した国内景気政策」の断念を迫る厳格な金本位制の再建とは遠いところで、制度的に埋め込まれた（Ruggie 1983 を参照。戦後新自由主義の、多様でより柔軟な国際通貨論については、矢後 2006）。自由競争市場の経済秩序と再分配政策・景気政策とを折衷させた「社会的市場経済」というコンセプトの成立は、社会史家パウル・ノルテの言葉を借りれば、第 2 次大戦後の概念史的な「第 2 のはざま期」においてドイツの保守思想が「過去のユートピア」から訣別することを不可欠の前提としたのである（Nolte 2000: 296）。

　この転換の内容は、オルド自由主義のエコノミストの各々において、独自な、

興味深い形で刻印されている。イタリア・ファシズムに魅了されたミュラー–アルマックは、1933 年には、複数政党国家を克服したナチス「全体国家」のなかに、国家と経済の従来の自由主義的二分法を──「介入主義」でも「マルクス主義」でもない形で──根本的に克服する方向を見出し、その「強い国家」による「アクティブな経済政策」(アウタルキー政策、景気調整政策など) の可能性を展望したが (Müller-Armack 1933; 雨宮 2005: 94 f.)、終戦後の通貨改革前後には、「脱プロレタリア化」に向けた「社会政策」(共同決定を排除しない) を基本的内容とする「市場経済諸力と社会秩序の総合」としての「社会的市場経済の概略」を様々な表現を駆使してつづることになる (Müller-Armack 1947; Müller-Armack 1948)。しかし、経済理論・政策理論の観点からいっそう興味深いのは、ここでもやはり、レオンハルト・ミクシュの場合であろう。

2）均衡理論と民主主義

1937 年にミクシュは、その著作『課題としての競争』のなかで、「競争秩序」を、実現すべき「将来の課題」として定立したが、その際に、「競争理念」が本来結びついていた「啓蒙の自然法的世界観」──とりわけ「自由主義」や「個人主義」の思想──に対する関係から「競争理念を解放」し、それを国家の「経済政策的な組織理念」として再生しようとした。それまで「自由経済」と等置されてきた「競争経済」の理念はここで放棄され、それに代わって、「秩序原理としての競争原理」にしたがって「経済を秩序付けること」が「国家の課題」となった。「競争理念」を自由や個人の側から根拠付ける道はここで積極的に遮断され、この理念は、1933 年以降のドイツに出現したような「強力な指導意志」をもつ「強い国家」によって実現する「経済政策的な組織理念」へと変容したのである (Miksch 1937: 5 ff.; 雨宮 2005: 217 ff.)。1937 年のベームの著作に対していわれた「自由経済の反自由主義的根拠付け」は、同じ年に展開されたミクシュの議論において、いっそう端的に現われているということができる。ちなみに、これら「自由経済の反自由主義的根拠付け」のロジックは、『課題としての競争』の 1947 年の再版ではすべて削除されている (Miksch 1947a; 雨宮 2005: 217 ff.)。それではミクシュは、終戦後の西ドイツにおいて、ど

のように再出発の論理を構築したのであろうか。

　通貨改革の年、1948年には、ドイツ新自由主義の拠点となる雑誌『オルド——経済と社会の秩序のための年報』が創刊されたが、それへのミクシュの寄稿「均衡理論について」(Miksch 1948) には、この点であらためて興味深い論理が示されている。

　まず、ミクシュは、具体的現実を踏まえて、次の2つの経済システムを純粋な理念型として定立している。すなわち、(1)完全競争に基づいた市場経済、ないし「純粋な市場経済 (reine Verkehrswirtschaft)」と、(2)全体的に中央から指導された経済、ないし「純粋な指令経済 (reine Befehlswirtschaft)」である。

　ここで、諸個人の活動は何らかの形で調整されて秩序をもった全体を構成するが、その秩序が、諸個人の活動的諸力の自発的な共同作用から生ずるのが「純粋な市場経済」であり、上からの力により強制されるのが「純粋な指令経済」であるとされている。市場経済へのアプローチは、ここでは、(1937年の時点のように) 国家の方向からではなく、あらためて、個人の方向から開始されている。同様に、市場経済の理念型における経済政策のコンセプトとして、「人間 (der Mensch) は自己目的であり、目的のための手段ではない」ことが強調される。そうした人間の自発的活動を、純粋な市場経済は、全体へと秩序をもって自動的に調整していくのであるが、それが「均衡傾向 (Gleichgewichtstendenz)」と呼ばれる過程である。

　この過程は、次の2つを前提として成立する。第1は、最大限の効用を求める個々の経済主体の前提 (「経済原則」または「最大限効用の原理」) であり、第2は、これらの主体間の競争に秩序をもたらす、彼らにとって与件であるところの価格システムの前提 (「価格形成の独立性」) である。この均衡過程を (権力の操作のような) 恣意性から解放して、その客観性を保証するのは、市場経済がきわめて多くの単位 (経済主体) から構成され、したがって、確率法則である「大数の法則」が成立していることである。この均衡過程において、個々の経済主体は最大限の効用を追求し、個々の需要は全体的に最適な形で充足される。この過程で企業は、その生産を、限界費用と価格とが等しくなる地点にまで拡大する。他方、(市場参加者の減少、政治団体や政治権力の介入などによって) 大数の法

則の有効性が損なわれる範囲で、均衡の成立を妨げる恣意性は増大する。したがって、経済政策の課題は、純粋な市場経済が依拠する諸条件を現実のなかに可能な限り創り出すことであるとされる。

　ちなみに、戦後のミクシュの議論のなかでは、1930年代の彼の考察を継承してクルノーやシュタッケルベルクらを批判しつつ、寡占的均衡論や独占的均衡論への異議が唱えられており、同時に、他方で、これも同じく30年代から継続して、経済的・技術的要請から独占的、寡占的市場形態の合理性が根拠付けられている。したがって、「かのようにの経済政策」のコンセプトは、戦後の「経済政策の課題」を実現する手段としても、依然として有効であり続けていることには注意が必要である。

　それに対して、この経済システムを根拠付ける論理は大きく転換する。ミクシュはそれを、最後に、次のような言葉で表現している。すなわち、純粋な市場経済のシステムは、経済権力を前提とした搾取が存在しないという意味で、「社会主義の最も完全な実現」であり、全経済過程が、第一次的に、「消費者の必要性」に方向付けられているという意味で、「政治的民主主義の経済的補完物」である、と。同じ結論を、ミクシュは、1947年7月3日付『ツァイト』紙に掲載された「民主主義における経済政策」と題した記事のなかで、経済学的説明はできるだけ避け、いっそう簡明・平明な表現で次のように繰り返した（Miksch 1947b）。「社会主義を個人の自由の諸権利と調和させようとする限りで、競争秩序は、社会主義的要求の最高の実現でもあると見なさなければならない。……積極的な国家の経済政策を通じて、民主主義の適切な基礎であるとともに理性的な社会主義のそれでもあるような競争秩序を創り出す可能性は存在している」。「競争理念」を、「強い国家」の側からではなく、あくまでもそれを手段としつつ、「人間」や「政治的民主主義」や「社会主義」や「消費者」の側から根拠付けるロジックが、戦後ドイツ連邦共和国の出発点において再構築されたのである。

文　献

Abelshauser, W. (2003): *Kulturkampf: Der deutsche Weg in die Neue Wirtschaft und* die amerikanische Herausforderung (2003), 2. Aufl., Berlin 2008. 雨宮昭彦・浅田進史訳『経済文化の闘争――ニューエコノミーへのドイツの道とアメリカの挑戦』東京大学出版会、2008年.

Abelshauser, W. (2006): Die Rekonstruktion der Kontinuität: Glanz und Elend der deutschen Wirtschaftsgeschichte seit 1945 (2006年3月17日、東京大学大学院経済学研究科・経済史研究会国際セミナー「1945年以降のドイツ経済――その制度的連続性」での講演). 雨宮昭彦・浅田進史訳「連続性の再建――1945年以降のドイツ経済史の栄光と悲惨」、『公共研究』第3巻第1号.

Abelshauser, W., Hesse, J.-O. u.a (Hg.) (2004): *Neue Forschungen zur Wirtschaftsgeschichte des Nationalsozialismus: Festschrift für Dietmal Petzina zum 65. Geburtstag*, Essen.

Albert, M. (1991): *Capitalisme contra Capitalisme*, Paris. 小池はるひ訳『資本主義対資本主義』竹内書店新社、1992年.

雨宮昭彦 (2005): 『競争秩序のポリティクス――ドイツ経済政策思想の源流』東京大学出版会.

――(2006): 「ドイツ新自由主義の生成――資本主義の危機とナチズム」、権上康男編著『新自由主義と戦後資本主義――欧米における歴史的経験』日本経済評論社.

Amemiya, A. (2008): Neoliberalismus und Faschismus: Liberaler Interventionismus und die Ordnung des Wettbewerbs, In: *Jahrbuch für Wirtschaftsgeschichte*, 2. Heft.

Bähr, J., Banken, R. (Hg.) (2006): *Wirtschaftssteuerung durch Recht im Nationalsozialismus: Studien zur Entwicklung des Wirtschaftsrechts im Interventionsstaat des >Dritten Reichs<*, Frankfurt a. M.

Barthel, J. (1939): *Tätigkeit und Wirkung der Überwachungsstellen*, Diss., Berlin.

Beckerath, E. v. (1932): Wirtschaftsverfassung des Faschismus, In: *Schmollers Jahrbuch*, Bd. 56.

Blumenberg-Lampe, C. (1973): *Das wirtschaftspolitische Programm der "Freiburger Kreis": Entwurf einer freiheitlich-sozialen Nachkriegswirtschaft: Nationalökonomen gegen Nationalsozialismus*, Berlin.

Böhm, F. (1937): *Die Ordnung der Wirtschaft als geschichtliche Aufgabe und rechtschöpferische Leistung* (=*Ordnung der Wirtschaft*, Heft 1), Stuttgart.

――(1942): Der Wettbewerb als Instrument staatlicher Wirtschaftslenkung, In: G. Schmölders (Hg.): *Der Wettbewerb als Mittel volkswirtschaftlicher Leistungssteigerung und Leistungsauslese* (=*Schriften der Akademie für deutsches Recht*, Heft 6), Berlin.

Böhm, F., Eucken, W., u.a.(1936/37): Unsere Aufgabe, In: *Ordnung der Wirtschaft*, Heft 1 u. 2 (=Böhm 1937 u. Lutz 1936), Stuttgart.

Bry, G. (1960): *Wages in Germany, 1871-1945* (1960), reprint, Ann Arbor, Michigan, 1967.

Buchheim, C., Scherner J. (2006): The Role of Private Property in the Nazi Economy: The Case of Industry, In: *Journal of Economic History*, Vol. 66.

Cassel, D. (Hg.) (1998): *50 Jahre Soziale Marktwirtschaft*, Stuttgart.

Conrad, S. (1999): *Auf der Suche nach der verlorenen Nation: Geschichtsschreibung in Westdeutschland und Japan 1945-1960*, Göttingen.

Cournot, A. (1838): *Recherches sur les principes mathématiques de la théorie des richesses*, Paris. ドイツ語版：*Untersuchungen über die mathematischen Grundlagen der Theorie des Reichtums*, übers. v. W. G. Waffenschmidt, Jena 1924.

Eucken, W. (1932): Staatliche Strukturwandlungen und die Krisis des Kapitalismus, In: *Weltwirtschaftliches Archiv*, Bd. 36.

――(1938): Die Überwindung des Historismus, In: *Schmollers Jahrbuch*, Jg. 62, I.

――(1940): *Die Grundlagen der Nationalökonomie*, Jena.

――(1942): Wettbewerb als Grundprinzip der Wirtschaftsverfassung, In: Schmölders (Hg.): *Der Wettbewerb als Mittel volkswirtschaftlicher Leistungssteigerung und Leistungsauslese*.

――(1951): *Unser Zeitalter der Misserfolge*, Tübingen.

――(1952): *Grundsätze der Wirtschaftspolitik* (1952), 6. Aufl., hg. v. E. Eucken, K. P. Hensel, Tübingen 1990. 大野忠男訳『経済政策原理』勁草書房、1967 年.

藤本建夫 (2008):『ドイツ自由主義経済学の生誕――レプケと第三の道』ミネルヴァ書房.

福澤直樹 (2006):「戦後西ドイツにおける新自由主義と社会民主主義――社会的市場経済／社会主義市場経済と 1957 年『年金改革』」、権上編『新自由主義と戦後資本主義――欧米における歴史的経験』.

権上康男編 (2006):『新自由主義と戦後資本主義――欧米における歴史的経験』日本経済評論社.

Gosewinkel, D. (Hg.) (2005): *Wirtschaftskontrolle und Recht in der nationalsozialistischen Diktatur*, Frankfurt a. M.

Hayek, F. A. (1944): *The Road to Serfdom* (1944), ed. by B. Caldwell, Chicago 2007. 一谷藤一郎・一谷映理子訳『隷従への道――全体主義と自由』東京創元社、1992 年.

Heller, H. (1933): Autoritärer Liberalismus?, In: Die Neue Rundschau, 44. Jg., Bd. 1. 今井弘道・大野達司訳「権威的自由主義？」、今井・大野他編訳『国家学の危機――議会制か独裁か』風行社、1991 年.

Hentschel, V. (1996): *Ludwig Erhard: Ein Politikerleben*, München.

――(1998): *Ludwig Erhard, die "soziale Marktwirtschaft" und das Wirtschaftswunder: Historisches Lehrstück oder Mythos?* (= *Ludwig Erhard, "l'économie sociale de marché" et le miracle économique: Leçon historique ou mythe?*), Bonn.

石坂綾子(2006):「1950 年代の西ドイツにおける内外経済不均衡――『社会的市場経済』のジレンマ」、権上編『新自由主義と戦後資本主義――欧米における歴史的経験』.

Kleßmann, C. (1982): *Die doppelte Staatsgründung: Deutsche Geschichte 1945-1955* (1982), 5. Aufl., Göttingen 1991. 石田勇治・木戸衛一訳『戦後ドイツ史』未来社、1995 年.

Lafontaine, O. (1999): *Das Herz schlägt links*, München.

Lampe, A. (1927): *Notstandsarbeiten oder Lohnabbau: Kritik der Wirtschaftstheorie an der Arbeitslosenpolitik*, Jena.

Lehmbruch, G. (2001): The Institutional Embedding of Market Economies: The German "Model" and Its Impact on Japan, In: W. Streeck, K. Yamamura (Ed.): *The Origins of Nonliberal Capitalism: Germany and Japan in Comparison*, Ithaca, London.

——(2006): Nationen und Systemtypen in der vergleichenden politischen Ökonomie, In: V. R. Berkhahn, S. Vitols (Hg.): *Gibt es einen deutschen Kapitalismus?: Tradition und globale Perspektiven der sozialen Martwirtschaft*, Frankfurt a. M., New York.

Lutz, F. A. (1935): Goldwährung und Wirtschaftsordnung, In: *Weltwirtschaftliches Archiv*, Bd. 41.

——(1936): *Das Grundproblem der Geldverfassung (=Ordnung der Wirtschaft,* Heft 2), Stuttgart.

Löffler, B. (2002): *Soziale Marktwirtschaft und administrative Praxis: Das Bundeswirtschaftsministerium unter Ludwig Erhard*, Stuttgart.

Maier, C. S. (1987): The Economics of Fascism and Nazism, In: C. S. Maier: *In Search of Stability: Explorations in historical political Economy*, Cambridge.

Miksch, L. (1937): *Wettbewerb als Aufgabe: Grundsätze einer Wettbewerbsordnung*, Stuttgart, Berlin.

——(1942): Möglichkeiten und Grenzen der gebundenen Konkurrenz, In: G. Schmölders (Hg.): *Der Wettbewerb als Mittel volkswirtschaftlicher Leistungssteigerung und Leistungsauslese* (s. Böhm 1942).

——(1947a): *Wettbewerb als Aufgabe: Grundsätze einer Wettbewerbsordnung*, 2. erweiterte Aufl., Godesberg.

——(1947b): *Wirtschaftspolitik in der Demokratie*, In: *Die Zeit*, 2. Jg., Nr. 27, 3.7.1947.

——(1948): Zur Theorie des Gleichgewichts, In: *Ordo: Jahrbuch für die Ordnung von Wirtschaft und Gesellschaft*, Bd. 1.

——(1949): Die Wirtschaftspolitik des Als-ob, In: *Zeitschrift für die gesamte Staatswissenschaft*, Bd. 105.

三ツ石郁夫 (2008):「戦後ドイツの経済発展をめぐるアーベルスハウザー・テーゼの現代的意義」、『歴史と経済』第 198 号.

Möller, H. (1939): Ordnung der Wirtschaft: Bemerkungen zu Schriftenreihe "Ordnung der Wirtschaft", In: *Archiv für mathematische Wirtschafts- und Sozialforschung*, Bd. 5.

——(1992): Heinrich von Stackelberg - Leben und Werk, In: Stackelberg: *Gesammelte wirtschaftswissenschaftliche Abhandlungen*, 2 Bde., hg. v. N. Kloten, Regensburg, Bd. 1.

Moeller, H. (1945): Theoretische Grundlagen der Wirtschaftspolitik, In: *Finanz Archiv*, Bd. 10.

Müller-Armack, A. (1933): *Staatsidee und Wirtschaftsordnung im neuen Reich*, Berlin.

——(1947): *Wirtschaftslenkung und Marktwirtschaft*, Hamburg.

——(1948): Die Wirtschaftsordnungen sozial gesehen, In: *Ordo: Jahrbuch für die Ordnung von Wirtschaft und Gesellschaft*, 1. Bd.

——(1956): Soziale Marktwirtschaft, In: *Handwörterbuch der Sozialwissenschaften*, Bd.

9, Göttingen.
——(1974): *Genealogie der sozialen Marktwirtschaft: Frühschriften und weiterführende Konzepte*, Bern, Stuttgart.
村上淳一（1985）:『ドイツ市民法史』東京大学出版会.
野田昌吾（1998）:『ドイツ戦後政治経済秩序の形成』有斐閣.
Nolte, P. (2000): *Die Ordnung der deutschen Gesellschaft: Selbstentwurf und Selbstbeschreibung im 20. Jahrhundert*, München.
——(2002): Einführung: Die Bundesrepublik in der deutschen Geschichte des 20. Jahrhundert, In: *Geschichte und Gesellschaft*, 28. Jg., Heft 2.
大野忠男（1970）:「ネオ・リベラリズム」、社会科学大事典編集委員会編『社会科学大事典』14巻、鹿島研究所出版会.
Riha, T. (1985): *German Political Economy: The History of an Alternative Economics* (=*International Journal of Social Economics*, Vol. 12, No. 3/4/5), Bradford. 原田哲史・田村信一他訳『ドイツ政治経済学——もうひとつの経済学の歴史』ミネルヴァ書房、1992年.
Röpke, W. (1944): *Civitas humana: Grundfragen der Gesellschafts- und Wirtschaftsreform*, Erlenbach-Zürich. 喜多村浩訳『ヒューマニズムの経済学：社会改革・経済改革の基本問題』上・下、勁草書房、1952年.
Rüstow, A. (1924): Soziologische Bemerkungen zur deutschen Verfassungsgeschichte, Juni 1924. Typoskript, Nachlaß Alexander Rüstows, Nr. 242（N 1169, Rüstow/242）, Bundesarchiv Koblenz.
——(1932): Aussprache, In: *Schriften des Vereins für Sozialpolitik*, Bd. 187 (=*Verhandlungen des Vereins für Sozialpolitik in Dresden 28. und 29. September 1932: Deutschland und die Weltkrise*), hg. v. F. Boese, München, Leipzig.
——(1950-57): *Ortsbestimmung der Gegenwart*, 3 Bde.（Ⅰ, 1950; Ⅱ, 1952; Ⅲ, 1957）, Zürich.
Ruggie, J. G. (1983): International regimes, transactions, and change: embedded liberalism in the postwar economic order, In: S. D. Krasner (Ed.): *International Regimes*, Ithaca, London.
さくら総合研究所・ifo経済研究所編（1997）:『日本とドイツの経済・産業システムの比較研究』シュプリンガー・フェアラーク東京.
Scherner, J. (2002): Zwischen Staat und Markt. Die deutsche halbsynthetische Chemiefaserindustrie in den 1930er Jahren, In: *Vierteljahrsheft für Sozial- und Wirtschaftsgeschichte*, Bd. 89.
Schieder, W. (1995): Fachismus für Deutschland. Erwin von Beckerath und das Italien Mussolinis, In: C. Jansen, L. Niethammer u.a. (Hg.): *Von der Aufgabe der Freiheit: Politische Verantwortung und bürgerliche Gesellschaft im 19. und 20. Jahrhundert: Festschrift für Hans Mommsen zum 5. November 1995*, Berlin.
Schneider, J. (1996): Von der nationalsozialistischen Kriegswirtschaftsordnung zur sozialistischen Zentralplanung in der SBZ/DDR, In: J. Schneider, W. Harbrecht (Hg.): *Wirtschaftsordnung und Wirtschaftspolitik in Deutschland (1933-1993)*, Stuttgart.

Spoerer, M. (2007): Wohlstand für alle?: Soziale Marktwirtschaft, In: T. Hertfelder, A. Rödder (Hg.): *Modell Deutschland: Erfolgsgeschichte oder Illusion?*, Göttingen.

Spoerer, M., Streb, J. (2008): Neue ökonomische Erklärungen der "Wirtschaftswunder" des Nationalsozialismus(『歴史と経済』誌へのオリジナル寄稿). 雨宮昭彦・三ツ石邦夫訳「ナチス経済研究のパラダイムチェンジか――ドイツにおける最新の研究動向」、『歴史と経済』第200号.

Stackelberg, H. v. (1934): *Marktform und Gleichgewicht*, Wien, Berlin. 大和瀬達二・上原一男訳「市場形態と均衡」、大和瀬・上原編訳『寡占論集』至誠堂、1970年.

――(1938): Probleme der unvollkommenen Konkurrenz, In: *Weltwirtschaftliches Archiv*, Bd. 48, II.

Steiner, A. (2005): Zur Neueinschätzung des Lebenshaltungskostenindex für die Vorkriegszeit des Nationalsozialismus, In: *Jahrbuch für Wirtschaftsgeschichte*, 2005, Heft 2.

Temin, P. (1991): Soviet and Nazi economic planning in the 1930's, In: *The Economic History Review*, Vol. 44, No. 4.

Tribe, K. (1995): *Strategies of Economic Order. German Economic Discourse, 1750-1950*, Cambridge (England), New York. 小林純・手塚真他訳『経済秩序のストラテジー――ドイツ経済思想史1750-1950』ミネルヴァ書房、1998年.

若森みどり (2006):「K. ポランニー――社会の現実・二重運動・人間の自由」、橋本努編『20世紀の経済学の諸潮流』(『経済思想』第8巻) 日本経済評論社.

矢後和彦 (2006):「ユーロカレンシー市場と国際決済銀行――1950～60年代の新自由主義と国際金融市場」、権上編『新自由主義と戦後資本主義――欧米における歴史的経験』.

Zündorf, I. (2006): *Der Preis der Marktwirtschaft: Staatliche Preispolitik und Lebensstandard in Westdeutschland 1948 bis 1963*, Stuttgart.

ポートレート一覧（掲載順）

人物名の後の頁数は本文掲出頁、その後に示すのが出典または所蔵機関（"Smith-Archiv" は Adam-Smith-Archiv, Universität Erlangen-Nürnberg,「京大経済調査資料室」は京都大学経済学研究科／経済学部調査資料室の略）を表す。

【第1章】
G. オープレヒト　（10頁）　川又祐所蔵
C. ベゾルト　（11頁）　E. Niethammer: Christoph Besold, In: H. Haering, O. Hohenstatt (Hg.): *Schwäbische Lebensbilder*, Bd. 2, Stuttgart 1941.
K. クロック　（11頁）　川又祐所蔵
V. L. v. ゼッケンドルフ　（12頁）　川又祐所蔵
J. J. ベッヒャー　（18頁）　川又祐所蔵
S. P. ガッサー　（20頁）　P. Schiera: *Il cameralismo e l'assolutismo tedesco*, Milano 1968.
J. v. ゾネンフェルス　（25頁）　川又祐所蔵

【第2章】
J. メーザー　（32頁）　J. Möser: *Sämtliche Werke: Historisch-kritische Ausgabe*, hg. v. d. Akademie der Wissenschaften zu Göttingen, Bd. 4, Oldenburg 1943.
K. H. ラウ　（43頁）　Smith-Archiv
A. ミュラー　（47頁）　A. Müller: *Zwölf Reden über die Beredsamkeit und deren Verfall in Deutschland* (1816), hg. v. A. Salz, München 1920.
F. リスト　（56頁）　京大経済調査資料室

【第3章】
J. H. v. テューネン　（73頁）　Smith-Archiv
H. v. マンゴルト　（89頁）　Smith-Archiv

【第4章】
W. ロッシャー　（103頁）　京大経済調査資料室
G. シュモラー　（113頁）　Smith-Archiv
L. ブレンターノ　（116頁）　京大経済調査資料室
M. ヴェーバー　（125頁）　Smith-Archiv
J. シュンペーター　（129頁）　Smith-Archiv

【第5章】
M. ヘス　（142頁）　W. Laqueur: *A History of Zionism*, New York 1976.
W. ヴァイトリンク　（144頁）　京大経済調査資料室
F. エンゲルス　（146頁）　京大経済調査資料室
K. マルクス　（148頁）　京大経済調査資料室

K. カウツキー （156 頁）　京大経済調査資料室
E. ベルンシュタイン （157 頁）　京大経済調査資料室
R. ルクセンブルク （161 頁）　京大経済調査資料室
R. ヒルファディング （164 頁）　Smith-Archiv

【第 6 章】
C. メンガー （181 頁）　京大経済調査資料室
E. v. ベーム - バヴェルク （193 頁）　京大経済調査資料室
F. v. ヴィーザー （193 頁）　京大経済調査資料室
L. v. ミーゼス （204 頁）　Smith-Archiv
F. v. ハイエク （209 頁）　Smith-Archiv

【第 7 章】
A. ミュラー - アルマック （221 頁）　T. Eschenburg: *Geschichte der Bundesrepublik Deutschland*, Bd. 1 (= *Jahre der Besatzung 1945-1949*), Wiesbaden 1983.
W. オイケン （228 頁）　H. J. Wolff (Hg.): *Aus der Geschichte der Rechts- und Staatswissenschaften zu Freiburg i. Br.*, Freiburg i. Br. 1957.
F. ベーム （234 頁）　D. J. Blesgen, E. Preiser: *Wirken und wirtschaftspolitische Wirkungen eines deutschen Nationalökonomen (1900-1967)*, Heidelberg 2000.
L. ミクシュ （237 頁）　Universitätsarchiv, Albert-Ludwigs-Universität Freiburg (D13/1195)
H. v. シュタッケルベルク （240 頁）　H. F. von Stackelberg: *Gesammelte wirtschaftswissenschaftliche Abhandlungen*, Bd. 1, Regensburg 1992.
A. ランペ （241 頁）　D. J. Blesgen, E. Preiser: *Wirken und wirtschaftspolitische Wirkungen eines deutschen Nationalökonomen (1900-1967)*, Heidelberg 2000.

【付記】
　エアランゲン-ニュールンベルク大学アダム・スミス-アルヒーフと京都大学経済学研究科/経済学部調査資料室からは、所蔵する多くのポートレートを掲載させていただいた。掲載のための便宜を図ってくださったエアランゲン-ニュールンベルク大学の Prof. Dr. Berthold Wigger と Anke Tänzler の両氏と、仲介の労をとってくださったフランクフルト大学の Prof. Dr. Dres h. c. Bertram Schefold と復刻シリーズ『経済学の古典作家たち』元編集者 Michael Tochtermann の両氏とに、お礼申し上げたい。また京都大学の櫻田忠衛氏にはご教示に感謝の意を表したい。なお、アダム・スミス-アルヒーフ所蔵のポートレートは本書での掲載に限って提供されており、同アルヒーフによる改めての同意なしに別の用途に使用することは禁じられている。

人名索引

ア 行

アーベルスハウザー（Abelshauser, Werner） 220, 225
アーベントロート（Abendroth, Wolfgang） 156
アウアースヴァルト（Auerswald, Hans von） 38
アウグスト（August）［ザクセン選挙侯］ 6
アクィナス（Aquinas, St Thomas） 51-2
アダム（Adam, Ulrich） 5
アドラー（Adler, Max） 167
アリストテレス（Aristotelēs） 8
アルトホフ（Althoff, Friedrich） 122
アルベール（Arbert, Michel） 221-2, 226
イーゼリーン（Iselin, Isaak） **33**
ヴァーグナー（Wagner, Adolph［Adolf］ Heinrich Gotthilf） 39, 43, 46-7, 102, 110-**111**, 122-3
ヴァイトリンク（Weitling, Wilhelm Christian） **144-5**, 148, 153
ヴァルガ（Varga, Eugen S.） 164
ヴァンゲンハイム（Wangenheim, Karl August von） 57
ヴィーザー（Wieser, Friedrich von） 185, **192-3**, 197-9, 202-3, 205, 207, 209, 212
ヴィクセル（Wicksell, Johan Gustaf Knut） 201, 206
ヴェーバー［弟］（Weber, Alfred） 128
ヴェーバー（Weber, Max） 101, 106, 108, 115, 118-9, 121-2, **125**-9, 133, 160, 190, 192, 198, 208, 228
ヴェブレン（Veblen, Thorstein） 92
ヴェルカー（Welcker, Karl Theodor） 58
ウォーラーステイン（Wallerstein, Immanuel） 135
ヴォラル（Worrall, John） 170
ウルストンクラフト（Wollstonecraft, Mary） 53
エアハルト（Erhard, Ludwig） **220**, 222-3
エルンスト敬虔公（Ernst der Fromme）［ザクセン-ゴータ-アルテンブルク公］ 12, 25
エンゲル（Engel, Ernst） 110, 116, 120
エンゲルス（Engels, Friedrich） **146-8**, 153, 157
オイケン（Eucken, Rudolf） 228
オイケン（Eucken, Walter） 223, **228**-34, 237, 239, 241-2, 245
オウエン（Owen, Robert） 142
大塚久雄 135
オープレヒト（Obrecht, Georg） 6, **9-10**
オープレヒト［子］（Obrecht, Johannes Thomas） 10
オカーマン（Åckerman, Johan Gustav） 210
オッセ（Osse, Melchior von） **6-9**, 12
オッペンハイム（Oppenheim, Hermann） 110

カ 行

カーズナー（Kirzner, Israel M.） 214
カール・フリードリヒ（Karl Friedrich）［バーデン-ドゥルラハ辺境伯］ 33
カール大帝（Karl der Große） 32
カウツキー（Kautsky, Karl） **156**-61, 167
カウフマン（Kaufmann, Felix） 207
カウフマン（Kaufmann, Johann） 82
カウフマン（Kaufmann, Peter） 82
ガッサー（Gasser, Simon Peter） 3-4, **19-20**
ガル（Gall, Heinrich Ludwig Lampert）

142
カルヴァー（Calwer, Richard） 159
ガルヴェ（Garve, Christian） **36**, 47
カルドア（Kaldor, Nicholas） 210, 242
ガルニエ（Garnier, Germain） 42
カント（Kant, Immanuel） **36**-8, 41
クーパー（Cooper, Thomas） 58
クナップ（Knapp, Georg Friedrich） 110-1, 117, **120**-1, 204
クニース（Knies, Karl Gustav Adolf） 43, 90, 101, **106**-8, 112, 114, 121-2, 133-4, 192-3, 197
クラインヴェヒター（Kleinwächter, Friedrich） 90
クラウス（Kraus, Christian Jacob） **36**-**37**-38, 48-9
グラムシ（Gramsci, Antonio） 162
クルノー（Cournot, Antoine Augustin） 44, 240, 249
グレーネヴェーゲン（Groenewegen, Peter） 93
グロス（Gross, Gustav） 194
グロスマン-デルト（Großmann-Doerth, Hans） 233
クロック（Klock, Kaspar） 6, **11**-2
ケアリー（Carey, Henry Charles） 57-8
ケインズ（Keynes, John Maynard） 210, 244
ゲーテ（Goethe, Johann Wolfgang von） 36
ケテラー（Ketteler, Wilhelm Emmanuel von） 52, 55
ケネー（Quesnay, François） 33
ケプラー（Kepler, Johannes） 11
ゲンツ（Gentz, Friedrich von） 47-8
コース（Coase, Ronald Harry） 242
コッシュート（Kossuth, Lajos） 60
ゴッセン（Gossen, Hermann Heinrich） 74, **82**-5, 87-8, 96-8
ゴットル-オットリーリエンフェルト（Gottl-Ottlilienfeld, Friedrich von） 134
ゴドウィン（Godwin, William） 53
コモルツィンスキー（Komorzynski, Johann von） 38, 194
コルシュ（Korsch, Karl） **164**
コルトゥム（Kortum, Hermann） 84
コルベール（Colbert, Jean Baptiste） 33
コント（Comte, Isidore Auguste Marie François Xavièr） 110, 117
コンラート（Conrad, Johannes） 204
コンラート（Conrad, Otto） 110, 117

サ 行

サヴィニー（Savigny, Friedrich Karl von） 191
ザクセン選挙侯アウグスト → アウグスト
ザックス（Sax, Emil） 117, 194
ザリーン（Salin, Edgar） **133**, 135
ザルトーリウス（Sartorius, Georg Friedrich） **36**, 39, 44, 47, 57
サン・シモン（Saint-Simon, Claude Henri de Rouvroy, Comte de） 142
シーダー（Schieder, Wolfgang） 231
ジェヴォンズ（Jevons, William Stanley） 71, 85, 179
シェーン（Schön, Heinrich Theodor von） 37
シェーンフェルト（Schönfeld, Leo［別名 Illy, Leo］） 207
シェーンベルク（Schönberg, Gustav von） 110-1, 122, 127
シェリング（Schelling, Friedrich Wilhelm Joseph von） 36, 52
シスモンディ（Sismondi, Jean-Charles-Léonard Simonde de） 42
ジャクソン（Jackson, Andrew） 58
シャックル（Shackle, George Lennox Sharman） 214
シャプタル（Chaptal, Jean Antoine） 58
シャムズ（Schams, Edwald） 207
シャルピング（Scharping, Rudolf） 226

シャンツ（Schanz, Georg） 117
シューベルト（Schubert, Franz Peter） 36
シューマン（Schumann, Robert） 36
ジュグラー（Juglar, Clément） 200
シュタイン（Stein, Karl Reichsfreiherr vom und zum） 37
シュタイン（Stein, Lorenz von） 226
シュタウディンガー（Staudinger, Lucas Andreas） 72
シュタッケルベルク（Stackelberg, Heinrich von） 235, **240**, 242, 249
ジュック（Lluch, Ernest） 5
シュッツ（Schutz, Alfred） 207
シュティーダ（Stieda, Wilhelm） 5, 117
シュトリグル（Strigl, Richard von） 207, 210
シュトルヒ（Storch, Heinrich von） **41**-2, 44, 63
シュナイダー（Schneider, Erich） 94
シュナッパー-アルント（Schnapper-Arndt, Gottlieb） 117
シュパン（Spann, Othmar） 38, 134-5, 207
シュピートホフ（Spiethoff, Arthur August Caspar） 101, 129, **132**-4
シュミット（Schmidt, Conrad） 229
シュモラー（Schmoller, Gustav von） 46, 71-2, 96-7, 101-2, 108, 110-**113**-7, 119-23, 125-6, 128-9, 131-3, 189, 191-2
シュルツ（Schulz, Wilhelm） **142**, 145-6, 153
シュルツェ-デーリッチュ（Schulze-Delitzsch, Franz Hermann） 106, 109
シュレーゲル（Schlegel, Friedrich von） 51
シュレーダー（Schröder, Gerhard Fritz Kurt） 176
シュレーダー（Schröder, Wilhelm von） 12, 17-**18**
シュレーツァー（Schlözer, Christian von） 42
シュレッター（Schrötter, Friedrich Leopold von） 37
シュレットヴァイン（Schlettwein, Johann August） **33**, 47
シュレルン-シュラッテンホーフェン（Schullern-Schrattenhofen, Hermann von） 194
シュンペーター（Schumpeter, Joseph Alois） 98, 101-2, 115, 125, 128-**129**-34, 160, 197, 200-**201**-4, 206-7, 213
ショースケ（Schorske, Carl Emil） 155
シラー（Schiller, Johann Christoph Friedrich von） 36, 84-5
シラー（Schiller, Johann Friedrich） 36
スペンサー（Spencer, Herbert） 115
スミス（Smith, Adam） 21, 26, 34-40, 42-4, 48-50, 53, 58, 73, 105, 147-8, 179, 184
スモール（Small, Albion Woodbury） 5
セー（Say, Jean Baptiste） 39, 42, 44-5, 58
ゼッケンドルフ（Seckendorff, Veit Ludwig von） **12**-6, 26
ゾーデン（Soden, Friedrich Julius Heinrich Reichsgraf von） **39**-41, 43-4, 57-8
ゾネンフェルス（Sonnenfels, Joseph von） 5, 20, **24**-6, 43
ゾンバルト［父］（Sombart, Anton Ludwig） 123
ゾンバルト（Sombart, Werner） 97-8, 101, 115, 118, 122-**123**-9, 131, 133-5

タ　行

ダーフィト（David, Eduard） 159
チェンバリン（Chamberlin, Edward Hastings） 242
チュルゴ（Turgot, Anne Robert Jacques） 33
ツィーシャンク（Zieschang, Kurt） 174
ツェトキン（Zetkin, Clara） 161
ツッカーカンドル（Zuckerkandl, Robert） 194

ティーク（Tieck, Ludwig） 52
ディーツェル（Dietzel, Heinrich） 111
ディール（Diehl, Karl） 47
ディキンソン（Dickinson, Henry Douglas） 96, 211
ディトマール（Dithmar, Justus Christoph） **20**
テイラー（Taylor, Fred Manville） 211
ディルタイ（Dilthey, Wilhelm） 115, 191
テーア（Thaer, Albrecht） **72-3**
テューネン（Thünen, Johann Heinrich von） 31, **72-6**, 78-81, 96-8
デュパン（Dupin, Pierre Charles François） 58
デュポン・ド・ヌムール（Du Pont de Nemours, Pierre Samuel） 33
トゥーン（Thun, Alfons） 117
ドーム（Dohm, Christian Conrad Wilhelm von） 34
ドッブ（Dobb, Maurice Herbert） 211
トライブ（Tribe, Keith） 5, 239
ドルフース（Dollfuß, Engelbert） 168
トロイエ（Treue, Wilhelm） 38

ナ 行

ナッセ（Nasse, Erwin） 43, 111
ナフタリ（Naphtali, Fritz） 164
ナポレオン（Napoléon Bonaparte, Charles Louis） 48, 64
ニーチェ（Nietzsche, Friedrich Wilhelm） 228
ニコライ1世（Nikolai I.）［ロシア皇帝］ 42
ネーベニウス（Nebenius［Karl Friedrich］） 57
ノイマン（Neumann, John von） 208
ノイラート（Neurath, Otto） 211
ノヴァーリス（Novalis［Friedrich von Hardenberg］） 52
ノルテ（Nolte, Paul） 246

ハ 行

ハーウェイ（Howey, Richard） 71
バーク（Burke, Edmund） 36, 47
バーダー（Baader, Franz Xaver von） **52-5**
バーダー（Baader, Joseph von） 53
ハーナウ伯 → フリードリヒ・カージミーア
ハーバラー（Haberler, Gottfried von） 207, 210
パーペン（Papen, Franz von） 231
ハーン（Hahn, Albert） 207
ハイエク（Hayek, Friedrich August von） 52, 84, 180, 189, 206-7, **209**-10, 212-3, 223, 233
ハイマン（Heimann, Eduard） 211
バイン（Bein, Louis） 117
バウアー（Bauer, Otto） **167**-8, 199, 201, 207
バウリング（Bowring, John） 59
ハチスン（Hutchison, Terence） 71
ハミルトン（Hamilton, Alexander） 57
パルヴス（Parvus, Aleksandr Gel'fand） 159
ハルデンベルク（Hardenberg, Karl August Fürst von） 37, 48
バローネ（Barone, Enrico） 211-2
バログロウ（Baloglou, Christos） 72
ハロッド（Harrod, Roy Forbes） 242
ハンセン（Hanssen, Georg） **89-90**
ピール（Peel, Robert） 60
ビスマルク（Bismarck, Otto Fürst von） 111, 121, 155-**156**, 230
ヒックス（Hicks, John Richard） 242
ヒットラー（Hitler, Adolf） 227
ヒューウェル（Whewell, William） 110
ビューヒャー（Bücher, Karl） 101, **118**-9, 126
ビュッシュ（Büsch, Johann Georg） 54
ヒルデブラント（Hildebrand, Bruno）

39, 51, 101, 104-**105**-8, 114, 118, 192
ヒルファディング (Hilferding, Rudolf) 159-**160**-1, 164-71, 173-4, 199
ファーガスン (Ferguson, Adam) 36
ファン・コール (van Kol, Hendrikus Hubertus) 160
フィッシャー (Fischer, Joschka) 226
フィヒテ (Fichte, Johann Gottlieb) 36, 48, 52-3, 56
フィリッポヴィッチ (Philippovich, von Philippsberg Eugen) 128-9
フーフェラント (Hufeland, Gottlieb) **39**-41
フーリエ (Fourier, François Marie Charles) 141-2
フェーダー (Feder, Johann Georg Heinrich) 36
フェルメート (Fellmeth, Ulrich) 73
フムパート (Humpert, Magdalene) 4
ブラウグ (Blaug, Mark) 71
ブラック (Black, Robert) 71
フリードマン (Friedman, Milton) 223
フリードリヒ1世 [プロイセン王] → フリードリヒ3世 [ブランデンブルク選挙侯]
フリードリヒ2世 (Friedrich II.) [プロイセン王] 50
フリードリヒ3世 (Friedrich III.) [ブランデンブルク選挙侯、ただしプロイセン王としてはフリードリヒ1世] 12
フリードリヒ・ヴィルヘルム1世 (Friedrich Wilhelm I.) 3, 19
フリードリヒ・カージミーア (Friedrich Casimir) [ハーナウ伯] 17
プリッダート (Priddat, Birger P.) 45
ブリューム (Blüm, Norbert) 226
プリンス-スミス (Prince-Smith, John) 60, 109
ブルックス (Brutzkus, Boris) 211
ブルンチュリ (Bluntschli, Johann Caspar) 90

ブレンターノ (Brentano, Lujo) 46, 101, 110-1, 113, **116**-8, 124-5
ブローデル (Braudel, Fernand) 135
ヘーゲル (Hegel, Georg Wilhelm Friedrich) 36, 56, 141, 155, 226
ベートーヴェン (Beethoven, Ludwig van) 36, 84-5
ベーベル (Bebel, Ferdinand August) 155-6, 158-61
ベーム (Böhm, Franz) 223-4, 228, 233-**234**-6, 240, 246-7
ベーム-バヴェルク (Böhm-Bawerk, Eugen von) 130, **192**-4, 196-7, 199-201, 203-4, 209, 212
ベーメ (Böhme, Jakob) 52
ヘス (Hess, Moses) **142**-5
ベゾルト (Besold, Christoph) 6, 10-**11**
ヘッカー (Hecker, Oswald Artur) 6
ベックマン (Beckmann, Martin) 76
ベッケラート (Beckerath, Erwin von) 230-**231**-3, 240, 242
ベッヒャー (Becher, Johann Joachim) 12, **17**-8
ペティー (Petty, William) 18
ヘラー (Heller, Hermann) 175
ヘルクナー (Herkner, Heinrich) 117
ヘルト (Held, Adolf) 110
ヘルニック (Hörnigk, Philipp Wilhelm von) 12, **17**-8
ヘルマン (Hermann, Friedrich Benedict Wilhelm von) 45, 96
ベルンシュタイン (Bernstein, Eduard) 156-**157**-60
ベロウ (Below, Georg von) 119, 124-5
ホッブズ (Hobbes, Thomas) 18
ホブスン (Hobson, John Atkinson) 160
ポランニー (Polanyi, Karl) 211
ボルニッツ (Bornitz, Jacob) 6, 10-**11**
ポロック (Pollock, Friedrich) **171**-4

マ 行

マーシャル（Marshall, Alfred） 93
マイアー（Mayer, Eduard） 119, 125
マイヤー（Mayer, Hans） **202**-3, 207, 213
マイヤー（Mayer, Robert） 194
マウフィロン（Mauvillon, Jakob） 33
マタヤ（Mataja, Viktor） 194
マッハルプ（Machlup, Fritz） 207, 213
マティアス（Kaiser Matthias） 11
マリア・テレジア（Maria Theresia） 20, 24-5
マルクス（Marx, Karl） 34, 38, 47, 97-8, 113, 117, 123, 131, 134, 146, **148**-9, 152-5, 157, 162, 199-200
マルサス（Malthus, Thomas Robert） 32, 44-5, 104
マンゴルト（Magoldt, Hans von） 31, **89**-96
ミーゼス（Mises, Ludwig Edler von） 200, **204**-14
ミクシュ（Miksch, Leonhard） 223-4, 234, **236**-7, 239-42, 247-9
ミッチェル（Mitchell, Wesley Clair） 115
ミュラー（Müller, Adam Heinrich） 39, **47**-52, 55, 62-3, 102, 105, 133
ミュラー（Müller, Hermann） 166-7
ミュラー－アルマック（Müller-Armack, Alfred） **220**, 222, 224, 231, 247
ミラボー［子］（Mirabeau, Honoré Gabriel Victor Riqueti） 33
ミラボー（Mirabeau, Victor de Riqueti, Marquis de） 33
ミル（Mill, John Stuart） 85, 93, 110, 113, 117, 179
ムソリーニ（Mussolini, Benito） 199
村上惇一 223
メーザー（Möser, Justus） **32**, 63-5
メーリンク（Mehring, Franz） 155, 161
メッテルニヒ（Metternich, Klemens Wenzel Lothar Nepomuk von） 48, 60
メラー（Moeller, Hero） 235, 239
メンガー［弟］（Menger, Anton） 181
メンガー（Menger, Carl） 39, 44, 71-2, 85, 97-8, 101, 111-3, 115, 117-8, 126, 179, **181**-94, 197, 200, 202-5, 212
メンガー［子］（Menger, Karl Jr.） 207
メンガー［兄］（Menger, Max） 181
モーゼルマンズ（Mosselmans, Bert） 91
モルゲンシュテルン（Morgenstern, Oskar） 207-8, 213

ヤ 行

ヤーコプ（Jakob, Ludwig Heinrich von） 38
ヤッフェ（Jaffé, Edger） 128, 133
ヤング（Young, Arthur） 37
ユスティ（Justi, Johann Heinrich Gottlob von） 5, **20**-4, 43
ユンガー（Jünger, Ernst） 229
ヨーゼフ2世（Joseph Ⅱ.）［オーストリア王、神聖ローマ皇帝］ 25
ヨハン・フィリップ（Johann Philipp）［ランベルク伯］ 18

ラ 行

ラウ（Rau, Karl Heinrich） 26, 39, **43**-6, 55, 57, 102, 104, 111-2, 114, 181, 184
ラサール（Lassalle, Ferdinand） 46-7, 109, **155**, 158
ラッハマン（Lachmann, Ludwig M.） 210, 214
ラフォンテーヌ（Lafontaine, Oskar） 176
ランケ（Ranke, Leopold von） 104
ランゲ（Lange, Oskar Ryszard） 211, 242
ランペ（Lampe, Adolf） 223, **241**
ランベルク伯 → ヨハン・フィリップ
リープクネヒト（Liebknecht, Wilhelm） 155
リーフマン（Liefmann, Robert） 128
リカードウ（Ricardo, David） 38, 44, 46,

78, 81, 148
リスト（List, Friedrich） 31-2, 34, 39, 46, 51, 53-4, **56**-8, 60-5, 101-2, 105, 118, 133, 141, 146, 159
リッカート（Rickert, Heinrich） 126
リューダー（Lueder, August Ferdinand） 37
リュストウ（Rüstow, Alexander） **228**-30, 233
リンデンラウプ（Lindenlaub, Dieter） 129
ルカーチ（Lukàcs, György） **164**
ルクセンブルク（Luxemburg, Rosa） 159-161
ルター（Luther, Martin） 126
ルッツ（Lutz, Friedrich August） **242**-5
ルドルフ（Rudolf）［オーストリア-ハンガリー皇太子］ 189
ルドルフ2世（Rudolf II.）［神聖ローマ皇帝］ 10-1
レイナート（Reinert, Erik Steenfeldt） 5
レイナート（Reinert, Hugo） 5
レイモンド（Raymond, Daniel） 57-8, 63
レーニン（Lenin［U'lyanov］, Vladimir Il'yich） 159-61
レームブルッフ（Lehmbruch, Gerhard） 226

レオポルト1世（Leopold I.）［神聖ローマ皇帝］ 18
レオンティエフ（Leontief, Wassily W.） 242
レックスロート（Rexrodt, Günter） 226
レプケ（Röpke, Wilhelm） **227**
レンナー（Renner, Karl Matthias） 167-8
ローゼンシュタイン-ロダン（Rosenstein-Rodan, Paul Narcyz） 207
ロートベルトゥス-ヤーゲツォウ（Rodbertus-Jagetzow, Johann Karl） **46**-7
ロスバード（Rothbard, Murray N.） 214
ロック（Locke, John） 26
ロッシャー（Roscher, Wilhelm Georg Friedrich） 5, 32, 39, 42-3, 71, 90, 96-7, 101-**103**-4, 106, 108, 112-3, 181, 184, 192
ロッツ（Lotz, Johann Friedrich Eusebius） 40-2, 44-5
ロテック（Rotteck, Karl von） 58
ロビンズ（Robbins, Lionel） 207
ロビンソン（Robinson, Joan Violet） 242

ワ 行

ワルラス（Walras, Marie Esprit Léon） 71, 85, 129-30, 179, 201-2

執筆者紹介 (執筆順)

川又　祐（かわまた・ひろし）　　　　　　　　　　　第1章
日本大学法学部教授
「官房学研究とゼッケンドルフ」『経済学史学会年報』第42号、2002年.／「ヨハン・ハインリヒ・ゴットロープ・フォン・ユスティ」『政経研究』第42巻第3号、2006年.／『ハチスン・ヒューム・スミス―経済学の源流』(山口正春と共訳) 三恵社、2007年.

池田幸弘（いけだ・ゆきひろ）　　　　　　　　　　　第3章
慶應義塾大学経済学部教授
Die Entstehungsgeschichte der "Grundsätze" Carl Mengers, Scripta Mercaturae (St. Katharinen) 1997.／『経済思想にみる貨幣と金融』(大友敏明・佐藤有史との共編) 三嶺書房、2002年.／"Carl Menger in the 1860s: Menger on Roscher's Grundlagen", In Gerrit Meijer (Ed.): *New Perspectives on Austrian Economics*, Routledge, 1995.

植村邦彦（うえむら・くにひこ）　　　　　　　　　　第5章1、2
関西大学経済学部教授
『マルクスのアクチュアリティ』新泉社、2006年.／『アジアは〈アジア的〉か』ナカニシヤ出版、2006年.／『マルクスを読む』青土社、2001年.

保住敏彦（ほずみ・としひこ）　　　　　　　　　　　第5章3～5
愛知大学経済学部教授
『ヒルファディングの経済理論』梓出版社、1984年.／『社会民主主義の源流』世界書院、1992年.／『ドイツ社会主義の政治経済思想』法律文化社、1993年.

八木紀一郎（やぎ・きいちろう）　　　　　　　　　　第6章
京都大学大学院経済学研究科教授
『近代日本の社会経済学』筑摩書房、1999年.／『ウィーンの経済思想』ミネルヴァ書房、2004年.／『社会経済学』名古屋大学出版会、2006年.

雨宮昭彦（あめみや・あきひこ）　　　　　　　　　　第7章
首都大学東京大学院社会科学研究科教授
『競争秩序のポリティクス　ドイツ経済政策思想の源流』東京大学出版会、2005年.／"Neoliberalismus und Faschismus: Liberaler Interventionismus und die Ordnung des Wettbewerbs", In: *Jahrbuch für Wirtschaftsgeschichte*, 2008/2.／『帝政期ドイツの新中間層　資本主義と階層形成』東京大学出版会、2000年.

編者紹介

田村信一（たむら・しんいち）　　　　　　　　　　　第4章
北星学園大学経済学部教授
『ドイツ経済政策思想史研究』未来社、1985年.
『グスタフ・シュモラー研究』（日経経済図書文化賞）お茶の水書房、1993年.
The German Historical School（ed. by Y. Shionoya），Routledge（New York）2001.
シュモラー『国民経済、国民経済学および方法』（訳）日本経済評論社、2002年.
『経済思想のドイツ的伝統』（八木紀一郎編）日本経済評論社、2006年.

原田哲史（はらだ・てつし）　　　　　　　　　　　　第2章
四日市大学経済学部教授
Politische Ökonomie des Idealismus und der Romantik: Korporatismus von Fichte, Müller und Hegel, Duncker & Humblot（Berlin）1989.
「歴史学派の遺産とその継承——ザリーンとシュピートホフの『直観的理論』」、『思想』第921号、2001年.
『アダム・ミュラー研究』ミネルヴァ書房、2002年.
Adam Müllers Staats- und Wirtschaftslehre, Metropolis Verlag（Marburg）2004.
『ドイツ・ロマン主義研究』（伊坂青司と共編）御茶の水書房、2007年.

　　　　　　　　　　ドイツ経済思想史

2009年3月10日第1版1刷発行

編著者 ── 田村信一・原田哲史
発行者 ── 大 野 俊 郎
印刷所 ── 新 灯 印 刷
製本所 ── 渡 邊 製 本
発行所 ── 八千代出版株式会社

〒101-0061　東京都千代田区三崎町 2-2-13
TEL　03-3262-0420
FAX　03-3237-0723
振替　00190-4-168060

＊定価はカバーに表示してあります.
＊落丁・乱丁本はお取替えいたします.

ISBN978-4-8429-1468-8　　Ⓒ 2009 Printed in Japan